LA CHANSON DE ROLAND

LA CHANSON DE ROLAND

THE TEXT OF FREDERICK WHITEHEAD
REVISED, WITH A NEW INTRODUCTION,
BIBLIOGRAPHY AND NOTES BY
T.D. HEMMING (MA DPHIL)
SENIOR LECTURER IN FRENCH,
UNIVERSITY OF BRISTOL

PUBLISHED BY BRISTOL CLASSICAL PRESS
GENERAL EDITOR: JOHN H. BETTS
FRENCH TEXTS SERIES EDITOR: EDWARD FREEMAN

Cover illustration: Fight between 'le Fol' and 'le Fel'.
Mosaic at Vercelli, Museo Leone, ca. 1148.

Frederick Whitehead's text first published 1942 by
Basil Blackwell Ltd

This new edition first published 1993 by
Bristol Classical Press
an imprint of
Gerald Duckworth & Co. Ltd
The Old Piano Factory
48 Hoxton Square, London N1 6PB

A catalogue record for this book is available
from the British Library

ISBN 1-85399-337-9

Available in USA and Canada from:
Focus Information Group
PO Box 369
Newburyport
MA 01950

Printed in Great Britain by
Booksprint, Bristol

Contents

Preface   vii

Introduction   ix
   The *Chanson de Geste*   ix
   Form   x
   Content   xi
   History   xii
   The Poem   xiii
   The Problem of Origins   xvi
   The *Cantilena* Theory   xviii
   Joseph Bédier and the Individualist Theory   xx
   Le Silence des Siècles?   xxi
   Neo-Traditionalism   xxii
   The Oral-Formulaic Approach   xxiii
   Compromise?   xxiv
   Literary Qualities   xxv
   Whitehead's Text   xxix

Select Bibliography   xxxvi

La Chanson de Roland   1

Notes   118

Glossary   134

Index of Proper Names   171

Preface

Frederick Whitehead's edition of the *Chanson de Roland* has classic status in Great Britain and the English-speaking world, and is greatly respected by all who know it. His very conservative editorial approach is not matched in any edition currently in print, and for that reason alone, his text would deserve to be preserved and made available to the present generation of scholars and students. The outstanding quality of his own scholarship also makes his text a fine example of exact and meticulous transcription so that only a handful of misprints and very minor slips stand in need of correction.

By contrast, time has treated Whitehead's Introduction and Notes less kindly. Written over fifty years ago, and concerned almost exclusively with problems of the manuscript and with the minutiae of palaeography, they no longer meet the needs of specialist scholars; textual scholarship has not stood still in the interim and, particularly since the appearance of the edition of Cesare Segre, which was based on a re-examination of the manuscript and furnished with an outstandingly excellent critical apparatus, the case for preserving Whitehead's comments and annotations, valuable though they were on first publication, has become weak. More generally, in any edition not intended exclusively for specialist scholars, it seems desirable to attempt in the Introduction and Notes to address the needs and interests of present-day students. Having said this, it is important to reiterate the view of the present editor that the text which Whitehead furnished, with a very small number of corrections and modifications, is still the best currently available. His departures from the manuscript are fewer in number and generally more soundly based than those of Bédier or Moignet, and the points in which he shows respect for the manuscript also carry conviction. Segre's not infrequent implicit or overt dissent from Whitehead in fact confirms the merits of the latter's text; Segre's critical edition inevitably differs most frequently from Whitehead, since in all important particulars Whitehead's edition is the most genuinely conservative, apart from the text – hardly more than a diplomatic transcript – of Groeber, who reproduced obvious scribal blunders unchanged. Although Whitehead, like Segre, believed in an exclusively written tradition, unlike the Italian scholar he did not suppose that it was possible to reconstruct 'the original'. His much more modest aim was to reconstruct the text that the Digby scribe would have produced if his attention had remained constant throughout his task of transcription. To that extent

Whitehead provides a text that others, including the present editor, find entirely acceptable in that it embodies as faithfully as possible a stage – indeed a crucially decisive stage – in the evolution of the *Roland* tradition.

The text of Whitehead's second edition (1946) is reprinted here, with the original pagination (pp. 1-117), and subject only to the minor corrections mentioned above. His Glossary and Index of Proper Names have also been retained, with a handful of minor corrections.

A new Introduction has been provided, together with a Select Bibliography and Notes. In the drafting of this new material my debt to other scholars, past and present, is very great and will be apparent to Roland specialists on every page, but the errors – and the perversities of judgement and interpretation – are of course my own.

I should like to record here my special thanks to the General Editor of this series, Ted Freeman, for his wise advice and unfailing support. My gratitude to my wife Anne for her inspiration, and to Brian Elliott, *mon ami de toujours*, for his practical and material help, especially in the closing stages of this enterprise, is not expressible in words, but is heartfelt.

T.D. Hemming
Feast of Saint Sylvester 1992

Introduction

The *Chanson de Geste*

The Old French epic is a remarkable phenomenon. Nearly a hundred different poems on epic themes are known today, found in some three hundred manuscripts dating from the first half of the twelfth century through until the fifteenth. These poems range in length from 870 lines to over 30,000. No other western literature can offer an epic tradition remotely comparable in quantity, yet it is also clear that what has been preserved is only part of a much larger corpus that once existed. There are many references, both in epics themselves and elsewhere, to other poems now lost. Moreover, although the extant poems exist, self-evidently and necessarily, in written form, the origins of the genre were in oral tradition, so that a two-fold loss must have occurred: not all the poems were committed to writing, and of those that came to be given written form, by no means all the manuscripts have survived.

These poems are known as *chansons de geste. Chanson* refers obviously enough to the form and mode of performance of the poems – they were sung, or perhaps more accurately, chanted, to the accompaniment of the *vielle*, an instrument like the modern hurdy-gurdy producing a distinctive droning sound, by the professional entertainers of the medieval period, the *jongleurs*. The explanation of the term *geste* is not quite so simple. The first meaning, derived from Latin *gesta*, is '(heroic) deeds'. The second, as found in Latin *res gesta*, is 'history'. The third, which does not appear to have any Latin antecedent, but is common in Old French usage, is that of 'family, dynasty'. The *chansons de geste* then can be regarded as songs of heroic deeds, songs of history, and songs of dynasties, and it would be wrong to place exclusive emphasis on any one interpretation at the expense of either of the others. All three elements are present in varying degrees in virtually every poem.

The *chansons de geste* are almost all set in the Carolingian period, in the time of Charlemagne and his son Louis the Pious, though for completeness mention may be made of the Crusade Cycle, which appears late on the scene, and some other late poems in epic form. Early in the thirteenth century Bertrand de Bar-sur-Aube, himself the author of the epic *Girart de Viane*, grouped the poems in three *gestes* or cycles: the *Cycle du Roi*, with Charlemagne as central character, the *Cycle de Garin de Monglane* featuring the original eighth-century William of Orange and his dynasty, and the *Cycle de Doon de Mayence* featuring various rebel barons. His classification is constantly repeated and taken as authoritative, but in reality his motive was to distance his own poem, the hero of which is opposed to the king, but whom Bertrand does not wish to be regarded as a rebellious traitor, from the rebel cycle. In fact only the William cycle has any real claim to be so called. It is a group of poems (25 in all) unified by their dynastic connection and, to an extent, their theme. Apart from the enigmatic *Chançun de Willame* the poems in this cycle rarely appear alone in manuscripts: these most commonly include several of the poems. This cycle alone is therefore constituted materially and physically, as well as thematically.

Form

Set apart from other extended narratives, most notably the romance (which was read from a text, but neither chanted nor significantly accompanied by gesture), by their mode of performance, the *chansons de geste* are also distinctive in poetic form and structure. The basic narrative and poetic unit is the *laisse,* a verse paragraph of no fixed length. Taking the genre as a whole, the shortest laisses number three lines (in *Le Couronnement Louis* and elsewhere) and the longest known to the editor runs to 1054 lines (in the thirteenth-century *Huon de Bordeaux*). In the *Roland* the shortest has five lines, and the longest thirty-three, with an average length of less than fourteen lines. Generally speaking (though exceptions are almost certainly found in the *Roland* and elsewhere) the lines of the laisse are bound together by the same assonance or rime, and a new laisse is marked by a change of assonance. Assonance, that is, agreement of the final stressed vowel, but not of the final consonants (e.g. English *ride/time*) is generally found in the oldest epics, with rime becoming more and more common. Most of the oldest epics make use of the decasyllabic line, with a strong caesura after the fourth syllable, but some are composed of lines of eight or twelve syllables, and in a few poems the decasyllable is divided 6 + 4. An extra mute *e* may occur at the cesura – this is called the epic cesura – and is of course found at the end of the line when the assonance is feminine. Strict regularity of metre and assonance (or rime) is not a characteristic of the genre. In the *Roland* about 10% of the lines are metrically irregular. The poetic unity of the laisse seems to have been confirmed by the way in which the epic was chanted: despite the observation of a thirteenth-century musical theorist, Johannes de Grocheo (Jean de Grouchy) that *idem etiam cantus debet in omnibus versibus reiterari,* i.e. the same chant must be repeated in every verse, the weight of evidence is that each laisse was chanted on three melodies: a 'timbre d'intonation' for the first line, a 'timbre de développement' for the body of the laisse, and a 'timbre de conclusion' for the final line, so that the limits of each laisse would have been obvious to the hearer. This musical structure often finds a parallel in the narrative content and structure of the laisse, with the opening line forming an introduction to the narrative material that forms the body of the laisse and the final line a conclusion.

Within the laisse there is a marked tendency for each line to be self-contained. Most single lines are in fact grammatically complete sentences, and it is rare for the sentence to extend beyond two lines. Commonly the narrative consists of a series of statements placed one after the other with little if any grammatical linking by conjunctions, producing a paratactic structure in which grammatical subordination is fairly rare. More often than not the relation between the consecutive ideas remains unexpressed. The modern reader finds it difficult to resist the temptation to provide the logical links which are absent from the text; whether the medieval public reacted in the same way is doubtful. Each laisse then constitutes a narrative unit, and the way the story is told in the *chanson de geste* has been compared, perhaps incongruously but not altogether frivolously, to the strip cartoon, involving as it does the juxtaposition of a sequence of 'frames'. None the less the analogy should not be pressed too far: there are many prominent linking devices between laisses, so that parataxis, that is, the absence of grammatical connections, though characteristic of the language itself, is not altogether reflected in the larger structures of the narrative.

Content

The great nineteenth-century medievalist Gaston Paris, characterised the *chanson de geste* as 'histoire poétique'. It is plain that the medieval public regarded the epic stories they heard as true. If proof is needed, the example of the forged charter of Saint-Yrieix is sufficient: to authenticate a false claim to property the monks produced a document including among the names of the witnesses Turpin, William and several other epic heroes – 'toute une cour de chanson de geste' in Bédier's phrase. It would never have occurred even to the most inept of forgers to seek to authenticate a document by including the names of such heroes of romance as Lancelot, Galahad, Gawain or Tristan. The relation between objective historical fact, to the extent that history can be reconstructed, and what was believed (for the most part erroneously) to be historical, is very complex, but it remains true that the subject-matter of the epic had a different status in the éyes of the public from the subject matter of what we now call romance. At any rate to begin with (up to and including the twelfth century) epics – unlike romances – were regarded as true. Nineteenth-century scholarship established that genuine historical events lay behind most of the poems, including all the earliest ones, but the difference between what the historian can reconstruct and what the poems relate is usually very wide indeed, nowhere more so than in the case of the *Roland*.

History

The historical Battle of Roncevaux took place on 15th August 778. The first documentary record of the event is in the *Royal Annals* (*Annales Regni Francorum*) for the year, which relate a victorious expedition into Spain by Charles, but make no mention of a defeat. Another version of the *Annals*, often wrongly called the *Annales Einhardi*, written twenty years or so after the first (and about half a century after the event, that is, well after the death of Charlemagne) amplifies the original account, adding that while returning from Spain, the rearguard was attacked by Basques who killed many of the 'counts of the palace whom Charles had put in command of the rearguard', pillaged the baggage train and escaped. 'This defeat cast a shadow over the many victories that the king had won in Spain.' A little later Einhard, in his *Vita Karoli Magni* (*Life of Charlemagne*), written about 830, relates that on his return from Spain Charles experienced 'something of the treachery of the Basques'. He gives a fairly circumstantial account of a combat in the mountain passes, and names the principal victims: 'In this battle died Eggihard, who was in charge of the king's table, Anshelm, the Count of the palace and Roland, Lord of the Breton Marches, along with a great number of others. What is more, this assault could not be avenged there and then, for, once it was over, the enemy dispersed in such a way that no one knew where or among which people they could be found.' (The translation is from Lewis Thorpe, *Einhart and Notker the Stammerer, Two Lives of Charlemagne* [Harmondsworth and London: Penguin Books,1969] 65). There also exists a poetic epitaph for Eggihard, the first named victim, which specifies that he died on 15th August, thereby establishing the date of the battle which the other accounts do not record. Tantalisingly, Roland, whose name in any case comes only third, is not mentioned in the oldest manuscripts of Einhart's *Life*. Even more tantalising is the reference in the *Vita Hludovici imperator* or *Life of the Emperor Louis* by the author curiously named the Limousin Astronomer, around 840. Writing of the battle of 778, he relates that those who were in the rearguard were slain, adding 'as their names are well known I do not trouble to repeat them'.

Michel Zink interprets these documents as follows:

Trois conclusions se dégagent de ces témoignages. D'abord, loin que l'événement s'efface peu à peu des mémoires, il est mentionné avec de plus en plus d'insistance à mesure que le temps passe, jusqu'au moment où l'insistance devient inutile, tant il est connu. Ensuite, Einhard nomme bien Roland, mais en dernier – et pas dans tous les manuscrits. C'est à ses yeux le moins considérable des trois morts illustres de la bataille. C'est aussi le seul dont nous ne savons rien, tandis que le sénéchal Eggihard et le comte palatin Anselme nous sont connus d'autre part. Enfin, tous s'accordent pour voir dans l'embuscade l'œuvre des Basques. Tout en confirmant la célébrité croissante – et surprenante – de la bataille de Roncevaux, la *Chanson de Roland* prendrait deux libertés fondamentales avec l'histoire, en donnant à Roland une importance qu'il n'a jamais eue – à supposer même que le personnage ait réellement existé – et en substituant les Sarrasins aux Basques. (Zink [1990] 34-5)

Arabic records suggest a rather different picture. The *Royal Annals* state that on leaving Spain Charles took with him Saracen hostages. The Arabic version is that Charles had gone into Spain at the request of Suleiman ibn Al-Arabi, the Governor of Saragossa, who was in revolt against the Emir of Cordoba. When Suleiman changed his mind, Charles took him prisoner but during the return to France Suleiman's sons attacked the rearguard and succeeded in freeing their father. The persistent mention of Basques in the French accounts suggests that Moslems and (Christian) Basques may have collaborated, and might help to explain the accusations of treachery against them by the annalists and royal biographers.

The Poem

In the poem the inglorious and unavenged massacre of the rearguard of Charles's army by Arab or Basque marauders, or both, has been transformed into one of the decisive events in the history of Christendom. It is a model of and inspiration for the *gesta Dei per Francos*, 'the works of God through the Franks', the ideal which is the guiding principle of the earlier Crusades, an epic confrontation between Cross and Crescent from which Charles emerges ultimately triumphant.

The mythopoeic process is evident from the opening lines of the poem, influencing its basic setting and time-scale. The ineffectual three-month campaign confined to the extreme north of the country is forgotten. Charles has been in Spain for seven years and has conquered the whole of the country apart from the city of Saragossa, whose ruler, the pagan Marsile, is close to defeat. The Saracens resolve to sue for peace, pretending to be willing to accept Christianity, and offering their own sons as hostages whom they will be prepared to sacrifice in order to ensure a French withdrawal. Blancandrin, the author of this plan, bears it to the French camp, where Charles convenes a council. Roland, recalling past pagan treacheries, and the duty to carry the war to a successful conclusion, speaks forcefully against acceptance. Ganelon, Roland's stepfather, dismisses this view as foolish and arrogant: it is time to call a halt to the loss of life. Naimes, the wise councillor, endorses this conclusion: the pagans have acknowledged defeat, and it would be wrong not to show them mercy. The council assents, and proceeds to the choice of an envoy. Roland, Naimes, Oliver and Turpin all volunteer in turn, only to be rejected out of hand by Charles, who calls for a nomination. Roland proposes Ganelon, and the council confirms this. Ganelon reacts violently, publicly defies Roland and the twelve peers and, when invested with the staff and glove of office, drops them.

On the journey to the court of Marsile, Blancandrin and Ganelon agree to work together to achieve the death of Roland, the interest for the Saracens being that, without him, Charles will no longer be willing or able to continue the war. Before Marsile, Ganelon presents Charlemagne's answer in a highly insulting and aggressive form, putting himself at risk by enraging the pagan king, but this is the means to the end of representing Roland as the only obstacle to peace. The plot is hatched. Ganelon undertakes to ensure the presence of Roland and the twelve peers in the rearguard when the French withdraw. Marsile will deploy overwhelming forces to destroy them. The traitor is richly rewarded by the pagans.

He returns to Charles and reports the success of his mission. When the King asks who shall lead the rearguard he nominates Roland, provoking Charles to say: 'Vos estes vifs diables' 746. Roland accepts the commission gladly, and refuses Charlemagne's offer of extra men beyond the 20,000 at the disposal of the twelve peers. Of their own accord the Archbishop Turpin and Gautier de l'Hum who is Roland's vassal join them.

The main body of the army begins the journey back to France. Meanwhile the pagans assemble a massive force of 100,000 men, whose leaders boast in turn that they will slay Roland in the mountain pass at Roncevaux. It is the prudent Oliver who first hears the sound and sees the glittering armour of the enemy, and reports to Roland, urging him to sound his horn to recall Charles, but to no avail. Battle is joined, and at first all goes well for the French who win a sequence of single combats, but sheer weight of numbers begins to take its toll. Roland, in the face of Oliver's blunt opposition, but approved by Turpin, reverses his earlier decision and sounds great horn blasts which carry to Charles, now thirty leagues away. The army turns back; Ganelon is arrested and put in the charge of the cooks who ill-treat him. On the battlefield only three heroes now remain. Oliver and Roland touchingly bid one another farewell before Oliver succumbs to his injuries; Turpin and Roland are left masters of the field, for, at the sound of Charlemagne's battlehorns, the pagans have fled. Roland seeks out the bodies of his fallen comrades and brings them to Turpin for a final blessing, only to swoon himself at this exertion. The mortally-wounded Archbishop dies while trying to fetch a drink of water for him.

Roland, dying but victorious, strives to preserve his Oliphant and his holy sword Durendal, recalls his deeds wrought with the sword in the service of Charlemagne, confesses his sins, and proffers his glove – the sign of his commission as leader of the rearguard – to Heaven. Angels minister to him and his soul is borne to Paradise.

At this moment Charles and the army reach the battlefield and utter great lamentations over the fallen. In answer to the Emperor's prayer, God prolongs the day, so that the army can pursue the fleeing Saracens, who are slaughtered or drowned in the river Ebro. Marsile, whose right hand has been cut off in the battle, escapes back to Saragossa, where the survivors cast down the idols of the gods that have failed them.

It is this scene of despair and desolation that greets the leader of the pagan world, Baligant Emir of Babylon, who, having been asked for help seven years earlier, now arrives at last with vast forces.

At Roncevaux the French are preparing the bodies of their dead for burial, when news comes that Baligant is on the march. His huge army is drawn from the entire pagan world; after the divisions on both sides have been drawn up, the battle rages all day long indecisively until the Emir and the Emperor at last join in single combat. The encouragement of the Archangel Gabriel is needed in order for Charles to emerge as victor. The pagans are massacred, Marsile dies of despair, Saragossa falls and its temples are destroyed. Queen Bramimonde is taken prisoner. Charles returns in haste to Aix-la-Chapelle, burying the fallen heroes on the way. The fair Aude, Oliver's sister and Roland's affianced bride, dies of a broken heart on hearing of Roland's death.

On the last day of the year the court summoned by Charles from every part of his empire meets for the trial of Ganelon. Charles himself levels the accusation. Ganelon is a traitor because, for personal gain, he deprived his emperor of the services of Roland and the other members of the rearguard. Ganelon admits that he sought the death of Roland and his companions but refuses to accept that this is treason. Roland had previously cheated him out of some money, and hatred had inspired his stepson's nomination of him as emissary to Marsile. Roland had been challenged in public; Ganelon had been pursuing a personal vendetta, but this does not constitute treason. Thirty of Ganelon's relatives, including the mighty Pinabel, pledge their support for him. The judges prudently conclude that Charles should not proceed further against Ganelon: there is no likelihood that his action will be repeated; he will offer loyal service in future; and Roland cannot be restored to life. Charles's reaction is violent: the judges are criminally in breach of their feudal duty. But he is powerless until Thierry of Anjou comes forward to champion the royal cause: the fact that he was serving the Emperor should have protected Roland from private vengeance. Ganelon is a traitor who deserves to die a traitor's death. Although by far the smaller man, with divine help Thierry kills Pinabel in the ensuing judicial combat. God having thus spoken, Ganelon is torn to pieces by four horses and his henchmen are hanged. Bramimonde, a willing convert to Christianity, is baptised under the name of Juliane.

The weary and sorrowful Charles is summoned by an angel to yet further efforts in defence of beleaguered Christians in far off lands. 'Deus', dist li reis, 'si penuse est ma vie'. On this plangent note the narrative ends. But the last line is in fact:

Ci falt la geste que Turoldus declinet.

The meaning of the last line has inspired many hypotheses. Does *falt* mean 'end' or 'break off'? does *geste* refer to the poem or to its source? Does *que* mean 'that' or 'because'? Does *declinet* mean 'compose' or 'recite' or 'copy' or does this part of the line mean 'because Turoldus is weary' or 'is becoming increasingly infirm'? Is Turoldus the scribe, the performer, one of a line of oral poets, a *remanieur* or the sole poet of genius? Maurice (1992) 48-50 provides a useful conspectus of the main alternatives. The identity of Turoldus has likewise been the subject of much gratuitous speculation. The name is common in Normandy in the eleventh century and the candidates proposed (usually by those looking for a single author) include Turold, Abbot of Peterborough, who died in 1098, a half-brother of William the Conqueror, and a warrior-bishop somewhat in the mould of Turpin; Turold, Bishop of Bayeux from 1097 until deposed by the Pope in 1104 when he retired to the Abbey of Bec; and the character named Turoldus who appears in the Bayeux Tapestry.

The Problem of Origins

As well as the vast discrepancy between historical fact and poetic fiction (and, even more remarkable, between the poem which makes the Saracen the only adversary and the French annalists and biographers who blame all on the Basques) another significant feature of the *Roland* has to be taken into account: the wide time gap between the events and the extant poems. The *Roland* poem contained in the Oxford MS – commonly known to scholars as Digby 23 – is usually dated around the year 1100, because of historical references:

Elle a probablement été composée aux alentours de 1100. Guère avant, car un faisceau d'indices converge vers cette date: la langue du poème, certains détails qui semblent un écho de la première croisade, la mention des tambours et des chameaux dont l'emploi avait effrayé les chrétiens à la bataille de Zalaca en 1086. Pas après, car la chanson – mais n'en existait-il pas une version antérieure? – est extrêmement populaire dès les premières années du XIIe siècle. (Zink [1992] 87)

A similar distance of about three centuries separates the historical William of Orange (active around 800 AD) from the earliest poems which recount his deeds and those of his 'fier lignage', or *Raoul de Cambrai* from the events in the Vermandois in the mid-ninth century on which it is based. Inevitably two interrelated questions arise: how can the disparity between historical fact and poetic fiction be explained, and what if anything occupied the long interval between event and poem? These questions form part of a debate central to the study of the genre about the origins of epic in general.

The poetic process can explain much: the exaggeration of numbers and of feats of arms, the role of the miraculous, the clash of personalities, the human motivation. The simple fact of the elaboration of the story over a long period of time is all that is needed to account for the presence within a single narrative of the echo of personages and events from different periods. To furnish a plausible explanation for the differences between fact and fiction in the earlier poems of the William cycle or in *Raoul de Cambrai*, there is no need to look further. In the case of the *Roland* it is much harder to see why the ignominious defeat of 778 AD should have prompted any sort of poetic activity designed to keep its memory alive. The raw material is singularly unpromising: what is involved is nothing less than the transformation of shame into glory.

It is often stated that the *Roland* is the earliest Old French epic. This is true in the sense that the Oxford MS is older than any other manuscript containing the text of a *chanson de geste*, by a margin approaching fifty years. It is also true that the historical event on which the *Roland* is based predates any other epic subject. But those whose minds are not closed might well see in William of Orange a more promising stimulus to poetic commemoration, first perhaps within the family context, with the 'fier lignage' preserving the memory of their own dynastic hero and his achievements. After all, William's feats were a good deal more positive than those of Roland, if indeed he ever existed and if he was indeed a member of the rearguard at Roncevaux. The unquestionably historical William successfully defended the Spanish Marches in the closing years of Charles's reign, before ending his days in a monastery. The poetic – and propagandist – rewriting of history involved in the *Roland* might be perceived as fitting more naturally into an existing poetic tradition glorifying successful opposition to the Moslem adversary. The theme of treachery is already present in Einhart's account in the *Life of Charlemagne*, written half a century after the massacre of 778. The hypothesis that it is not a *Roland* poem which inaugurates the epic tradition finds some support in the so-called *Hague Fragment*, composed between 980 and 1030. This is a Latin prose text based on an earlier poem in hexameters recounting the capture of a Saracen town by Charlemagne and his army, but also featuring William and other heroes of his cycle. Above all the *Nota Emilianense*, written around 1065, includes among the named members of Charles's retinue at the siege of Saragossa a strange mixture of characters: Roland, Bertrand (William's nephew), Ogier, William 'Alcorbitunas' – i.e. *au nez courbe* – (an interesting variant on the William 'au court nez' of the French poems), Oliver and the Archbishop Turpin. In the light of such evidence it is difficult to maintain that there was a unique, seminal *Roland* text which served as the decisive model for all other epic poems.

There are two main approaches to the problem of epic origins, known as *traditionalism* and *individualism*. In brief, the traditionalist supposes a process of more or less continuous creation, involving many contributors, between the event and the known text, whereas the individualist takes the text to be the work of a single author. In the particular case of the *Roland* the traditionalist takes the view that the event left a mark and a memory from the outset and that the process of literary (in the sense of imaginative and poetic) transformation was prolonged. The individualist postulates that the records of the otherwise forgotten event, preserved in annals and charters, inspired a poet of genius – often designated 'Turoldus' – to create a written masterpiece, towards the end of the eleventh century or at the beginning of the twelfth. The extreme individualist position would be that there was no creative activity whatsoever before this; the extreme traditionalist position would in effect deny the existence of any author as that term is usually understood.

The *Cantilena* Theory

The first critics to address the medieval epic were leading figures in German Romantic thought: Herder and Wolf and the brothers Grimm for example heard in medieval epic, as in other early poetry, the voice of the *Volk*, the unselfconscious and natural expression of the heroic spirit and poetic soul of a simple, unified community. In those bygone times there was no distinction between the warrior and the bard. The fragmentation of society, the differentiation of roles characteristic of more advanced, more sophisticated, more corrupt cultures, had not yet taken place. So it would be that after some great battle the survivors would naturally find the words to give poetic expression to their joy in victory, their grief over their fallen comrades, heroes whose deeds were worthy of commemoration. Gaston Paris in his *Histoire poétique de Charlemagne* (1865) lent a certain intellectual reinforcement to this charming fantasy. At first such effusions, prompted by the immediacy of emotional response, would no doubt be brief, but in the course of time these songs would be woven together to form more extended and continuous narratives. To the first brief poetic effusions he gave the name of *cantilenas*, on the basis of references in medieval Latin such as that of Ordericus Vitalis (1075-143):

Vulgo canitur a joculatoribus de illo cantilena. (*Historia Ecclesiastica* 1.vi.3)

Little songs about him [William] are commonly sung by *jongleurs*.

The *cantilena* theory did not long go unchallenged. The Italian scholar Pio Rajna (*Le Origine dell' epopea francese*, 1884) argued against the popular, collective origin of the *chansons de geste*, seeing them as aristocratic in inspiration, composed to glorify the warrior caste. There was, he claimed, no reliable evidence that lyrico-epic *cantilenas* ever existed. There is, however, evidence of *germanic* epic poetry in the Merovingian and Carolingian periods. Indeed if the French *chanson de geste* derives from poetry of the Carolingian period, given the nature of Charles's empire and the language spoken by the nobility, its origins must have been in some sense germanic. 'Faire remonter les chansons de geste à l'époque carolingienne, c'était leur reconnaître une origine germanique.' (Zink [1992] 92).

Gaston Paris was led to modify his theory somewhat in the light of Rajna's challenge; his later views are conveniently summarised in the introduction to his immensely successful *Extraits de la Chanson de Roland* which ran to a dozen editions and was widely used in schools:

L'événement tragique qui en fait le centre [de la *Chanson de Roland*] a dû susciter dès le moment même des chants qui se répandirent très vite; ces chants, probablement courts et pathétiques, se sont trans-formés peu à peu et ont abouti au poème tout narratif et long de plus de quatre mille vers qui a été rédigé finalement vers la fin du onzième siècle, mais que nous ne possédons pas tel quel, au moins avec une constante certitude en ce qui touche la forme. (cited from the 1913 reprint of the 12th edn [1902] p. viii)

He was now convinced that the poems were not popular effusions but the work of professional *jongleurs* who composed for the warrior class. (ibid. p. viii).

Joseph Bédier and The Individualist Theory

The challenge of Joseph Bédier was more radical and more far-reaching than that of Rajna. For him the *chansons de geste* did not come into being until the eleventh century, and were a wholly French creation born in a clerical environment, far removed from any hateful German influence (for Bédier was a patriotic Frenchman of the post-1870 generation). 'Au commencement était la route, jalonnée de sanctuaires.' The growth of pilgrimages in the eleventh century, particularly that to Santiago de Compostella, led to the display in the sanctuaries and monasteries along the major pilgrimage routes of relics of heroes and martyrs likely to attract the faithful on their journey. 'Moines et jongleurs ont collaboré.' What were at first purely local legends, together with records derived from annals and chronicles, would have been passed on to *jongleurs* who gave them poetic and literary form for propaganda purposes and for publicity, their common interest being to attract the custom of pilgrims. The *Roland* is particularly associated with the pilgrimage route to Santiago de Compostella. The supposed tomb of Roland was at Blaye; his oliphant was displayed in the church of Saint Seurin at Bordeaux. The poem was the achievement of an individual poet of genius – Turoldus – who like all great writers took the germ of a subject (supplied in this case by the monks) and deployed all the resources of his imagination and artistry to transform it into a supreme poetic creation, a finished work of art, austerely beautiful, admirable in its construction, full of drama and pathos, embodying the lofty ideals of the first Crusade. Before Turoldus there is nothing but mere legend devoid of any artistic merit, nothing but 'le silence des siècles'. Any notion of continuous development is to be rejected out of hand:

> Il ne faut plus parler davantage de chants épiques contemporains de Charlemagne ou de Clovis, ni d'une poésie populaire, spontanée, anonyme, née des événements, jaillie de l'âme de tout un peuple; il est temps de substituer au mystique héritage des Grimm d'autres notions plus concrètes, d'autres explications plus explicites. (*Les Légendes épiques* IV 474)

If *Les Légendes épiques* had made the pilgrimage route the centre of the theory, Bédier's later publications, above all his edition of the *Roland* and his *Commentaires*, gave the individual poet of genius much greater prominence, to the extent that Turoldus became not merely the sole author of the poem which bears his name but the creator of the entire *chanson de geste* as a genre.

The force of Bédier's personality and the power of his rhetoric made his theoretical edifice seem more solid than it really was; his dominant position in medieval French literary studies and in the academic establishment also tended to inhibit criticism. Until his death in 1939 the only opposition came from comparably senior figures in his own field such as Albert Pauphilet who, like the Italian Giuseppe Chiri, argued for the learned origins of the Old French epic (while still idolising Turoldus: 'Au commencement était le poète'), and from historians such as Ferdinand Lot and Robert Fawtier, who called in question the supposed 'silence des siècles'. Lot contended, plausibly enough, that the linking of the epic heroes with the sanctuaries along the pilgrimage route was a consequence of the poems, not a cause:

> J'admets que toutes les chansons du cycle de Guillaume s'expliquent par la Voie Regordane, par Gellone, etc. – sauf une, la plus ancienne, la *Chanson de Guillaume*. J'admets que toutes les chansons qui placent l'action en Espagne connaissent – et admirablement – la voie qui mène à Compostelle, sauf une, la plus ancienne, la *Chanson de Roland*, qui ne sait rien du chemin de Saint-Jacques. (*Romania* 53 [1927] 473)

Bédier had done his best to suppress the not inconsiderable textual and documentary evidence for epic activity before the late eleventh century, the most glaring example being his handling of the *Hague Fragment* certainly composed between 980 and 1030. The dating being uncomfortably early, Bédier first takes the date of the fragment to be 1030 at the earliest and in the course of a few sentences this has become 'pas avant le milieu du onzième siécle'. But the main weakness of the theory was its disregard of the poetic form. Bédier makes the briefest of mentions of 'quelques procédés traditionnels'. If there was no antecedent poetic activity, but only rough legends, where did these traditional procedures come from?

Le Silence des Siècles?

Before an answer came to that question the silence of the centuries was increasingly disturbed. Rita Lejeune, followed by others, established that brothers were being named Oliver and Roland (usually in that order) in different regions from the beginning of the eleventh century. The discovery or rediscovery of the *Nota Emilianense,* the manuscript of which is dated around 1065, and which seems to reflect a Spanish version of a Roland text significantly different from Digby 23 (notably as we have seen above, William 'Alcorbitunas' and Bertrand are included among the twelve 'nephews' of Charles before Saragossa) indicates at the least that if Turoldus transformed dead legend into imaginative fiction he was not the first to do so. Other evidence which Bédier discounted, such as the tradition, found in the twelfth-century Anglo-Norman poet Wace and elsewhere, that the *jongleur* Taillefer sang of Roland to the Norman army before the Battle of Hastings, also deserves to be reinstated. A legacy of suspicion still surrounds this, not only among those who still yearn for the old certainties that Bédier provided:

> La prudence recommande de n'accorder qu'un crédit limité au témoignage de Wace, selon qui un certain Taillefer récite *La Chanson de Roland* à Hastings. (Jean Maurice [1992] 28)

For the master of course a song about Roland could not have been sung at Hastings because Turoldus had not yet written it, so that William of Malmesbury and Wace writing long after 1066 were either themselves inventing, or else relating, a tale made up once the fame of Turoldus's poem had spread. This is irrational. If any of the candidates favoured by individualists as the real Turoldus had actually fitted the bill, it might reasonably be supposed that Wace and his precursors would have known the identification and repeated it, instead of inventing a spurious tradition. But in any case it is certain that there was epic activity before the Conquest, so the objection falls.

Neo-Traditionalism

The traditionalist view had never been totally abandoned, but it was given a new lease of life by Ramon Menéndez Pidal in his massive and masterly *La 'Chanson de Roland' y el Neotradicionalismo* (1959) (French translation: *La 'Chanson de Roland' et la tradition épique des Francs* [1960]). The superabundance of detail accumulated to demonstrate the historicity of the *chanson de geste* and to prove that the centuries were far from silent becomes at times wearisome and overburdening. But the great strength of his study is its central proposition, which informs the whole work: Old French epic poetry is 'une poésie qui vit de ses variantes'. The idea of a fixed, finished, perfect text is quite alien to the genre. The very nature of the *chanson de geste* and its mode of diffusion and performance implies a constant process of re-creation. The Oxford *Roland* is therefore only one link in the chain. Menéndez Pidal himself was sufficiently carried away to argue for the superiority of the (later) Franco-Italian version V4 over Digby 23, a judgement with which few would concur, but that excess of enthusiasm does not invalidate his main thesis, that the *chanson de geste* is a constantly renewed form.

The Oral-Formulaic Approach

One of the most unfortunate consequences of the domination of the scene by Bédier for forty years was that study of the *chanson de geste* became divorced from wider epic studies. The *cantilena* theory of Gaston Paris had been a local version of a general theory of epic origins, and Bédier was happy to use as a clinching argument that Homeric scholars had abandoned it. Individualism was generally in favour when Bédier began writing on the *chanson de geste* but his particular theory of pilgrimage routes was unique (except that a few Homer scholars attached significance to the tombs of heroes). This intellectual isolation no doubt goes some way to explain the very long delay before the theories of oral epic and formulaic diction developed by Lord and Parry in the nineteen-thirties came to be applied to French texts. It must also be said that Bédier largely determined the parameters of the discussion and, as we have seen, the details of poetic diction and form held virtually no interest for him.

Menéndez Pidal's recognition of variation as something intrinsic to the Old French epic texts was, in order of publication, preceded by Jean Rychner's pioneering investigation of the literary technique of the *jongleurs* (*La Chanson de geste* [1955]), the first work to look at the Old French epic in the light of these new theories. Another eighteen years were to elapse before Joseph Duggan's computer-generated concordance enabled him to demonstrate conclusively (*'The Song of Roland'. Formulaic Style and Poetic Craft* [1973]) that the amount of formulaic diction in the *Roland* was closely comparable to that of the *Iliad*. Formulas are set phrases, a half line in length (i.e. in the present case, either four or six syllables). 'By a formula I mean a hemistich which is found two or more times in substantially the same form within the poem.' (Duggan [1973] 20). Although most conspicuous in such ritualised situations as the boasts made by the various Saracens before the Battle of Roncevaux, and the sequence of single combats with which the battle begins, poetic formulas are omnipresent. The proportion of formulas is now widely accepted as a reliable means of determining whether a poem is orally composed. In the *Roland* about 35% of the text is formulaic, putting it clearly within the oral category (for a written poem, such as a romance of Chrétien de Troyes, the figure is well below 20%). But whereas the oral-formulaic theory has long enjoyed general acceptance by Classical scholars there was and is a marked reluctance by specialists in medieval French to admit that the *Roland* could have been created in the same way. Many – including even Rychner – feel that it is too good not to have an author. This presumably means, as Duggan has pointed out, that in their eyes the *Roland* is superior to the *Iliad*. The difficulty is in part that even now relatively few scholars are directly conversant with the methods and underlying principles of this approach, and there is clearly still a tendency mistakenly to identify verse-formulas with clichés and therefore with the inferior, the unoriginal and the uninspired, or else to blur distinctions on the grounds that all the texts of the period were orally communicated to their audience.

Compromise?

Over twenty years ago, at the Oxford Congress of the Société Rencesvals, there was general agreement that the battle between individualists and traditionalists was over. This is not true, in the sense that there remain profound disagreements about the nature of literary composition. Although the extreme individualist position, denying any literary activity before the Oxford version, is manifestly untenable and has been abandoned, the view that virtually everything of literary merit in the poem is to be attributed to a single poet persists, despite the fact that it no longer has a logical or methodological justification. It is also in conflict with the evidence. The custom of christening brothers Oliver and Roland goes back at least to the beginning of the eleventh century. The name Oliver, whatever its origin, has an obvious association with the olive tree. His very name makes Oliver a symbolic character, antithetical to Roland, long before the supposed creative activity of Turoldus. Yet this contrast between *prouesse* and *sagesse* is surely one of the great themes of the poem. Menéndez Pidal showed that before the eleventh century the sun stopped in its courses to enable Charles to pursue the foe, the same miracle that was wrought for Joshua (Joshua 10, 13). The parallel between Charles and the Old Testament patriarchs and leaders was therefore not invented by Turoldus. Numerous examples could be cited. Having said this, it is none the less important to stress that the *Roland* as we now have it is not the mere transcription of an oral poem, as claimed by the most ardent exponent of the oral-formulaic theory, Joseph Duggan, but that it has undergone a measure of strictly literary remodelling. One example will suffice: the description of the Archbishop's horse (vv. 1490-6) is unique in the poem, totally unformulaic, and in fact derived from a written model, the description of the horse in the *Etymologies* of Isidore of Seville, an encyclopedic work written (in Latin) in the sixth century.

An observation made by the distinguished Belgian medievalist Maurice Delbouille at the same Oxford Congress previously mentioned has lost none of its force today: 'Nous ne parvenons pas à résoudre ces problèmes parce que nous renâclons devant l'effort de précision qu'il nous faut.'

One line of enquiry deserving more attention is that of linguistic stratification, first significantly considered by R.A. Hall (1959). If the poem is not the work of one author, there ought to be evidence of differences in language indicative of different stages in the development of the text. Hall focussed on phonetic features, but there are good grounds for supposing that lexical analysis might also be fruitful. The late C.A. Robson, who had explored the question of stratification in all its aspects for many years, was regrettably prevented by his untimely death from publishing the fruits of his investigations. Another question which merits reflection is that of the situation of the *chanson de geste* in post-Conquest England. The conditions did not exist for the public performance of the epic at fairs and popular gatherings since the population at large spoke a different language; moreover the indigenous population might have had scant enthusiasm for a poem so full of eulogy of their Norman conqueror. This might explain the early transference of the *Roland* to written form in England. Another question worth exploring is that of the attitude of the Church. The epic style seems to begin to exert an influence on other forms such as saints' lives only in the later eleventh century. The reason could be that the Church was at first hostile to poems about war; but the rise of the Crusading spirit might have had the consequence that the warlike virtues could now be put at the service of the Church, so that monks and *jongleurs* might have collaborated though not in the way that Bédier thought. It is possible to envisage a situation in which the poems would be given a more religious slant, while the Church would actively foster the memory of Charlemagne and other heroes. In this context the often quoted instruction in the confessor's manual of Thomas of Chobham to the effect that, unlike the general run of *jongleurs,* those members of the profession who sang the deeds of the heroes and the lives of the saints (*gesta heroum et vitae sanctorum*) were acceptable (*bene possunt sustineri tales*) is of considerable interest.

Literary Qualities

The poem is spare and austere; the rare images are brief and stereoptyped. There is nothing here of the rich and elaborate epic similes of Homer (the comparison of Achilles' Myrmidons to a swarm of bees, extending over a hundred lines...), nor yet of the *kennings* of *Beowulf* (the sea as 'the swan's way'). By contrast, in the *Roland* all that can be offered is Charles's beard as white as the flowers in April, or a horse as swift as a bird. There is the antithesis of dark and light symbolising good and evil. There is the recurrent *Halt sunt li pui....* The valley is a place of darkness and sin. There is the poetry of names: enumerations of the twelve peers, of pagan adversaries and alien tribes and nations. There is the red blood on the green grass. There is the animal symbolism of the dreams of Charlemagne. Beyond these few sparse embellishments there is scant imaginative expansion.

Yet paradoxically this very starkness is a necessary basis on which is constructed an intense and concentrated narrative style which is markedly and at times hypnotically incantatory. The insistent effects of repetition make themselves felt at all levels. The formulaic style is by definition founded on the repetition of half lines, the most basic unit of all. Referring to the laisse, Zink speaks of:

...le vertige de la même assonance résonnant vers après vers tout au long de la laisse et celui né d'une mélodie très simple, d'une psalmodie répétée, toujours identique, vers après vers, avec tout juste la variation d'une cadence sur l'hémistiche final de la laisse.... (Zink [1992] 75)

In the same way the *laisses parallèles* present up to ten or a dozen repetitions of the same pattern varying only in assonance. The boasts by a succession of pagans that they will slay Roland, the single combats in which each of the twelve peers in turn defeats an adversary, the formation of the divisions at the start of the Baligant episode: all are highly formulaic. In the single combats for example the same sequence of actions is always followed in the same order (allowing for possible omissions). Rychner identifies seven elements constituting the motif in its fullest form: '1. Eperonner son cheval. 2. Brandir la lance. 3. Frapper. 4. Briser l'écu de l'adversaire. 5. Rompre son haubert ou sa brogne. 6. Lui passer la lance au travers du corps, ou alors le manquer, l'érafler seulement. 7. L'abattre à bas de son cheval, le plus souvent mort.' (Rychner [1955]) 141). The *laisses similaires* present the same event up to three times, with only minor variations: Oliver sights the approaching pagan army and reports to Roland in three consecutive laisses; he urges Roland to sound his horn in three consecutive laisses, and so on. Rychner speaks of 'la vertu lyrique des ensembles de laisses similaires [qui] arrêtent le récit aux moments les plus dramatiques, les plus décisifs, formant comme des barrages, de hautes haltes lyriques, avant que de nouveau la narration reprenne son cours.' (94-5). More widely spaced repetitions occur for example when the proposal formulated by Blancandrin at Marsile's council is repeated by him almost verbatim before Charles, who then repeats it almost verbatim before his own council. More widely spaced parallelisms also exist, for instance between the nomination of Ganelon by Roland and then of Roland by Ganelon.

Views about the general structure of the *Roland* differ, but many commentators have identified an over-arching symmetry: Ian Short asks himself whether the poem is divided into three acts (Short [1990] 74); Martin de Riquer identifies a symmetrical four-part division (de Riquer [1959] 86-7); T. Todorov finds a five-part symmetrical *schéma narratif,* (Todorov, *Poétique* [Paris, Seuil, 1971] 82). The latter's particular interpretation – involving the rupture of an initial equilibrium – may be questioned. What equilibrium? But a five-part division seems plausible in which the central event, the death of Roland, is framed by battles, which in turn are framed by council scenes.

Like most epics the *Roland* is full of a sense of doom and foreboding. The events are often recreated in a deictic, demonstrative manner which gives them an almost physical immediacy in the present: *As vus Rollant sur sun cheval pasmet*, 'Behold Roland swooning on his horse', although they belong to a fixed past. All is already decided, even at the moment when it is played out before us. Ganelon is already the one 'ki la traïsun fist' on his first appearance. The council assembled by Charles to consider Marsile's proposition is already 'le cunseill que mal prist'. Already in the opening phase of the Battle of Roncevaux, after the sequence of victorious single combats by the twelve peers, there follows the evocation of the storm, tempest and earthquake in France, paralleling the cataclysms with which scripture surrounds the death of Christ: *Ço est li granz dulors por la mort de Rollant*, almost a thousand lines before his death. The dreams of Charles are particularly interesting in this regard. The fact that the Emperor receives these divinely-inspired communications underlines his patriarchal character. Yet unlike the Biblical figures with whom he is drawn into comparison, he derives no message from the angelic visitations. As far as Charles is concerned, the dreams are simply troubling and disturbing. The dreams are clearly there not for Charles but for the audience, for whom they furnish a symbolic and proleptic elucidation of events past and to come.

The narrator is far from neutral. He introduces Charles as *our* great Emperor in the opening line. He laments at the death of a hero: *Deus, quel doel!* This manifest involvement, coupled with the sense of doom means that the story ritually enacted in the text is not merely sombre and is not merely memorialised; it is *our* catastrophe here and now, for the narrative style forces us to identify with the Franks and to become deeply involved and concerned.

Many critics, particularly in the wake of Bédier, have been moved to explore character and motivation. In our view much of this analysis, however brilliant and subtle, is anachronistic and misplaced, precisely because of its brilliance and subtlety. A particular illustration of this is provided by the two horn scenes. In the first of these (begining at laisse LXXXVIII) Oliver urges Roland to sound his horn only to meet with a refusal. This is one of the high points of the poem, exhaustively analysed particularly in terms of motivation by commentators, most of whom, like Oliver, attribute Roland's refusal to pride. It is not clear that the narrative perspective indeed endorses Oliver's point of view, still less that the text truly justifies the postulate of a sin of pride that Roland has to expiate (by belatedly sounding his horn, thereby admitting his error) in order to be genuinely worthy of a martyr's crown. Immediately after this scene occurs the celebrated characterisation of the two heroes:

xxvii

Rollant est proz e Oliver est sage.
Ambedui unt merveillus vasselage. (1093-4)

It seems plain that the narrator is explicitly not choosing between them. In the second horn scene, starting at laisse CXXVIII, in three *laisses similaires* Roland states his intention to sound the horn, encountering Oliver's increasingly harsh condemnation – a reversal of the position in the first horn scene. Most commentators side with Oliver in condemning Roland's 'folie', 'estultie' and 'legerie', but the Archbishop does not: he explicitly endorses Roland's decision. There is nothing in the text to suggest that Roland is admitting any fault or expressing any regret. The poem itself is entirely silent on these topics. The poem presents actions but does not offer explanations, just as the paratactic style leaves unexpressed grammatical and logical links which would be made as a matter of course in modern French or English. It seems essential to any reading of the poem to treat this silence with respect. It is emphatically not our view that the characters or the story are incoherent. But at one level narrative, in the sense of the unfolding of the story, is, as we have seen, subordinated to incantation, and at another the actions of the characters and the events themselves simply happen and, to the extent that they are left unexplained, are therefore shrouded in mystery. All that we know is what we see and hear: actions, words, gestures, often enigmatic but no less enthralling, no less human, for being so.

The true poetry of the *Roland* is to be found in this combination of incantation and mystery; the poem communicates at a deeper level than that of the merely rational. It stirs emotions and haunts the mind. In this sense it is genuinely mythic, embodying one of the essentials of myth, identified by the eminent Classical scholar Geoffrey Kirk: myth communicates its meanings not intellectually and rationally but at an almost visceral level.

Bédier and other French scholars yielded to no one in their admiration of the *Roland,* but often sought to judge the poem by anachronistic criteria, converting the poem as it were into a tragedy where hubris leads to hamartia which is followed by nemesis. They also found it needful to rationalise their reactions and responses to a text which often communicates its messages and meanings in ways not readily amenable to reason, like Charlemagne's dreams.

There is one respect, however, in which there can be no disagreement, whatever the critical position adopted. The poem that we know is intensely and all-pervasively dramatic, from the clash of individuals – Roland and Ganelon, Roland and Oliver – to the clash of cultures and ideologies – Islam and Christianity. The narrative mode, demonstrative, immediate and actualised, constitutes the formal setting for these thematic – in some cases Manichean – oppositions, and acts as a constant reminder that the poem is a performance, and, for all that it is a one-man-show, a dramatic performance

– a *geste* in yet another sense of that word, and not perhaps the least important.

Whitehead's Text

The text of the *Chanson de Roland* reproduced in this edition is contained in MS Digby 23 of the Bodleian Library, Oxford. This MS is designated O (= Oxford). There is now fairly general agreement with Charles Samaran's finding that it was executed in the second quarter of the twelfth century, though a few scholars – usually for reasons connected with their interpretation of the poem and of supposed historical allusions contained in it – continue to favour a later dating. Before Samaran, the date of the MS had generally been given as around 1170, but the best current palaeographical opinion confirms his conclusion. Apart from published discussion, the late N.R. Ker in a private communication to the editor some years ago noted the use of stylus rather than pencil as an important indication of the relatively early date of the MS. His view (expressed no doubt with less caution than would have been appropriate had he been writing for a wider audience) was that 'even allowing for extreme conservatism on the part of an elderly scribe in an out-of-the-way scriptorium it would be very difficult to date O later than 1155 at the outside'. He inclined to 1125-30. The indications in Ian Short (1990): 'Recopié entre 1140 et 1170' and Glyn Burgess (1990): 'probably between 1130 and 1170' are therefore not representative of the weight of scholarly opinion.

This MS is a modest production, small in format (the folios rather smaller than the pages of the present edition), its only adornment the large red capitals that begin each laisse. What can be discovered of its earlier history is to be found in Samaran (1933). It was in the possession of the nuns at Osney, near Oxford, before the Reformation. It then came into the possession of the sixteenth-century antiquarian Sir Kenelm Digby who on his death bequeathed it, together with the rest of his books and manuscripts, to the Bodleian Library in Oxford. The shelf-mark Digby 23 perpetuates his name. Its first modern editor was Francisque Michel in 1837. Whitehead gives the following account:

> The scribe writes a normal twelfth-century Anglo-Norman hand, without any marked idiosyncracies. The MS. is by no means well written and contains many errors of purely scribal origin. In addition, the readings have been altered in many places by a twelfth-century revisor. The revisor has sometimes limited his activity to clearing out dittographies, to supplying words or letters unintentionally omitted and to restoring badly written passages, either by retouching illegible letters

or by erasing the offending passage and writing it again in a more legible hand. In addition to these corrections of his predecessor's deficiencies, he has unfortunately introduced into the text many readings which betray a lack of feeling for the French epic and a gross ignorance of the *Chanson de Roland*. It is clear from this that we are dealing with a man whose professional pursuits did not bring him into contact with vernacular literature and whose interest in the MS. was of a purely amateurish kind. There is no reason to suppose that he had access to a version of the text different from that contained in MS. Digby 23. (Introduction, p. v)

To this it should be added that at least some of the corrections mentioned may well be the work of the scribe himself, and particular corrections are variously assigned to scribe or revisor by different editors. Whitehead himself attributes virtually all to the revisor.

There are nine other manuscripts containing the *Roland* in whole or in part:

V4: Venice, Biblioteca Marziana, MS 225 (formerly MS fr. IV), a fourteenth-century MS of a version in Franco-Italian.

C: Châteauroux (Indre), Bibliothèque municipale, MS 1, a late thirteenth-century MS of a Franco-Italian version in *laisses monorimes*.

V7: Venice, Biblioteca Marziana, MS 251 (formerly fr. VII), a late thirteenth-century MS of a version closely similar to C.

P: Paris, Bibliothèque nationale, f.fr. 860 (formerly 7227/5), MS of the second half of the thirteenth century, lacking roughly the first 1000 lines; *laisses monorimes*.

L: Lyon, Bibliothèque de la ville, MS 743 (formerly 649), fourteenth-century MS, containing a version similar to P, though with its own prologue, and omitting the Baligant episode.

T: Cambridge, Trinity College, MS R 3-32, a fifteenth-century manuscript, lacking the opening (765 lines), containing a version similar to P and L.

l: The Lavergne fragments, named after their first editor, late thirteenth century, containing the equivalent of O 2056-81 and 2242-86.

F: Paris, Bibliothèque nationale, MS nouv. acq. fr. 5237, thirteenth-century fragments of the rimed version, corresponding to O 3327-80 and C laisses 349-7.

B: London, British Library, MS Add. 41295 G, late thirteenth-century, corresponding to O 2776-883.

To the above must be added versions in other languages:

n: The Norse translation found in Branch VIII of the *Karlamagnus saga*, mid-thirteenth-century, based on an assonanced original.

K: Konrad, *Ruolandes Liet*, a Middle High German poem, composed around 1172, contained in a late twelfth-century MS, based on an assonanced original.

w: *Cân Rolant*, a Welsh version, some of which appears to be based on a twelfth-century Anglo-Norman version, contained in a fourteenth-century (and later) MSS.

h: *Roelantslied*, a Flemish version of which fragments survive dating from the thirteenth century.

The fullest and most up-to-date account of these manuscripts is to be found in Segre (1989).

Nineteenth-century editors were much exercised to establish the precise filiation between the various manuscripts, the fruits of their endeavours being summarised in a stemma or family tree. That of Mueller and Bédier eventually prevailed and has not been challenged since, except on one or two points of detail (some of which may however be significant). To quote Whitehead once more:

The Digby MS., although by far the oldest of the extant versions, is not the source of the others but is, like them, descended from a lost original (X), composed at the end of the eleventh or the beginning of the twelfth century. Moreover, there seems to be at least one lost intermediary between the Digby MS. and the original as the former contains a number of scribal errors which can only represent a second stage of corruption. In spite of this fact, Digby 23 offers us by far the best version of the poem now extant. The late Joseph Bédier has shown beyond doubt that all the versions of the poem save that of the Digby MS. go back to the archetype through a lost poem α. (Introduction, pp. vii-viii)

Up to this point, his account is not particularly controversial. The stemma implicit in this discussion (Whitehead does not in fact propose one) is as follows:

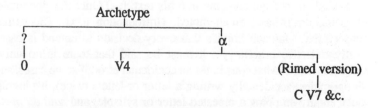

None the less, he acts as though the intermediary between O and the archetype did not exist, or does not matter, and his characterisation of it is dismissive:

> [It] appears to have been a somewhat diluted version of the original poem with the order and substance of many of the episodes modified. The Digby MS. thus provides us with a form of the text which belongs to a tradition different from, and independent of, that represented by the versions. Of the two traditions, that contained in the Digby MS. is certainly the older and better. Indeed, in practically every case in which the readings of the two traditions come into conflict the reading of Digby 23 appears, from internal evidence, to be preferable on both critical and literary grounds. Everything, in fact, points to the conclusion that, whereas α is a version in which the text of the original has been subjected to a far-reaching revision, the Digby MS. is very closely akin to the original and differs from it only in details of secondary importance. (Introduction, p.viii)

There seems to be an inconsistency: there must be something between O and the lost original. O is at best 'a copy of a copy', as Whitehead puts it. What then is the difference in status between this missing text and α? The relation of the two sides of the stemma to the lost original is thus exactly the same, and the claim that O is closer is objectively false. The ground has shifted from purely textual considerations to value judgement and literary arguments for the superiority of O. It is difficult to avoid the impression that the entirely reasonable editorial strategy of editing the *codex optimus* – and there is no doubt that O is the best manuscript – has become confused with the much more questionable assertion, characteristic of Bédier and his followers, of the near-perfection (barring one or two unfortunate accidents) of the text, which in turn becomes confused with claims for the 'precellence' of the Digby poem.

Unsurprisingly, some recent editors, most notably Segre and Short, do not accept this conclusion and intervene much more actively and more frequently.

Whitehead's avowed aim however was to produce 'the text which the Digby scribe would have produced if he had been able to prevent all purely accidental errors from creeping into his text. [...] Only the emendation of accidental errors has been attempted.' (Introduction, p. xi). This extremely conservative approach implies that every decision to emend is based on totally objective criteria; yet it must be said that there is no universal agreement about what constitutes an accidental error. If some cases, such as dittographies (accidentally writing a letter or letters twice), haplographies (accidentally dropping a repeated letter or syllable) and *saut du même au même* (jumping to the same word on the next line, leaving out the intervening words) are usually uncontroversial, others are not. Thus, to take one example among many, Whitehead corrects v. 602 *Puis si cumencet a venir ses tresors* as being 'unsatisfactory on syntactic grounds', adding that 'a plausible reading can be obtained by supposing that *venir* is a misreading of an original *uurir* (= *uvrir*)' (p. ix). But more than one scholar has found it possible to defend the MS reading as syntactically and semantically acceptable, and the correction therefore seems – according to Whitehead's own principles – unnecessary.

A comparison between the editions of Bédier and Whitehead is instructive. Both start from the same premiss; by the side of Whitehead's aim as stated above may be set Bédier's invocation of the precept of 'l'archéologue Didron': 'Il faut conserver le plus possible, réparer le moins possible, ne restaurer à aucun prix.' (Avant-propos p. x). Yet in the first 150 lines there are no fewer than 13 textual disagreements (leaving aside differences in punctuation), a proportion that seems to be well maintained throughout the poem.

Although the present edition aims to reproduce as far as possible Whitehead's text, certain minimal changes have been made. There is no reason to perpetuate misprints and to the best of my ability these have been corrected. Apart from obvious typographical errors such as *reno* for *renc* 265 and *Jurfalen* for *Jurfaleu* 1904, there are apparent mistakes of transcription such as *Pere* for *Perre* 373, *duner* for *dunner* 651. Some of Whitehead's textual emendations appear to be themselves incorrect, and have therefore been eliminated. Thus, on the first page of the printed text, v. 23, Whitehead substitutes for *de Castel de Valfunde: de Castel de[l] Valfunde*, which seems grammatically indefensible. The conjecture conforms no more to Old French usage than to modern French. Other editors either retain the MS reading or print *de[l] Castel de Valfunde*. The opening lines also provide several examples of inconsistent use of square brackets. According to normal editorial convention these are used to denote words or letters omitted by the scribe, yet at line 19 Whitehead prints *deru[m]pet* although an abbreviation mark is visible over the *-u-* under UV light. Likewise the bracketed letters of *[Fe]deilz* 29, and *[V]os* 30 are in fact visible under UV, as Whitehead's own notes make clear. By contrast illegible letters of *magnes* 1, *Espaigne* 2, *muntaigne* 6, *Ore* 27 are printed without square brackets. Although these illustrations are, for convenience, taken from the opening lines of the poem, they occur throughout. I have therefore attempted to tidy up the text in this regard, confining the use of square brackets to cases where a *scribal* omission seems probable or at least plausible, but since it is not my aim to produce a new text, all of Whitehead's literal additions and alterations have been retained, even if not compellingly necessary, provided that they are are not manifestly wrong.

The original edition followed the convention – common at the time of its first publication but now almost universally abandoned – of printing in round brackets superfluous characters found in the MS, such as letters, syllables or words accidentally written twice. This practice, not particularly helpful to scholars, is thoroughly confusing to students, and the text has been modified in this regard, every instance being mentioned in the notes.

Whitehead's substantive emendations have all been retained. Those which seem questionable or mistaken are made the subject of a note. The punctuation, which is editorial, though similarly open to question at times, has also been respected. In the manuscript the only punctuation is a stop at the end of every line, and all modern editors naturally punctuate in accordance with modern practice.

At two points in the text (280-330 and 1467-670) some editions present a different order of laisses and therefore a different numbering of the lines. In particular, the excellent Glossary compiled by Lucien Foulet and incorporated in Bédier's *Commentaires* follows this numbering which is not that of Bédier's own edition but of Mueller's! The alternative numbering has been added in the margin to facilitate reference to Foulet's Glossary and to other works and editions which adopt it.

Despite the reservations expressed above, the positive qualities of Whitehead's edition are considerable, and as a text in the tradition of Bédier it has strong claims to be regarded as superior to the master's own. The latter treats as Anglo-Norman features, and therefore retains, certain spellings – *pa* for *par, trecher* for *trencher* – which, while characteristic of later insular texts, are identified by the British scholar (more conversant with Anglo-Norman) as simple mistakes in an insular MS of such early date. He writes as follows:

The language of the Roland is the Western French of the early twelfth century, with a slight Anglo-Norman colouring due to the scribe. Even if we were sure of the poet's own usage, nothing would be gained by normalizing the text. There are, however, a certain number of cases in which it is doubtful whether we are dealing with a genuine Anglo-Norman form or with an unintentional mistake on the part of the scribe. One may justly feel some hesitation with regard to the following phonological features which, although accepted as genuine by Bédier, seem surprising in early twelfth-century Anglo-Norman:

(*a*) The fall of unaccented *e* in final position (*guer* 210) and its addition where it is unetymological (*tireres* 2283).

(*b*) The denasalization of *e* and sometimes of other vowels (*trechant* 1301, *flabur* 1809, *su* = *sum* 1157) and, conversely, the addition of a nasal consonant in forms such as *ment* = *met* 1271.

(*c*) The reduction of *ai* to *a* (*grasles* 2110, *bassent* 3273, *muvra* 290).

(*d*) The fall of unsupported final *p* (only one example, *tro* 317).

(*e*) The fall of final *l* in proclitics (*de col* = *delcol* 1619).

(*f*) The fall of *r* in preconsonantal, postconsonantal and final position (*guadez* 316, *li alte* 2687, *pa* = *par* 47)

(*g*) The fall of *s* in proclitics, both before a word beginning with a consonant and one beginning with a vowel (*le chefs* 44, *le altres* 1237). (Introduction, pp. xiii-xiv)

Whitehead's 'surprising' is a polite way of saying that these features are not otherwise found in early twelfth-century Anglo-Norman texts.

Conversely, Bédier, while admitting that metrical regularity and purity of assonance are not absolute in this poem, in fact makes many changes to smooth out apparent irregularities.

It is, above all, a particular merit of Whitehead that he preserves – almost alone among editors – the laisse divisions of the MS, as indicated by a coloured initial at the beginning and (usually) the presence of *AOI* at the end, instead of taking it for granted that the laisse is always and only defined by a change of assonance. As a result, Whitehead's edition numbers 298 laisses (and in fact contains 299, since lines 1653-60 are numbered by him CXXVa), compared with the 291 of Bédier (and the 292 of Segre). It does not follow that the MS is always right, but the suppression of this feature – which even if 'wrong' in some cases can hardly be 'accidental', given the deliberation required to write a large capital in different coloured ink – seems questionable in any edition which purports to be conservative.

In fact, of course, the ideal of Whitehead and Bédier is unattainable. Any edition – as distinct from a transcript such as that of Groeber which leaves manifest blunders uncorrected – involves subjective judgement, as do my own modest amendments to Whitehead's text, which some may therefore find unnecessary or mistaken, or else too timid.

In practice, the case for a conservative edition is very strong, whatever view one takes of the status of O and whichever side one favours in the traditionalist–individualist debate, since any critical edition amounts in the end to little more than yet another rewriting of the poem, but the decision to tamper as rarely as possible with the manuscript should not and need not entail the idolisation of the Oxford version of the *Chanson de Roland*.

Select Bibliography

The Bibliography of the *Chanson de Roland* is overwhelmingly vast. The present selection aims to include the most useful recent editions and translations of the text, and a choice of the most important studies, bearing in mind the needs of undergraduate students.

Full bibliographical indications are to be found in:

R. Bossuat, *Manuel bibliographique de la littérature française du Moyen Age* (Melun: D'Argences, 1951, 1955, 1961) one volume and two supplements. *Nouveau supplément*, by J. Monfrin and F. Vieillard (1989).

Bulletin bibliographique de la Société Rencesvals (Paris: Nizet, 1958- [now annual])

J.Duggan, *A Guide to Studies on the Chanson de Roland* (London: Grant & Cutler, 1976).

The Manuscript

Ch. Samaran and le Comte A. de Laborde, *La Chanson de Roland: reproduction phototypique du manuscrit Digby 23 de la Bodleian Library d'Oxford* (Paris: Société des anciens textes français, 1933). A collotype reproduction of the manuscript, preceded by a detailed study by Samaran, embodying the results of an exhaustive examination under ultra-violet light.

Editions and Translations

J. Bédier, *La Chanson de Roland publiée d'après le manuscrit d'Oxford et traduite par J. Bédier* (Paris: Piazza, 1921; 6th definitive edition 1937; reprinted Paris, 10/18, 1973). Has classic status; contains a translation into French.

Glyn Burgess, *The Song of Roland* (Harmondsworth: Penguin Books, 1990). A translation into modern English, based mainly on Whitehead's text, with a useful short introduction. An Appendix offers an edition close to Whitehead's of lines 1-825, 995-1109, 1188-268, 1851-85, 2259-396, 3750-4002.

T.A. Jenkins, *La Chanson de Roland* (Boston, 1924). This edition embodies a heavily normalised version of the text in accordance with the editor's view of correct twelfth-century French. This is of no value, but the notes, especially those relating to place-names and historical and other allusions, have not entirely lost their usefulness. Whitehead refers frequently to these notes in the Index of Proper Names.

G. Moignet, *La Chanson de Roland*. Texte établi d'après le manuscrit d'Oxford, traduction, notes et commentaires (Paris, Bordas, 3rd edn, 1972; reprinted 1989). The text is very close to Bédier's. The notes on language and content are very full, there is an excellent introduction and extremely valuable appendices containing key extracts from medieval documents and modern critics. The most useful all-purpose edition currently available.

C. Segre, *La Chanson de Roland* (Edition critique, nouvelle édition revue traduite de l'italien par Madeleine Tyssens, TLF 368, two volumes, Geneva: Droz, 1989). The revised edition of the Italian original (Milan and Naples: Ricciardi, 1971). vol. I contains a critical edition of the Oxford manuscript, with many emendations; Vol. II bears the subtitle *Apparat de la rédaction β et recherches sur l'Archetype*. Although the concept of a critical text is highly questionable, this edition embodies the fullest details of the manuscript and the most minutely comprehensive textual annotations currently available.

I. Short, *La Chanson de Roland* (Edition critique et traduction, Paris: Le livre de Poche, 'Lettres gothiques', 1990). More interventionist than Whitehead, less so than Segre. The guiding principles are not revealed, but are promised in a forthcoming publication (California University Press). Interesting introduction; translation into modern French aiming to preserve rhythmic and other features of the original.

Critical Works

Bédier, J., *Les Légendes épiques. Recherches sur la formation des chansons de geste* III (Paris: Champion, 1912). The third volume (of four, 1908-13, 3rd edn 1926-9) sets out in detail Bédier's views on the origins of the *Roland,* including the theory of pilgrimage routes.

———— *La Chanson de Roland commentée* (Paris: Piazza, 1927). Often known as *Commentaires*. Embodies Bédier's defence of the 'precellence' of the Oxford version.

Brault, G., *The Song of Roland: an Analytical Edition*. I, Introduction and Commentary; II, Oxford text and English translation. (University Park, Pennsylvania and London: Pennsylvania State University Press, 1978). Contains a wealth of detail.

Dufournet, J., *Cours sur 'La Chanson de Roland'* (Paris: CDU, 1973). A somewhat idiosyncratic lecture course. The author goes into great and fascinating detail on many points which, though interesting, might not be regarded as central to the study of the poem.

Duggan, J., *A Concordance of the Chanson de Roland* (Columbus, Ohio: Ohio State University Press, 1969). A computer-generated concordance.

————— *The 'Song of Roland'. Formulaic Style and Poetic Craft* (Berkeley, Los Angeles and London: University of California Press, 1973). A systematic and detailed application of oral-formulaic theory to the *Roland*, on the basis of Duggan's own concordance.

Fox, J., *A Literary History of France: The Middle Ages* (London: Ernest Benn, 1974). Ch. 3, 'Variations on Epic Themes', 58-104, is an admirably balanced and impressively comprehensive survey of the state of scholarly opinion at the time of publication.

Grisward, J., *Archéologie de l'épopée mediévale* (Paris: Payot, 1981). An interesting if controversial application to the *chanson de geste* of Dumézil's archeological and anthropological theories.

Le Gentil, P., *La Chanson de Roland* (Paris: Hatier, 1967; 2nd edn). An excellent introduction, embodying a sensitive reading of the poem, firmly in the individualist camp but avoiding partisanship and polemic: eirenic in spirit.

Maurice, J., *La Chanson de Roland*. Etudes littéraires 37 (Paris: PUF, 1992). A useful, clearly-presented, brief introduction for students, making some use of the approaches and terminology of Todorov and other structuralist and post-structuralist critics.

Menéndez-Pidal, R., *La Chanson de Roland et la tradition épique des Francs*, trans, I.-M. Cluzel (Paris: Picard, 1960; 2nd edn). The masterwork of neo-traditionalism, vast in scale, often polemical in tone, but full of insights.

Paris, Gaston, *Histoire poétique de Charlemagne* (Paris: Bouillon, 1865; 2nd edn 1905). The starting point: although the author's *cantilena* theory has been long abandoned, as the first truly scholarly study of the *Roland* and the *chanson de geste*, this work is still worthy of respect.

Payen, J.-Ch., *Le Moyen Age. Des origines à 1300* (Paris: Arthaud, 1970). Contains a good section on the *Roland* and the *chanson de geste*.

Pensom, R., *Literary Technique in the Chanson de Roland* (Geneva: Droz, 1982). Its most valuable contribution to *Roland* studies is an interesting and importantly original attempt to find a rhythmic as well as a syllabic basis for the versification of the poem.

de Riquer, Martin, *Les Chansons de geste françaises*, trans. I. Cluzel (Paris: Nizet, 1957; 2nd edn). The first chapter (121 pp.) contains the best available account of the historical background to the *Roland*, followed by an excellent literary discussion of the poem, with many fine insights.

Rychner, J., *La Chanson de geste. Essai sur l'art épique des jongleurs* (Geneva: Droz; Lille: Giard, 1955). An epoch-making study, the first attempt to apply notions of oral composition to the Old French epic.

Vance, E., *Reading the Song of Roland* (Englewood Cliffs, New Jersey: Prentice Hall, 1970). One of the few full-scale works seeking to read the poem in the light of structuralist ideas.

Zink, M., *Le Moyen Age: littérature française* (Nancy: Presses universitaires de Nancy, 1990). Chapter 3, pp. 29-43, 'Les Chansons de geste' is a brief but excellent and wide-ranging summary, focussing on the *Roland*, but setting it in the wider context of the genre as a whole.

———— *Littérature française du Moyen Age* (Paris: PUF, 1992) Chapter 4, pp. 71-99, 'Les Chansons de geste' is closely similar to the above, but up-dated and more detailed.

SELECT BIBLIOGRAPHY

LA CHANSON DE ROLAND

I

Carles li reis, nostre empereie magnes,   *1a*
Set anz tuz pleins ad estét en Espaigne,
Tresqu'en la mer cunquist la tere altaigne.
N'i ad castel ki devant lui remaigne,
5   Mur ne citét n'i est remés a fraindre,
Fors Sarraguce, ki est en une muntaigne;
Li reis Marsilie la tient ki Deu nen aimet,
Mahumet sert e Apollin recleimet;
Ne·s poet guarder que mals ne l'i ateignet. Aoi.

II

10   Li reis Marsilie esteit en Sarraguce,
Alez en est en un verger suz l'umbre,
Sur un perrun de marbre bloi se culched,
Envirun lui plus de vint milie humes.
Il en apelet e ses dux e ses cuntes:
15   'Oëz, seignurs, quel pecchét nus encumbret:
Li empereres Carles de France dulce
En cest païs nos est venuz cunfundre.
Jo nen ai ost qui bataille li dunne,
Ne n'ai tel gent ki la sue derumpet:
20   Cunseilez mei cume mi savie hume,
Si me guarisez e de mort e de hunte.'
N'i ad paien ki un sul mot respundet,
Fors Blancandrins de Castel de Valfunde.

III

Blancandrins fut des plus saives paiens,
25   De vasselage fut asez chevaler,
Prozdom i out pur sun seignur aider;
E dist al rei: 'Ore ne vus esmaiez;
Mandez Carlun, a l'orguillus, e al fier,
Fedeilz servises e mult granz amistez: *1b*
30   Vós li durrez urs e leons e chens,
Set cenz camelz e mil hosturs müers,

D'or e d'argent ·iiii· c· muls cargez,
Cinquante carre qu'en ferat carïer:
Ben en purrat lüer ses soldeiers.
35   En ceste tere ad asez osteiét:
En France ad Ais s'en deit ben repairer;
Vos le sivrez a la feste seint Michel,
Si recevrez la lei de chrestïens,
Serez ses hom par honur e par ben.
40   S'en volt ostages, e vos l'en enveiez,
U dis u vint, pur lui afiancer;
Enveiu[n]s i les filz de noz muillers:
Par nun d'ocire i enveierai le men.
   Asez est melz qu'il i perdent le[s] chefs
45   Que nus perduns l'onur ne la deintét,
Ne nus seiuns cunduiz a mendeier.' AOI.

IV

Dist Blancandrins: 'Pa[r] ceste meie destre
E par la barbe ki al piz me ventelet,
L'ost des Franceis verrez sempres desfere;
50   Francs s'en irunt en France, la lur tere.
Quant cascuns ert a sun meillor repaire,
Carles serat ad Ais, a sa capele,
A seint Michel tendrat mult halte feste;
Vendrat li jurz, si passerat li termes,
55   N'orrat de nos paroles ne nuveles.
Li reis est fiers e sis curages pesmes,
De noz ostages ferat tre[n]cher les testes:
   Asez est mielz qu'il i perdent les testes   *2a*
Que nus perduns clere Espaigne la bele,
60   Ne nus aiuns les mals ne les suffraites.'
Dient paien: 'Issi poet il ben estre!'

V

＊ Li reis Marsilie out sun cunseill finét,
Si·n apelat Clarin de Balaguét,
Estamarin e Eudropin sun per
65   E Priamun e Guarlan le barbét
E Machiner e sun uncle Maheu
E Joüner e Malbien d'ultre mer

E Blancandrins por la raisun cunter;
Des plus feluns dis en ad apelez:
70 'Seignurs baruns, a Carlemagnes irez,
Il est al siege a Cordres la citét.
Branches d'olives en voz mains porterez,
Ço senefiet pais e humilitét.
Par voz saveirs se·m püez acorder,
75 Jo vos durrai or e argent asez,
Teres e fiez tant cum vos en vuldrez.'
Dient paien: 'De ço avun nus asez.' Aoi.

VI

Li reis Marsilie out finét sun cunseill,
Dist a ses humes: 'Seignurs, vos en ireiz,
80 Branches d'olive en voz mains portereiz,
Si me direz a Carlemagne le rei,
Pur le soen Deu, qu'il ait mercit de mei.
Ja einz ne verrat passer cest premer meis
Que je·l sivrai od mil de mes fedeilz,
85 Si recevrai la chrestïene lei.
Serai ses hom par amur e par feid.   2b
S'il voelt ostages, il en avrat par veir.'
Dist Blancandrins: 'Mult bon plait en avreiz.' Aoi.

VII

Dis blanches mules fist amener Marsilies
90 Que li tramist li reis de Suatilie;
Li frein sunt d'or, les seles d'argent mises:
Cil sunt muntez ki le message firent,
Enz en lur mains portent branches d'olive,
Vindrent a Charles ki France ad en baillie;
95 Ne·s poet guarder que alques ne l'engignent. Aoi.

VIII

Li empereres se fait e balz e liez,
Cordres ad prise e les murs peceiez,
Od ses cadables les turs en abatiéd.
Mult grant eschech en unt si chevaler
100 D'or e d'argent e de guarnemenz chers.

En la citét nen ad remés paien
Ne seit ocis u devient chrestïen.
Li empereres est en un grant verger,
Ensembl'od lui Rollant e Oliver,
105 Sansun li dux e Anseïs li fiers,
Gefreid d'Anjou, le rei gunfanuner,
E si i furent e Gerin e Gerers:
La u cist furent des altres i out bien.
De dulce France i ad quinze milliers.
110 Sur palies blancs siedent cil cevaler,
As tables juent pur els esbaneier,
E as eschecs li plus saive e li veill,
E escremissent cil bacheler leger.
Desuz un pin, delez un eglenter   3a
115 Un faldestoed i unt fait tut d'or mer,
La siet li reis ki dulce France tient.
Blanche ad la barbe e tut flurit le chef,
Gent ad le cors e le cuntenant fier;
S'est k·il demandet, ne l'estoet enseigner.
120 E li message descendirent a pied,
Si·l saluerent par amur e par bien.

IX

Blancandrins ad premereins parléd
E dist al rei: 'Salvét seiez de Deu,
Le glorïus que devuns aürer.
125 Iço vus mandet reis Marsilies li bers:
Enquis ad mult la lei de salvetét,
De sun aveir vos voelt asez duner,
     Urs e leüns e veltres enchaignez,
     Set cenz cameilz e mil hosturs müez,
130   D'or e d'argent ·iiii· cenz muls trussez,
Cinquante care que carier en ferez:
Tant i avrat de besanz esmerez
Dunt bien purrez voz soldeiers lüer.
En cest païs avez estét asez,
135 En France ad Ais devez bien repairer;
La vos sivrat, ço dit, mis avoëz.'
Li empereres tent ses mains vers Deu,
Baisset sun chef, si cumencet a penser. Aoi.

X

Li empereres en tint sun chef enclin,
140 De sa parole ne fut mie hastifs;
Sa custume est qu'il parolet a leisir.
Quant se redrecet mult par out fier lu vis.   *3b*
Dist as messages: 'Vus avez mult ben dit;
Li reis Marsilies est mult mis enemis:
145 De cez paroles que vos avez ci dit,
En quel mesure en purrai estre fiz?'
'Voelt par hostages,' ço dist li Sarrazins,
'Dunt vos avrez u dis u quinze u vint.
Pa[r] nun de ocire i metrai un mien filz,
150 E si n'avrez, ço quid, de plus gentilz.
Quant vus serez el palais seignurill,
A la grant feste seint Michel del Peril,
Mis avoëz la vos sivrat, ço dit.
Enz en voz bainz que Deus pur vos i fist,
155 La vuldrat il chrestïens devenir.'
Charles respunt: 'Uncore purrat guarir.' Aoi.

XI

Bels fut li vespres e li soleilz fut cler.
Les dis mulez fait Char[l]es establer;
El grant verger fait li reis tendre un tref,
160 Les dis messages ad fait enz hosteler;
·xii· serjanz les unt ben cunreez.
La noit demurent tresque vint al jur cler.
Li empereres est par matin levét,
Messe e matines ad li reis escultét,
165 Desuz un pin en est li reis alez,
Ses baruns mandet pur sun cunseill finer:
Par cels de France voelt il del tut errer. Aoi.

XII

Li empereres s'en vait desuz un pin;
Ses baruns mandet pur sun cunseill fenir:
170 Le duc Oger e l'arcevesque Turpin,   *4a*
Richard li velz e sun nevuld Henri,
E de Gascuigne li proz quens Acelin,
Tedbald de Reins e Milun sun cusin,

E si i furent e Gerers e Gerin;
175 Ensembl'od els li quens Rollant i vint
E Oliver li proz e li gentilz.
Des Francs de France en i ad plus de mil.
Guenes i vint ki la traïsun fist.
Des ore cumencet le cunseill que mal prist. Aoi.

XIII

180 'Seignurs barons,' dist li emperere Carles,
'Li reis Marsilie m'ad tramis ses messages;
De sun aveir me voelt duner grant masse,
Urs e leüns e veltres caeignables,
Set cenz cameilz e mil hosturs muables,
185 Quatre cenz muls cargez de l'or d'Arabe;
Avoec iço plus de cinquante care.
Mais il me mandet que en France m'en alge;
Il me sivrat ad Ais a mun estage,
Si recevrat la nostre lei plus salve.
190 Chrestïens ert, de mei tendrat ses marches;
Mais jo ne sai quels en est sis curages.'
Dient Franceis: 'Il nus i cuvent guarde.' Aoi.

XIV

Li empereres out sa raisun fenie.
Li quens Rollant ki ne l'otriet mie,
195 En piez se drecet, si li vint cuntredire.
Il dist al rei: 'Ja mar crerez Marsilie.
Set anz [ad] pleins que en Espaigne venimes,
Jo vos cunquis e Noples e Commibles,   *4b*
Pris ai Valterne e la tere de Pine
200 E Balasgüéd e Tüele e Sezilie.
Li reis Marsilie i fist mult que traïtre:
De ses pai[ens] enveiat quinze,
Chascuns portout une branche d'olive,
Nuncerent vos cez paroles meïsme;
205 A voz Franceis un cunseill en presistes,
Loërent vos alques de legerie.
Dous de voz cuntes al paien tramesistes:
L'un fut Basan e li altres Basilies,

Les chef[s] en prist es puis desuz Haltilie.
210 Faites la guer[re] cum vos l'avez enprise:
En Sarraguce menez vostre ost banie,
Metez le sege a tute vostre vie,
Si vengez cels que li fels fist ocire.' AOI.

XV

Li emp[er]ere en tint sun chef enbrunc,
215 Si duist sa barbe, afaitad sun gernun,
Ne ben ne mal ne respunt sun nevuld.
Franceis se taisent ne mais que Guenelun:
En piez se drecet si vint devant Carlun,
Mult fierement cumencet sa raisun
220 E dist al rei: 'Ja mar crerez bricun,
Ne mei ne altre, se de vostre prod nun.
Quant ço vos mandet li reis Marsiliun
Qu'il devendrat jointes ses mains tis hom
E tute Espaigne tendrat par vostre dun,
225 Puis recevrat la lei que nus tenum,
Ki ço vos lodet que cest plait degetuns,
Ne li chalt, sire, de quel mort nus murjuns.
Cunseill d'orguill n'est dreiz que a plus munt;
Laissun les fols, as sages nus tenuns.' AOI.

XVI

230 Aprés iço i est Neimes venud,
Meillor vassal n'aveit en la curt nul,
E dist al rei: 'Ben l'avez entendud,
Guenes li quens ço vus ad respondud;
Saveir i ad, mais qu'il seit entendud.
235 Li reis Marsilie est de guere vencud;
Vos li avez tuz ses castels toluz,
Od voz caables avez fruisét ses murs,
Ses citez arses e ses humes vencuz;
Quant il vos mandet qu'aiez mercit de lui,
240 Pecchét fereit ki dunc li fesist plus . . .
U par ostage vos en voelt faire soürs,
Ceste grant guerre ne deit munter a plus.'
Dient Franceis: 'Ben ad parlét li dux.' AOI.

XVII

'Seignurs baruns, qui i enveieruns
245 En Sarraguce al rei Marsiliuns?'
Respunt dux Neimes: 'Jo irai, par vostre dun.
Livrez m'en ore le guant e le bastun.'
Respunt li reis: 'Vos estes saives hom,
Par ceste barbe e par cest men gernun,
250 Vos n'irez pas uan de mei si luign.
Alez sedeir, quant nuls ne vos sumunt.'   *5b*

XVIII

'Seignurs baruns, qui i purruns enveier,
Al Sarrazin ki Sarraguce tient?'
Respunt Rollant: 'Jo i puis aler mult ben.'
255 'Nu[n] ferez certes', dist li quens Oliver,
'Vostre curages est mult pesmes e fiers;
Jo me crendreie que vos vos meslisez.
Se li reis voelt, jo i puis aler ben.'
Respunt li reis: 'Ambdui vos en taisez!
260 Ne vos ne il n'i porterez les piez;
Par ceste barbe que veez blancheier,
Li duze per mar i serunt jugez.'
Franceis se taisent, as les vus aquisez.

XIX

Turpins de Reins en est levét del renc
265 E dist al rei: 'Laisez ester voz Francs.
En cest païs avez estét set anz.
Mult unt oüd e peines e ahans.
Dunez m'en, sire, le bastun e le guant
E jo irai al Sarazin espan,
270 Si·n vois vedeir alques de sun semblant.'
Li empereres respunt par maltalant:
'Alez sedeir desur cel palie blanc;
N'en parlez mais, se jo ne·l vos cumant.' Aoi.

XX

'Francs chevalers,' dist li empere Carles,
275 'Car m'eslisez un barun de ma marche

Qu'a Marsiliun me portast mun message.'
Ço dist Rollant: 'Ço ert Guenes mis parastre.'
Dient Franceis: 'Car il le poet ben faire.
Se lui lessez, n'i trametrez plus saive.'　　*6a*
280　E li quens Guenes en fut mult anguisables.　　[301]
De sun col getet ses grandes pels de martre
E est remés en sun blialt de palie;
Vairs out [les oilz] e mult fier lu visage.
Gent out le cors e les costez out larges.　　[305]
285　Tant par fut bels tuit si per l'en esguardent
Dist a Rollant: 'Tut fol, pur quei t'esrages?
Ço set hom ben que jo sui tis parastres,
Si as jugét qu'a Marsiliun en alge.
Se Deus ço dunet que jo de la repaire,　　[310]
290　Jo t'en muvra[i] un si grant contr[a]ire
Ki durerat a trestut tun edage.'
Respunt Rollant: 'Orgoill oi e folage.
Ço set hom ben, n'ai cure de manace;
Mai[s] saives hom, il deit faire message.　　[315]
295　Si li reis voelt, prez sui por vus le face.'

XXI

Guenes respunt: 'Pur mei n'iras tu mie. Aoi.
Tu n'ies mes hom ne jo ne sui tis sire.
Carles comandet que face sun servise,
En Sarraguce en irai a Marsilie;　　[320]
300　Einz i frai un poi de [le]gerie
Que jo n'esclair ceste meie grant ire.'
Quant l'ot Rollant, si cumençat a rire. Aoi.

XXII

Quant ço veit Guenes que ore s'en rit Rollant,
Dunc ad tel doel, pur poi d'ire ne fent;　　[325]
305　A ben petit que il ne pert le sens.
E dit al cunte: 'Jo ne vus aim nïent,
Sur mei avez turnét fals jugement.　　*6b*
Dreiz emperere, veiz me ci en present:
Ademplir voeill vostre comandement.'　　[330]

XXIII

310 'En Sarraguce sai ben que aler m'estoet: Aoi.   [292]
Hom ki la vait, repairer ne s'en poet.
Ensurquetut si ai jo vostre soer,
S·in ai un filz, ja plus bels nen estoet,   [295]
Ço est Baldewin,' ço dit, 'ki ert prozdoem;
315 A lui lais jo mes honurs e mes fieus.
Guadez le ben, ja ne·l verrai des oilz.'
Carles respunt: 'Tro[p] avez tendre coer;
Puis que·l comant, aler vus en estoet.'   [300]

XXIV

Ço dist li reis: 'Guenes, venez avant, Aoi.   [280]
320 Si recevez le bastun e lu guant.
Oït l'avez, sur vos le jugent Franc.'
'Sire,' dist Guenes, 'ço ad tut fait Rollant,
Ne l'amerai a trestut mun vivant,
Ne Oliver, por ço qu'il est si cumpainz,   [285]
325 Li duze per, por qu'il l'aiment tant;
Desfi les ci, sire, vostre veiant.'
Ço dist li reis: 'Trop avez maltalant,
Or irez vos certes, quant jo·l cumant.'
'Jo i puis aler, mais n'i avrai guarant; Aoi.   [290]
330 Nul out Basilies, ne sis freres Basant.'   [291]

XXV

Li empereres li tent sun guant le destre,
Mais li quens Guenes iloec ne volsist estre.
Quant le dut prendre, si li caït a tere.
Dient Franceis: 'Deus, que purrat ço estre?   7a
335 De cest message nos avendrat grant perte.'
'Seignurs,' dist Guenes, 'vos en orrez noveles.'

XXVI

'Sire,' dist Guenes, 'dunez mei le cungiéd;
Quant aler dei, n'i ai plus que targer.'
Ço dist li reis· 'Al Jhesu e al mien.'
340 De sa main destre l'ad asols e seignét;
Puis li livrat le bastun e le bref.

XXVII

Guenes li quens s'en vait a sun ostel,
De guarnemenz se prent a cunreer,
De ses meillors que il pout recuvrer.
345 Esperuns d'or ad en ses piez fermez,
Ceint Murglies s'espee a sun costéd,
En Tachebrun, sun destrer, est muntéd;
L'estreu li tint sun uncle Guinemer.
La veïsez tant chevaler plorer
350 Ki tuit li dient: 'Tant mare fustes ber!
En la cort al rei mult i avez estéd,
Noble vassal vos i solt hom clamer;
Ki ço jugat que doüsez aler,
Par Charlemagne n'ert guariz ne tensez.
355 Li quens Rollant ne·l se doüst penser,
Que estrait estes de mult grant parentéd.'
Enprés li dient: 'Sire, car nos menez!'
Ço respunt Guenes: 'Ne placet Damnedeu!
Mielz est que sul moerge que tant bon chevaler.
360 En dulce France, seignurs, vos en irez,
De meie part ma muiller salüez,
E Pinabel, mun ami e mun per,   7b
E Baldewin, mun filz que vos savez,
E lui aidez e pur seignur le tenez.'
365 Entret en sa veie, si s'est achiminez. AOI.

XXVIII

Guenes chevalchet suz une olive halte,
Asemblét s'est as Sarrazins messag[es].
Mais Blancandrins ki envers lu s'atarget!
Par grant saveir parolet li uns a l'altre.
370 Dist Blancandrins: 'Merveilus hom est Charles,
Ki cunquist Puille e trestute Calabre,
Vers Engletere passat il la mer salse,
Ad oes seint Perre en cunquist le chevage;
Que nus requert ça en la nostre marche?'
375 Guenes respunt: 'Itels est sis curages,
Jamais n'ert hume ki encuntre lui vaille.' AOI.

XXIX

Dist Blancandrins: 'Francs sunt mult gentilz home,
Mult grant mal funt e [cil] duc e cil cunte
A lur seignur ki tel cunseill li dunent,
380   Lui e altrui travaillent e cunfundent.'
Guenes respunt: 'Jo ne sai veirs nul hume,
Ne mes Rollant ki uncore en avrat hunte.
Er matin sedeit li emperere suz l'umbre,
   · Vint i ses nies, out vestue sa brunie,
385   E out predét dejuste Carcasonie;
En sa main tint une vermeille pume,
'Tenez, bel sire,' dist Rollant a sun uncle,
'De trestuz reis vos present les curunes.'
Li soens orgoilz le devreit ben cunfundre,
390   Kar chascun jur de mort s'abandunet.
Seit ki l'ociet tute pais puis avriumes.' AOI.   *8a*

XXX

Dist Blancandrins: 'Mult est pesmes Rollant,
Ki tute gent voelt faire recreant
E tutes teres met en chalengement.
395   Par quele gent quiet il espleiter tant?'
Guenes respunt: 'Par la franceise gent,
Il l'aiment tant, ne li faldrunt nïent,
Or e argent lur met tant en present,
Muls e destrers e palies e guarnemenz.
400   L'emperere meïsmes ad tut a sun talent,
Cunquerrat li les teres d'ici qu'en orïent.' AOI.

XXXI

Tant chevalcherent Guenes e Blancandrins,
Que l'un a l'altre la sue feit plevit
Que il querreient que Rollant fust ocis.
405   Tant chevalcherent e veies e chemins
Que en Sarraguce descendent suz un if.
Un faldestoet out suz l'umbre d'un pin,
Envolupét fut d'un palie alexandrin,
La fut li reis ki tute Espaigne tint.
410   Tut entur lui vint milie Sarrazins,
N'i ad celoi ki mot sunt ne mot tint

Pur les nuveles qu'il vuldreient oïr.
Atant as vos Guenes e Blanchandrins!

XXXII

Blancandrins vint devant Marsiliun,
415 Par le puig[n] tint le cunte Guenelun,
E dist al rei: 'Salvez seiez de Mahun
E d'Apollin, qui seintes leis tenuns.
Vostre message fesime[s] a Charlun,
Ambes ses mains en levat cuntre munt,
420 Loat sun deu, ne fist altre respuns.   *8b*
Ci vos enveiet un sun noble barun
Ki est de France, si est mult riches hom;
Par lui orrez si avrez pais u nun.'
Respunt Marsilie: 'Or diet, nus l'orrum.' AOI.

XXXIII

425 Mais li quens Guenes se fut ben purpensét,
Par grant saver cumencet a parler
Cume celui ki ben faire le set.
E dist al rei: 'Salvez seiez de Deu,
Li glorïus qui devum aürer!
430 Iço vus mandet Carlemagnes li ber
Que recevez seinte chrestïentét;
Demi Espaigne vos voelt en fiu duner.
Se cest' acorde ne vulez otrïer,
Pris e lïez serez par poëstéd,
435 Al siege ad Ais en serez amenét,
Par jugement serez iloec finét,
La murrez vus a hunte e a viltét.'
Li reis Marsilies en fut mult esfreéd;
Un algier tint ki d'or fut enpenét,
440 Ferir l'en volt, se n'en fust desturnét. AOI.

XXXIV

Li reis Marsilies ad la culur müee,
De sun algeir ad la hanste crollee.
Quant le vit Guenes, mist la main a l'espee
Cuntre dous deie l'ad del furrer getee.
445 Si li ad dit: 'Mult estes bele e clere;

Tant vus avrai en curt a rei portee,
Ja ne·l dirat de France li emperere
Que suls i moerge en l'estrange cuntree,
Einz vos avrunt li meillor cumparee.'   *9a*
450 Dient paien: 'Desfaimes la meslee.'

XXXV

Tuit li prierent li meillor Sarrazin
Qu'el faldestoed s'es[t] Marsilies asis.
Dist l'algalifes: 'Mal nos avez baillit
Que li Franceis asmastes a ferir;
455 Vos le doüssez esculter e oïr.'
'Sire,' dist Guenes, 'mei l'avent a suffrir.
Jo ne lerreie por tut l'or que Deus fist,
Ne por tut l'aveir ki seit en cest païs,
Que jo ne li die, se tant ai de leisir,
460 Que Charles li mandet, li reis poësteïfs,
Par mei li mandet sun mortel enemi.'
Afublez est d'un mantel sabelin
Ki fut cuvert d'un palie alexandrin;
Getet le a tere, si·l receit Blancandrin.
465 Mais de s'espee ne volt mie guerpir,
En sun puign destre par l'orie punt la tint.
Dient paien: 'Noble baron ad ci!' Aoi.

XXXVI

Envers le rei s'est Guenes aproismét,
Si li ad dit: 'A tort vos curuciez;
470 Quar ço vos mandet Carles, ki France tient,
Que recevez la lei de chrestïens;
Demi Espaigne vus durat il en fiet,
L'altre meitét avrat Rollant sis nies;
Mult orguillos parçuner i avrez.
475 Si ceste acorde ne volez otrïer,
En Sarraguce vus vendrat aseger,
Par poëstét serez pris e lïez.
Menét serez [en]dreit ad Ais le siet;
Vus n'i avrez palefreid ne destrer   *9b*
480 Ne mul ne mule que puissez chevalcher,
Getét serez sur un malvais sumer:

Par jugement iloec perdrez le chef.
Nostre emperere vus enveiet cest bref.'
El destre poign al paien l'ad livrét.

XXXVII

485 Marsilies fut esculurez de l'ire,
Freint le seel, getét en ad la cire,
Guardet al bref, vit la raisun escrite:
'Carle me mandet ki France ad en baillie
Que me remembre de la dolur e de l'ire:
490 Ço est de Basan e de sun frere Basilie,
Dunt pris les chefs as puis de Haltoïe.
Se de mun cors voeil aquiter la vie,
Dunc li envei mun uncle l'algalife;
Altrement ne m'amerat il mie.'
495 Aprés parlat ses filz envers Marsilies
E dist al rei: 'Guenes ad dit folie;
Tant ad errét, nen est dreiz que plus vivet
Livrez le mei, jo en ferai la justise.'
Quant l'oït Guenes, l'espee en ad branlie,
500 Vait s'apuier suz le pin a la tige.

XXXVIII

Enz el verger s'en est alez li reis,
Ses meillors humes en meinet ensembl'od sei,
E Blancandrins i vint al canud peil
E Jurfaret, ki est ses filz e ses heirs,
505 E l'algalifes sun uncle e sis fedeilz.
Dist Blancandrins: 'Apelez le Franceis,
De nostre prod m'ad plevie sa feid.'
Ço dist li reis: 'E vos l'i ameneiz.'   *10a*
Guenelun prist par la main destre ad deiz,
510 Enz el verger l'en meinet josqu'al rei;
La purparolent la traïsun seinz dreit. Aoi.

XXXIX

'Bel sire Guenes,' ço li ad dit Marsilie,
'Jo vos ai fait alques de legerie,
Quant por ferir vus demustrai grant ire.

515   Guaz vos en dreit par cez pels sabelines,
     Melz en valt l'or que ne funt cinc cenz livres;
     Einz demain noit en iert bele l'amendise.'
     Guenes respunt: 'Jo ne·l desotrei mie;
     Deus, se lui plaist, a bien le vos mercie.' AOI.

XL

520   Ço dist Marsilies: 'Guenes, par veir sacez,
     En talant ai que mult vos voeill amer;
     De Carlemagne vos voeill oïr parler.
     Il est mult vielz, si ad sun tens usét,
     Men escïent dous cens anz ad passét;
525   Par tantes teres ad sun cors demenéd.
     Tanz [colps] ad pris sur sun escut bucler,
     Tanz riches reis cunduit a mendistéd:
     Quant ert il mais recreanz d'osteier?'
     Guenes respunt: 'Carles n'est mie tels,
530   N'est hom ki·l veit e conuistre le set
     Que ço ne diet que l'emperere est ber.
     Tant ne·l vos sai ne preiser ne loër
     Que plus n'i ad d'onur e de bontét:
     Sa grant valor ki·l purreit acunter?
535   De tel barnage l'ad Deus enluminét,
     Meilz voelt murir que guerpir sun barnét.'

XLI

     Dist li paiens: 'Mult me puis merveiller   *10b*
     De Carlemagne, ki est canuz e vielz,
     Men escïentre dous cenz anz ad e mielz;
540   Par tantes teres ad sun cors traveillét,
     Tanz cols ad pris de lances e d'espiét,
     Tanz riches reis conduiz a mendistiét,
     Quant ert il mais recreanz d'osteier?'
     'Ço n'iert,' dist Guenes, 'tant cum vivet sis nies,
545   N'at tel vassal suz la cape del ciel;
     Mult par est proz sis cumpainz Oliver.
     Les ·xii· pers que Carles ad tant chers
     Funt les enguardes a ·xx· milie chevalers:
     Soürs est Carles, que nuls home ne crent.' AOI.

XLII

550 Dist li Sarrazins: 'Merveille en ai grant
De Carlemagne, ki est canuz et blancs;
Mien escïentre plus ad de ·ii·c· anz.
Par tantes teres est alét cunquerant,
Tanz colps ad pris de bons espiez trenchanz,
555 Tanz riches reis morz e vencuz en champ,
Quant ier il mais d'osteier recreant?'
'Ço n'iert,' dist Guenes, 'tant cum vivet Rollant,
N'ad tel vassal d'ici qu'en orïent.
Mult par est proz Oliver sis cumpainz.
560 Li ·xii· per que Carles aimet tant
Funt les enguardes a ·xx· milie de Francs:
Soürs est Carles, ne crent hume vivant.' Aoi.

XLIII

'Bel sire Guenes,' dist Marsilies li reis,
'Jo ai tel gent, plus bele ne verreiz;
565 Quarte cenz milie chevalers puis aveir.   11a
Puis m'en cumbatre a Carle e a Franceis?'
Guenes respunt: 'Ne vus a ceste feiz:
De voz paiens mult grant perte i avreiz;
Lessez la folie, tenez vos al saveir.
570 L'empereür tant li dunez aveir,
N'i ait Franceis ki tot ne s'en merveilt.
Par ·xx· hostages que li enveiereiz,
En dulce France s'en repairerat li reis.
Sa rereguarde lerrat derere sei,
575 Iert i sis nies, li quens Rollant, ço crei,
E Oliver li proz e li curteis.
Mort sunt li cunte, se est ki mei en creit.
Carles verrat sun grant orguill cadeir,
N'avrat talent que ja mais vus guerreit.' Aoi.

XLIV

580 'Bel sire Guenes,' [ço dist li reis Marsilies],
'Cumfaitement purrai Rollant ocire?'
Guenes respont: 'Ço vos sai jo ben dire.
Li reis serat as meillors porz de Sizer,

Sa rereguarde avrat detrés sei mise,
585 Iert i sis nies, li quens Rollant li riches,
E Oliver en qui il tant se fiet;
·xx· milie Francs unt en lur cumpaignie.
De voz paiens lur enveiez ·c· milie!
Une bataille lur i rendent cil primes:
590 La gent de France iert blecee e blesmie,
Ne·l di por ço, dés voz iert la martirie,
Altre bataille lur livrez de meïsme:
De quel que seit Rollant n'estoertrat mie.
Dunc avrez faite gente chevalerie,   11b
595 N'avrez mais guere en tute vostre vie. Aoi.

XLV

Chi purreit faire que Rollant i fust mort,
Dunc perdreit Carles le destre braz del cors,
Si remeindreient les merveilluses oz,
N'asemblereit jamais Carles si grant esforz,
600 Tere Major remeindreit en repos.'
Quan l'ot Marsilie, si l'ad baisét el col.
Puis si cumencet a uvrir ses tresors. Aoi.

XLVI

Ço dist Marsilies: 'Qu'en parlereiens mais?
Cunseill n'est proz dunt hume . . .
605 La traïsun me jurrez de Rollant.'
Ço respunt Guenes: 'Issi seit cum vos plaist.'
Sur les reliques de s'espee Murgleis
La traïsun jurat e si s'en est forsfait. Aoi.

XLVII

Un faldestoed i out d'un olifant;
610 Marsilies fait porter un livre avant,
La lei i fut Mahum e Tervagan;
Ço ad jurét li Sarrazins espans:
Se en rereguarde troevet le cors Rollant,
Cumbatrat sei a trestute sa gent,
615 E se il poet, murrat i veirement.
Guenes respunt: 'Ben seit vostre comant.' Aoi.

XLVIII

Atant i vint uns paiens Valdabruns,
Icil levat le rei Marsiliun.
Cler en riant l'ad dit a Guenelun:
620   'Tenez m'espee, meillur n'en at nuls hom,
Entre les helz ad plus de mil manguns.
Par amistiez, bel sire, la vos duins,   *12a*
Que nos aidez de Rollant le barun,
Qu'en rereguarde trover le poüsum.'
625   'Ben serat fait,' li quens Guenes respunt;
Puis se baiserent es vis e es mentuns.

XLIX

Aprés i vint un paien Climorins.
Cler en riant a Guenelun l'ad dit:
'Tenez mun helme, unches meillor ne vi, . . .
630   Si nos aidez de Rollant li marchis,
Par quel mesure le poüssum hunir.'
'Ben serat fait,' Guenes respundit.
Puis se baiserent es buches e es vis. AOI.

L

Atant i vint la reïne Bramimunde:
635   'Jo vos aim mult, sire,' dist ele al cunte,
'Car mult vos priset mi sire e tuit si hume.
A vostre femme enveierai dous nusches:
Bien i ad or, matices e jacunces,
Eles valent mielz que tut l'aveir de Rume;
640   Vostre emperere si bones ne vit unches.'
Il les ad prises, en sa hoese les butet. AOI.

LI

Li reis apelet Malduit sun tresorer:
'L'aveir Carlun est il apareilliez?'
E cil respunt: 'Oïl, sire, asez bien:
645   ·vii·c· cameilz, d'or e argent cargiez,
E ·xx· hostages des plus gentilz desuz cel.' AOI.

LII

Marsilies tint Guen[elun] par l'espalle,
Si li ad dit: 'Mult par ies ber e sage;
Par cele lei que vos tenez plus salve,
650 Guardez de nos ne turnez le curage.   *12b*
De mun aveir vos voeill dunner grant masse:
·x· muls cargez del plus fin or d'Arabe,
Ja mais n'iert an, altretel ne vos face.
Tenez les clefs de ceste citét large,
655 Le grant aveir en presentez al rei Carles;
Pois me jugez Rollant a rereguarde.
Se·l pois trover a port ne a passage,
Liverrai lui une mortel bataille.'
Guenes respunt: 'Mei est vis que trop targe.'
660 Pois est muntéd, entret en sun veiage. AOI.

LIII

Li empereres aproismet sun repaire,
Venuz en est a la citét de Galne.
Li quens Rollant, il l'ad e prise e fraite;
Puis icel jur en fut cent anz deserte.
665 De Guenelun atent li reis nuveles
E le treüd d'Espaigne la grant tere.
Par main en l'albe, si cum li jurz esclairet,
Guenes li quens est venuz as herberges. AOI.

LIV

Li empereres est par matin levét,
670 Messe e matines ad li reis escultét;
Sur l'erbe verte estut devant sun tref.
Rollant i fut e Oliver li ber,
Neimes li dux e des altres asez.
Guenes i vint, li fels, li parjurez;
675 Par grant veisdie cumencet a parler
E dist al rei: 'Salvez seiez de Deu,
De Sarraguce ci vos aport les clefs.
Mult grant aveir vos en faz amener   *13a*
E ·xx· hostages, faites les ben guarder!

680 E si vos mandet reis Marsilies li ber:
De l'algalifes ne·l devez pas blasmer,
Kar a mes oilz vi ·iiii·c· milie armez,
Halbers vestuz, alquanz healmes fermez,
Ceintes espees as punz d'or neielez,
685 Ki l'en cunduistrent tresqu'en la mer.
De Marcilie s'en fuient por la chrestïentét
Que il ne voelent ne tenir ne guarder.
Einz qu'il oüssent ·iiii· liues siglét,
Si·s aquillit e tempeste e oréd:
690 La sunt neiez, jamais ne·s en verrez;
Se il fust vif, jo l'oüsse amenét.
Del rei paien, sire, par veir creez,
Ja ne verrez cest premer meis passét
Qu'il vos sivrat en France le regnét,
695 Si recevrat la lei que vos tenez,
Jointes ses mains iert vostre comandét,
De vos tendrat Espaigne le regnét.'
Ço dist li reis: 'Graciét en seit Deus!
Ben l'avez fait, mult grant prod i avrez.'
700 Parmi cel ost funt mil grailles suner,
Franc desherbergent, funt lur sumers trosser,
Vers dulce France tuit sunt achiminez. Aoi.

LV

Carles li magnes ad Espaigne guastede,
Les castels pris, les citez violees.
705 Ço dit li reis que sa guere out finee.
Vers dulce France chevalchet l'emperere.   *13b*
Li quens Rollant ad l'enseigne fermee,
En sum un tertre cuntre le ciel levee.
Franc se herbergent par tute la cuntree,
710 Paien chevalchent par cez greignurs valees,
Halbercs vestuz e lur brunies dublees,
Healmes lacez e ceintes lur espees,
Escuz as cols e lances adubees.
En un bruill par sum les puis remestrent,
715 ·iiii·c· milie atendent l'ajurnee.
Deus, quel dulur que li Franceis ne·l sevent! Aoi.

LVI

Tresvait le jur, la noit est aserie,
Carles se dort, li empereres riches;
Sunjat qu'il eret as greignurs porz de Sizer,
720 Entre ses poinz teneit sa hanste fraisnine;
Guenes li quens l'ad sur lui saisie,
Par tel aïr l'at crullee e brandie
Qu'envers le cel en volent les escicles.
Carles se dort, qu'il ne s'esveillet mie.

LVII

725 Aprés iceste altre avisiun sunjat:
Qu'il ert en France a sa capele ad Ais,
El destre braz li morst uns vers si mals.
Devers Ardene vit venir uns leuparz,
Sun cors demenie mult fierement asalt.
730 D'enz de [la] sale uns veltres avalat
Que vint a Carles le[s] galops e les salz,
La destre oreille al premer ver trenchat,
Ireement se cumbat al lepart.
Dient Franceis que grant bataille i ad,   *14a*
735 Il ne sevent li quels d'els la veintrat.
Carles se dort, mie ne s'esveillat. Aoi.

LVIII

Tresvait la noit e apert la clere albe.
Parmi cel host sunent . . . graisles.
Li empereres mult fierement chevalchet.
740 'Seignurs barons,' dist li emperere Carles,
'Veez les porz e les destreiz passages;
Kar me jugez ki ert en la rereguarde.'
Guenes respunt: 'Rollant, cist miens fillastre
N'avez baron de si grant vasselage.'
745 Quant l'ot li reis, fierement le reguardet,
Si li ad dit: 'Vos estes vifs diables,
El cors vos est entree mortel rage.
E ki serat devant mei en l'ansguarde?'
Guenes respunt: 'Oger de Denemarche,
750 N'avez barun ki mielz de lui la facet.'

LIX

Li quens Rollant quant il s'oït juger. Aoi.
Dunc ad parléd a lei de chevaler:
'Sire parastre, mult vos dei aveir cher,
La rereguarde avez sur mei jugiét.
755 N'i perdrat Carles, li reis ki France tient,
Men escïentre palefreid ne destrer,
Ne mul ne mule que deiet chevalcher,
Nen i perdrat ne runcin ne sumer
Que as espees ne seit einz eslegiét.'
760 Guenes respunt: 'Veir dites, jo·l sai bien.' Aoi

LX

Quant ot Rollant qu'il ert en la rereguarde,
Ireement parlat a sun parastre: *14b*
'Ahi culvert, malvais hom de put aire!
Quias le guant me caïst en la place,
765 Cume fist a tei le bastun devant Carle?' Aoi.

LXI

'Dreiz emperere,' dist Rollant le barun,
'Dunez mei l'arc que vos tenez el poign,
Men escïentre ne·l me reproverunt
Que il me chedet, cum fist a Guenelun
770 De sa main destre, quant reçut le bastun.'
Li empereres en tint sun chef enbrunc,
Si duist sa barbe e detoerst sun gernun,
Ne poet müer que des oilz ne plurt.

LXII

Anprés iço i est Neimes venud,
775 Meillor vassal n'out en la curt de lui;
E dist al rei: 'Ben l'avez entendut,
Li quens Rollant il est mult irascut,
La rereguarde est jugee sur lui,
N'avez baron ki jamais la remut;
780 Dunez li l'arc que vos avez tendut,
Si li truvez ki tresbien li aiut.'
Li reis dunet e Rollant l'a reçut.

LXIII

Li empereres apelet ses nies Rollant:
'Bel sire nies, or savez veirement
785 Demi mun host vos lerrai en present.
Retenez les, ço est vostre salvement.'
Ço dit li quens: 'Jo n'en ferai nïent;
Deus me cunfunde, se la geste en desment!
·xx· milie Francs retendrai ben vaillanz;   *15a*
790 Passez les porz trestut soürement,
Ja mar crendrez nul hume a mun vivant!'

LXIV

Li quens Rollant est muntét el destrer, Aoi.
Cuntre lui vient sis cumpainz Oliver;
Vint i Gerins e li proz quens Gerers
795 E vint i Otes, si i vint Berengers
E vint i Astors e Anseïs li fiers;
Vint i Gerart de Rossillon li veillz,
Venuz i est li riches dux Gaifiers.
Dist l'arcevesque: 'Jo irai par mun chef.'
800 'E jo od vos,' ço dist li quens Gualters,
'Hom sui Rollant, jo ne li dei faillir.'
Entr'els eslisent ·xx· milie chevalers. Aoi.

LXV

Li quens Rollant Gualter del Hum apelet:
'Pernez mil Francs de France nostre tere,
805 Si purpernez les destreiz e les tertres,
Que l'emperere nis un des soens n'i perdet.' Aoi.
Respunt Gualter: 'Pur vos le dei ben faire.'
Od mil Franceis de France la lur tere,
Gualter desrenget les destreiz e les tertres,
810 N'en descendrat pur malvaises nuveles
Enceis qu'en seient ·vii·c· espees traites.
Reis Almaris del regne de Belferne
Une bataille lur livrat le jur pesme.

LXVI

Halt sunt li pui, e li val tenebrus,
815 Les roches bises, les destreiz merveillus.

814 repeated on 1755, 1830 2271

Le jur passerent Franceis a grant dulur,   *15b*
De ·xv· liu[e]s en ot hom la rimur.
Puis que il venent a la Tere Majur,
Virent Guascuigne, la tere lur seignur.
820 Dunc lur remembret des fius e des honurs
E des pulcele[s] e des gentilz oixurs:
Cel nen i ad ki de pitét ne plurt.
Sur tuz les altres est Carles anguissus:
As porz d'Espaigne ad lessét sun nevold,
825 Pitét l'en prent, ne poet müer n'en plurt. Aoi.

LXVII

Li ·xii· per sunt remés en Espaigne,
·xx· milie Francs unt en lur cumpaigne,
Nen unt poür ne de murir dutance.
Li emperere s'en repairet en France,
830 Suz sun mantel en fait la cuntenance.
Dejuste lui li dux Neimes chevalchet
E dit al rei: 'De quei avez pesance?'
Carles respunt: 'Tort fait ki·l me demandet,
Si grant doel ai, ne puis müer ne·l pleigne.
835 Par Guenelun serat destruite France—
Enoit m'avint un' avisiun d'angele—
Que entre mes puinz me depeçout ma hanste
Chi ad jugét mis nes a rereguarde.
Jo l'ai lessét en une estrange marche;
840 Deus! se jo·l pert, ja n'en avrai escange.' Aoi.

LXVIII

Carles li magnes ne poet müer n'en plurt;
·c· milie Francs pur lui unt grant tendrur
E de Rollant merveilluse poür.
Guen[e]s li fels en ad fait traïsun: *16a*
845 Del rei paien en ad oüd granz duns,
Or e argent, palies e ciclatuns,
Muls e chevals e cameilz e leüns.
Marsilies mandet d'Espaigne les baruns:
Cuntes, vezcuntes e dux e almaçurs,
850 Les amirafles e les filz as cunturs,

·iiii·c· milie en ajustet en ·iii· jurz.
En Sarraguce fait suner ses taburs;
Mahumet levent en la plus halte tur,
N'i ad paien, ne·l prit e ne l'aort.
855 Puis si chevalchent par mult grant cuntençun
La tere certeine e les vals e les munz.
De cels de France virent les gunfanuns.
La rereguarde des ·xii· cumpaignuns
Ne lesserat bataille ne lur dunt.

LXIX

860 Li nies Marsilie, il est venuz avant,
Sur un mulet od un bastun tuchant;
Dist a sun uncle belement en riant:
'Bel sire reis, jo vos ai servit tant,
Si·n ai oüt e peines e ahans,
865 Faites batailles e vencues en champ,
Dunez m'un feu, ço est le colp de Rollant;
Jo l'ocirai a mun espiét trenchant.
Se Mahumet me voelt estre guarant,
De tute Espaigne aquiterai les pans,
870 Des purz d'Espaigne entresqu'a Durestant.
Las serat Carles, si recrerrunt si Franc.
Ja n'avrez mais guere en tut vostre vivant.'   16b
Li reis Marsilie l'en ad dunét le guant. Aoi.

LXX

Li nies Marsilies tient le guant en sun poign,
875 Sun uncle apelet de mult fiere raisun:
'Bel sire reis, fait m'avez un grant dun.
Eslisez mei ·xii· de voz baruns,
Si·m cumbatrai as ·xii· cumpaignuns.'
Tut premerein l'en respunt Falsaron,
880 Icil ert frere al rei Marsiliun:
'Bel sire nies, e jo e vos irum,
Ceste bataille veirement la ferum.
La rereguarde de la grant host Carlun,
Il est jugét que nus les ocirum.' Aoi.

LXXI

885 Reis Corsalis, il est de l'altre part,
Barbarins est e mult de males arz;
Cil ad parlét a lei de bon vassal:
Pur tut l'or Deu ne volt estre cuard.
As vos poignant Malprimis de Brigant,
890 Plus curt a piet que ne fait un cheval.
Devant Marsilie cil s'escriet mult halt:
'Jo cunduirai mun cors en Rencesvals,
Se truis Rollant, ne lerrai que ne·l mat.'

LXXII

Uns amurafles i ad de Balaguez,
895 Cors ad mult gent e le vis fier e cler;
Puis que il est sur sun cheval muntét,
Mult se fait fiers de ses armes porter,
De vasselage est il ben alosez;
Fust chrestïens, asez oüst barnét.
900 Devant Marsilie cil en est escriét: *17a*
'En Rencesvals irai mun cors guier;
Se truis Rollant, de mort serat finét
E Oliver e tuz les ·xii· pers;
Franceis murrunt a doel e a viltiét.
905 Carles li magnes velz est e redotez,
Recreanz ert de sa guerre mener,
Si nus remeindrat Espaigne en quitedét.'
Li reis Marsilie mult l'en ad merciét. Aoi.

LXXIII

Uns almaçurs i ad de Moriane,
910 N'ad plus felun en la tere d'Espaigne.
Devant Marsilie ad faite sa vantance:
'En Rencesvals guierai ma cumpaigne,
·xx· milie ad escuz e a lances;
Se trois Rollant, de mort li duins fiance,
915 Jamais n'ert jor que Carles ne se pleignet.' Aoi.

LXXIV

D'altre part est Turgis de Turteluse,
Cil est uns quens, si est la citét sue;
De chrestïens voelt faire male vode.

Devant Marsilie as altres si s'ajust[et],
920 Ço dist al rei: 'Ne vos esmaiez unches!
Plus valt Mahum que seint Perre de Rume;
Se lui servez, l'onur del camp ert nostre.
En Rencesvals a Rollant irai juindre,
De mort n'avrat guarantisun pur hume.
925 Veez m'espee ki est e bone e lunge!
A Durendal jo la metrai encuntre;
Asez orrez la quele irat desure.
Franceis murrunt, si a nus s'abandunent,   _17b_
Carles li velz avrat e deol e hunte,
930 Jamais en tere ne porterat curone.'

LXXV

De l'altre part est Escremiz de Valterne,
Sarrazins est, si est sue la tere;
Devant Marsilie s'escriet en la presse:
'En Rencesvals irai l'orgoill desfaire;
935 Se trois Rollant, n'en porterat la teste,
Ne Oliver ki les altres cadelet,
Li ·xii· per tuit sunt jugez a perdre,
Franceis murrunt e France en ert deserte,
De bons vassals avrat Carles suffraite.' AOI.

LXXVI

940 D'altre part est uns paiens Esturganz,
Estramariz i est, un soens cumpainz;
Cil sunt felun, traïtur suduiant.
Ço dist Marsilie: 'Seignurs, venez avant!
En Rencesvals irez as porz passant,
945 Si aiderez a cunduire ma gent.'
E cil respundent: 'A vostre comandement!
Nus asaldrum Oliver e Rollant,
Li ·xii· per n'avrunt de mort guarant;
Noz espees sunt bones e trenchant,
950 Nus les feruns vermeilles de chald sanc.
Franceis murrunt, Carles en ert dolent,
Tere Majur vos metrum en present.
Venez i, reis, si·l verrez veirement,
L'empereor vos metrum en present.'

LXXVII

955 Curant i vint Margariz de Sibilie,
Cil tient la tere entrequ'as Cazmarine[s],   *18a*
Pur sa beltét dames li sunt amies:
Cele ne·l veit, vers lui ne s'esclargisset,
Quant ele le veit, ne poet müer ne riet;
960 N'i ad paien de tel chevalerie.
Vint en la presse, sur les altres s'escriet
E dist al rei: 'Ne vos esmaiez mie!
En Rencesvals irai Rollant ocire,
Ne Oliver n'en porterat la vie,
965 Li ·xii· per sunt remés en martirie.
Veez m'espee ki d'or est enheldie,
Si la tramist li amiralz de Primes.
Jo vos plevis qu'en vermeill sanc ert mise,
Franceis murrunt e France en ert hunie.
970 Carles li velz a la barbe flurie,
Jamais n'ert jurn qu'il n'en ait doel e ire;
Jusqu'a un an avrum France saisie,
Gesir porrum el burc de seint Denise.'
Li reis paiens parfundement l'enclinet. Aoi.

LXXVIII

975 De l'altre part est Chernubles de Munigre,
Jusqu'a la tere si chevoel li balient,
Greignor fais portet par giu, quant il s'enveiset,
Que ·iiii· mulez ne funt, quant il sumeient.
Icele tere, ço dit, dun il estei[e]t,
980 Soleill n'i luist, ne blet n'i poet pas creistre,
Pluie n'i chet, rusee n'i adeiset,
Piere n'i ad que tute ne seit neire.
Dient alquanz que diables i meignent.   *18b*
Ce dist Chernubles: 'Ma bone espee ai ceinte,
985 En Rencesvals jo la teindrai vermeille;
Se trois Rollant, li proz, enmi ma veie,
Se ne l'asaill, dunc ne faz jo que creire,
Si cunquerrai Durendal od la meie,
Franceis murrunt e France en ert deserte.
990 A icez moz li ·xii· [per] s'alient,

Itels ·c· milie Sarrazins od els meinent
Ki de bataille s'arguent e hasteient;
Vunt s'aduber desuz une sapeie.

LXXIX

Paien s'adubent des osbercs sarazineis,
995   Tuit li plusur en sunt dublez en treis,
Lacent lor elmes mult bons sarraguzeis,
Ceignent espees de l'acer vianeis,
Escuz unt genz, espiez valentineis
E gunfanuns blancs e blois e vermeilz;
1000   Laissent les muls e tuz les palefreiz,
Es destrers muntent, si chevalchent estreiz.
Clers fut li jurz e bels fut li soleilz,
N'unt guarnement que tut ne reflambeit,
Sunent mil grailles por ço que plus bel seit;
1005   Granz est la noise, si l'oïrent Franceis.
Dist Oliver: 'Sire cumpainz, ce crei,
De Sarrazins purum bataille aveir.'
Respont Rollant: 'E Deus la nus otreit!
Ben devuns ci estre pur nostre rei:
1010   Pur sun seignor deit hôm susfrir destreiz
E endurer e granz chalz e granz freiz,
Si·n deit hom perdre e del quir e del peil.
Or guart chascuns que granz colps i empleit,
Que malvaise cançun de nus chantét ne seit!
1015   Paien unt tort e chrestïens unt dreit;
Malvaise essample n'en serat ja de mei.' AOI.

LXXX

Oliver est desur un pui halçur,
Guardet sur destre parmi un val herbus,
Si veit venir cele gent paienur,
1020   Si·n apelat Rollant sun cumpaignun:
'Devers Espaigne vei venir tel brunur,
Tanz blancs osbercs, tanz elmes flambïus,
Icist ferunt nos Franceis grant irur.
Guenes le sout, li fel, li traïtur,
1025   Ki nus jugat devant l'empereür.'

'Tais, Oliver,' li quens Rollant respunt,
'Mis parrastre est, ne voeill que mot en suns.'

LXXXI

Oliver est desur un pui muntét,
Or veit il ben d'Espaigne le regnét
1030 E Sarrazins ki tant sunt asemblez.
Luisent cil elme ki ad or sunt gemmez
E cil escuz e cil osbercs safrez
E cil espiez, cil gunfanun fermez;
Sul les escheles ne poet il acunter,
1035 Tant en i ad que mesure n'en set.
E lui meïsme en est mult esguarét;
Cum il einz pout, del pui est avalét,
Vint as Franceis, tut lur ad acuntét.

LXXXII

Dist Oliver: 'Jo ai paiens veüz,
1040 Unc mais nuls hom en tere n'en vit plus.
Cil devant sunt ·c· milie ad escuz,
Helmes laciez e blancs osbercs vestuz,
Dreites cez hanstes, luisent cil espiét brun.
Bataille avrez, unches mais tel ne fut.
1045 Seignurs Franceis, de Deu aiez vertut;
El camp estez, que ne seium vencuz.'
Dient Franceis: 'Dehét ait ki s'en fuit.
Ja pur murir ne vus en faldrat uns.' Aoi.

LXXXIII

Dist Oliver: 'Paien unt grant esforz,
1050 De noz Franceis m'i semblet aveir mult poi.
Cumpaign Rollant, kar sunez vostre corn!
Si l'orrat Carles, si retúrnerat l'ost.'
Respunt Rollant: 'Jo fereie que fols,
En dulce France en perdreie mun los.
1055 Sempres ferrai de Durendal granz colps,
Sanglant en ert li branz entresqu'a l'or.
Felun paien mar i vindrent as porz.
Jo vos plevis, tuz sunt jugez a mort.' Aoi.

LXXXIV

'Cumpainz Rollant, l'olifan car sunez!
1060 Si l'orrat Carles, ferat l'ost returner,
Succurrat nos li reis od sun barnét.'
Respont Rollant: 'Ne placet Damnedeu
Que mi parent pur mei seient blasmét,
Ne France dulce ja cheet en viltét!
1065 Einz i ferrai de Durendal asez,
Ma bone espee, que ai ceint al costét,
Tut en verrez le brant ensanglentét.
Felun paien mar i sunt asemblez.
Jo vos plevis, tuz sunt a mort livrez.' AOI.

LXXXV

1070 'Cumpainz Rollant, sunez vostre olifan;
Si l'orrat Carles ki est as porz passant.
Je vos plevis, ja returnerunt Franc.'
'Ne placet Deu', ço li respunt Rollant,
'Que ço seit dit de nul hume vivant
1075 Ne pur paien que ja seie cornant!
Ja n'en avrunt reproece mi parent.
Quant jo serai en la bataille grant
E jo ferai e mil colps e vii cenz,
De Durendal verrez l'acer sanglent.
1080 Franceis sunt bon, si ferrunt vassalment;
Ja cil d'Espaigne n'avrunt de mort guarant.'

LXXXVI

Dist Oliver: 'D'iço ne sai jo blasme;
Jo ai veüt les Sarrazins d'Espaigne,
Cuverz en sunt li val e les muntaignes
1085 E li lariz e trestutes les plaignes.
Granz sunt les oz de cele gent estrange,
Nus i avum mult petite cumpaigne.'
Respunt Rollant: 'Mis talenz en engraigne;
Ne placet Damnedeu ne ses angles
1090 Que ja pur mei perdet sa valur France!
Melz voeill murir que huntage me venget;
Pur ben ferir l'emperere plus nos aimet.'

LXXXVII

Rollant est proz e Oliver est sage,
Ambedui unt meveillus vasselage.
1095   Puis que il sunt as chevals e as armes,
Ja pur murir n'eschiverunt bataille;
Bon sunt li cunte e lur paroles haltes.
Felun paien par grant irur chevalchent.
Dist Oliver: 'Rollant, veez en alques!
1100   Cist nus sunt pres, mais trop nus est loinz Carles.
Vostre olifan suner vos ne·l deignastes;
Fust i li reis, n'i oüssum damage.
Guardez amunt devers les porz d'Espaigne!
Veeir poëz, dolente est la rereguarde;
1105   Ki ceste fait jamais n'en ferat altre.'
Respunt Rollant: 'Ne dites tel ultrage!
Mal seit del coer ki el piz se cuardet!
Nus remeindrum en estal en la place;
Par nos i ert e li colps e li caples.' AOI.

LXXXVIII

1110   Quant Rollant veit que la bataille serat,
Plus se fait fiers que leon ne leupart.
Franceis escriet, Oliver apelat:
'Sire cumpainz, amis, ne·l dire ja!
Li emperere ki Franceis nos laisat,
1115   Itels ·xx· milie en mist a une part,
Sun escïentre n'en i out un cuard.
Pur sun seignur deit hom susfrir granz mals
E endurer e forz freiz e granz chalz,
Si·n deit hom perdre del sanc e de la char.
1120   Fier de [la] lance e jo de Durendal,
Ma bone espee, que li reis me dunat!
Se jo i moerc, dire poet ki l'avrat
. . . . . . que ele fut a noble vassal.'

LXXXIX

D'altre part est li arcevesques Turpin,
1125   Sun cheval broche e muntet un lariz,
Franceis apelet, un sermun lur ad dit:

'Seignurs baruns, Carles nus laissat ci;
Pur nostre rei devum nus ben murir.
Chrestïentét aidez a sustenir!
1130 Bataille avrez, vos en estes tuz fiz;
Kar a voz oilz veez les Sarrazins.
Clamez vos culpes, si preiez Deu mercit!
Asoldrai vos pur voz anmes guarir.
Se vos murez, esterez seinz martirs,
1135 Sieges avrez el greignor pareïs.'
Franceis decendent, a tere se sunt mis,
E l'arcevesque de Deu les beneïst,
Par penitence les cumandet a ferir.

XC

Franceis se drecent si se metent sur piez,
1140 Ben sunt asols e quites de lur pecchez,
E l'arcevesque de Deu les ad seignez.
Puis sunt muntez sur lur curanz destrers,
Adobez sunt a lei de chevalers
E de bataille sunt tuit apareillez.
1145 Li quens Rollant apelet Oliver:
'Sire cumpainz, mult ben le saviez
Que Guenelun nos ad tuz espïez.
Pris en ad or e aveir e deners;
Li emperere nos devreit ben venger.
1150 Li reis Marsilie de nos ad fait marchét;
Mais as espees l'estuvrat esleger.' AOI. 21b

XCI

As porz d'Espaigne en est passét Rollant
Sur Veillantif sun bon cheval curant,
Portet ses armes, mult li sunt avenanz;
1155 Mais sun espiét vait li bers palmeiant,
Cuntre le ciel vait la mure turnant,
Laciét en su[m] un gunfanun tut blanc,
Les lengues d'or li batent josqu'as mains;
Cors ad mult gent, le vis cler e riant.
1160 Sun cumpaignun aprés le vait sivant
E cil de France le cleiment a guarant.

Vers Sarrazins reguardet fierement, *he looks fiercely*
E vers Franceis humeles e dulcement, *humbly and gently.*
Si lur ad dit un mot curteisement: *(a word) courteously*
1165 'Seignurs barons, suef, le pas tenant! *gently, go slowly*
Cist paien vont grant martirie querant. *looking for great martyrdom.*
Encoi avrum un eschec bel e gent, *a beautiful and rich booty*
Nuls reis de France n'out unkes si vaillant.' *France has had so much worth*
A cez paroles vunt les oz ajustant. AOI. *the armies go join in battle.*

Towards the Saracens / and towards the French / and he said to them / bold barons / these pagans are / Today we will have / not a single king of / and at these words

XCII

1170 Dist Oliver: 'N'ai cure de parler. *I do not worry about speaking*
Vostre olifan ne deignastes suner, *consider sounding your horn*
Ne de Carlun mie vos nen avez, *help from Charles*
Il n'en set mot, n'i ad culpes li bers; *anything, he is not guilty the noble man*
Cil ki la sunt ne funt mie a blasmer. *do not deserve blame*
1175 Kar chevalchez a quanque vos püez! *with all your might!*
Seignors baruns, el camp vos retenez! *hold your ground*
Pur Deu vos pri, ben seiez purpensez *name of God, be very careful (mindful)*
De colps ferir, de receivre e de duner! *blows, those received and given*
L'enseigne Carle n'i devum ublïer.' *the war-cry of Charles*
1180 A icest mot sunt Franceis escriét. *word, the French cry out*
Ki dunc oïst Munjoie demander, *cry out "Montjoie"*
De vasselage li poüst remembrer. *(its/their) valor*
Puis si chevalchent, Deus! par si grant fiertét, *God, with such great*
Brochent ad ait pur le plus tost aler, *horses with force to go as fast*
1185 Si vunt ferir; que fereient il el? *to strike, what else would be possible*
E Sarrazins nes unt mie dutez: *do not have a bit of fear*
Francs e paiens, as les vus ajustez. *French and Pagans, together in battle.*

Oliver says / you did not / you are (without) / he does not know / those who are here / now ride / Lord barons / I beg you in the / To strike great. / Let us not forget / to this / he who heard them / would remember / and so they ride / They spur their / so they go / and the Saracens

XCIII — *combat between Roland and Aelroth*

Li nies Marsilie, il ad a num Aelroth,
Tut premereins chevalchet devant l'ost.
1190 De noz Franceis vait disant si mals moz:
'Feluns Franceis, hoi justerez as noz;
Traït vos ad ki a guarder vos out;
Fols est li reis ki vos laissat as porz.
Enquoi perdrat France dulce sun los,
1195 Charles li magnes le destre braz del cors!'

deignastes — you were too proud

Quant l'ot Rollant, Deus! si grant doel en out,
Sun cheval brochet, laiset curre a esforz,
Vait le ferir li quens quanque il pout.
L'escut li freint e l'osberc li desclot,
1200 Trenchet le piz, si li briset les os,
Tute l'eschine li desevret del dos,
Od sun espiét l'anme li getet fors;
Enpeint le ben, fait li brandir le cors,
Pleine sa hanste del cheval l'abat mort,
1205 En dous meitiez li ad brisét le col;
Ne leserat, ço dit, que n'i parolt: 22b
'Ultre culvert, Carles n'est mie fol,
Ne traïsun unkes amer ne volt,
Il fist que proz qu'il nus laisad as porz,
1210 Oi n'en perdrat France dulce sun los.
Ferez i Francs, nostre est li premers colps!
Nos avum dreit, mais cist glutun unt tort.' Aoi.

XCIV

Un duc i est, si ad num Falsaron.
Icil er frere al rei Marsiliun,
1215 Il tint la tere Dathan e Abirun,
Suz cel nen at plus encrisme felun.
Entre les dous oilz mult out large le front,
Grant demi pied mesurer i pout hom.
Asez ad doel quant vit mort sun nevold;
1220 Ist de la prese, si se met en bandun
E s'escriet l'enseigne paienor,
Envers Franceis est mult cuntrarïus:
'Enquoi perdrat France dulce s'onur.'
Ot le Oliver, si.n ad mult grant irur,
1225 Le cheval brochet des oriez esperuns,
Vait le ferir en guise de baron,
L'escut li freint e l'osberc li derumpt,
El cors li met les pans del gunfanun,
Pleine sa hanste l'abat mort des arçuns.
1230 Guardet a tere, veit gesir le glutun,
Si li ad dit par mult fiere raison:
'De voz manaces, culvert, jo n'ai essoign.

Ferez i, Francs! kar tresben les veintrum.'
Munjoie escriet, ço est l'enseigne Carlun. Aoi.   *23a*

XCV

1235 Uns reis i est, si ad num Corsablix,
Barbarins est d'un estra[n]ge païs,
Si apelad le[s] altres Sarrazins:
'Ceste bataille ben la puum tenir;
Kar de Franceis i ad asez petit.
1240 Cels ki ci sunt devum aveir mult vil,
Ja pur Charles n'i ert un sul guarit.
Or est le jur qu'els estuvrat murir.'
Ben l'entendit li arc[e]vesques Turpin.
Suz ciel n'at hume que [tant] voeillet haïr,
1245 Sun cheval brochet des esperuns d'or fin,
Par grant vertut si l'est alét ferir.
L'escut li freinst, l'osberc li descumfist,
Sun grant espiét parmi le cors li mist;
Empeint le ben, que mort le fait brandir,
1250 Pleine sa hanste l'abat mort el chemin;
Guardet arere, veit le glutun gesir,
Ne laisserat que n'i parolt, ço dit:
'Culvert paien, vos i avez mentit;
Carles, mi sire, nus est guarant tuz dis,
1255 Nostre Franceis n'unt talent de fuïr,
Voz cumpaignuns feruns trestuz restifs;
Nuveles vos di, mort vos estoet susfrir.
Ferez, Franceis, nul de vus ne s'ublit!
Cist premer colp est nostre, Deu mercit.
1260 Munjoie escriet por le camp retenir.

XCVI

E Gerins fiert Malprimis de Brigal,
Sis bons escuz un dener ne li valt;   *23b*
Tute li freint la bucle de cristal,
L'une meitiét li turnet cuntreval,
1265 L'osberc li rumpt entresque a la charn,
Sun bon espiét enz el cors li enbat.
Li paiens chet cuntreval a un quat,
L'anme de lui en portet Sathanas. Aoi.

XCVII

E sis cumpainz Gerers fiert l'amurafle,
1270 L'escut li freint e l'osberc li desmailet,
Sun bon espiét li met en la curaille,
Empeint le bien, parmi le cors li passet,
Que mort l'abat el camp pleine sa hanste.
Dist Oliver: 'Gente est nostre bataille.'

XCVIII

1275 Sansun li dux, il vait ferir l'almaçur,
L'escut li freinst ki est a flurs e ad or,
Li bons osbercs ne li est guarant prod,
Trenchet li le coer, le firie e le pulmun,
Que l'abat [mort], qui qu'en peist u qui nun.
1280 Dist l'arcevesque: 'Cist colp est de baron.'

XCIX

E Anseïs laiset le cheval curre,
Si vait ferir Turgis de Turteluse,
L'escut li freint desuz l'oree bucle,
De sun osberc ii derumpit les dubles,
1285 Del bon espiét el cors li met la mure,
Empeinst le ben, tut le fer li mist ultre,
Pleine sa hanste el camp mort le tresturnet.
Ço dist Rollant: 'Cist colp est de produme.'

C

Et Engelers li Guascuinz de Burdele
1290 Sun cheval brochet, si li laschet la resne,   24a
Si vait ferir Escremiz de Valterne,
L'escut del col li freint e escantelet,
De sun osberc li rumpit la ventaille,
Si·l fiert el piz entre les dous furceles.
1295 Pleine sa hanste l'abat mort de la sele.
Aprés li dist: 'Turnét estes a perdre.' Aoi.

CI

E Gaulter fie[r]t un paien Estorgans
Sur sun escut en la pene devant,

Que tut li trenchet le vermeill e le blanc;
1300 De sun osberc li ad rumput les pans,
El cors li met sun bon espiét tre[n]chant,
Que mort l'abat de sun cheval curant;
Áprés li dist: 'Ja n'i avrez guarant.'

CII

E Berenger, il fiert Astramariz,
1305 L'escut li freinst, l'osberc li descumfist,
Sun fort espiét parmi le cors li mist,
Que mort l'abat entre mil Sarrazins.
Des ·xii· pers li ·x· en sunt ocis,
Ne mes que dous n'en i ad remés vifs,
1310 Ço est Chernubles e li quens Margariz.

CIII

Margariz est mult vaillant chevalers
E bels e forz e isnels e legers;
Le cheval brochet, vait ferir Oliver,
L'escut li freint suz la bucle d'or mer,
1315 Lez le costét li conduist sun espiét.
Deus le guarit qu'ell cors ne l'ad tuchét.
La hanste fruisset, mie n'en abatiét,
Ultre s'en vait, qu'il n'i ad desturber;   24b
Sunet sun gresle pur les soens ralïer.

CIV

1320 La bataille est merveilluse e cumune;
Li quens Rollant mie ne s'asoüret,
Fiert de l'espiét, tant cume hanste li duret,
A ·xv· cols l'ad fraite e perdue,
Trait Durendal, sa bone espee nue,
1325 Sun cheval brochet, si vait ferir Chernuble,
L'elme li freint u li carbuncle luisent,
Trenchet la coife e la cheveleüre,
Si li trenchat les oilz e la faiture,
Le blanc osberc dunt la maile est menue,
1330 E tut le cors tresqu'en la furcheüre.
Enz en la sele ki est a or batue,

El cheval est l'espee aresteüe;
Trenchet l'eschine, hunc n'i out quis jointure,
Tut abat mort el pred sur l'erbe drue;
1335   Aprés li dist: 'Culvert, mar i moüstes,
De Mahumet ja n'i avrez aiude
Par tel glutun n'ert bataille oi vencue.'

CV

Li quens Rollant parmi le champ chevalchet,
Tient Durendal ki ben trenchet e taillet,
1340   Des Sarrazins lur fait mult grant damage.
Ki lui veïst l'un geter mort su[r] l'altre,
Li sanc tuz clers gesir par cele place!
Sanglant en ad e l'osberc e [la] brace,
Sun bon cheval le col e l[es] espalles.
1345   E Oliver de ferir ne se target;
Li ·xii· per n'en deivent aveir blasme.   25a
E li Franceis i fierent si caplent,
Moerent paien e alquanz en i pasment.
Dist l'arcevesque: 'Ben ait nostre barnage!'
1350   Munjoie escriet, ço est l'enseigne Carle. Aoi.

CVI

E Oliver chevalchet par l'estor,
Sa hanste est frait[e], n'en ad que un trunçun,
E vait ferir un paien Malun,
L'escut li freint ki est ad or e a flur,
1355   Fors de la teste li met les oilz ansdous;
E la cervele li chet as piez desuz.
Mort le tresturnet od tut ·vii·c· des lur,
Pois ad ocis Turgis e Esturguz;
La hanste briset e esclicet josqu'as poinz.
1360   Ço dist Rollant: 'Cumpainz, que faites vos?
En tel bataille n'ai cure de bastun;
Fers e acers i deit aveir valor.
U est vostre espee ki Halteclere ad num?
D'or est li helz e de cristal li punz.'
1365   'Ne la poi traire,' Oliver li respunt,
'Kar de ferir oi jo si grant bosoign.' Aoi.

CVII

Danz Oliver trait ad sa bone espee,
Que ses cumpainz Rollant li ad tant demandee,
E il l'i ad cum cevaler mustree;
1370 Fiert un paien Justin de Valferree,
Tute la teste li ad par mi sevree,
Trenchet le cors e [la] bronie safree,
La bone sele ki a or est gemmee,
E al ceval a l'eschine trenchee;   *25b*
1375 Tut abat mort devant loi en la pree.
Ço dist Rollant: 'Vos reconois jo, frere.
Por itels colps nos eimet li emperere.'
De tutes parz est Munjo[i]e escriee. AOI.

CVIII

Li quens Gerins set el ceval Sorel
1380 E sis cumpainz Gerers en Passecerf;
Laschent lor reisnes, brochent amdui a ait
E vunt ferir un paien Timozel,
L'un en l'escut e li altre en l'osberc;
Lur dous espiez enz el cors li unt frait,
1385 Mort le tresturnent tres enmi un guarét.
Ne l'oï dire, ne jo mie ne·l sai,
Li quels d'els dous en fut li plus isnels.
Esperveres, icil fut filz Burel,
Celui ocist Engelers de Burdel.
1390 E l'arcevesque lor ocist Siglorel,
L'encanteür ki ja fut en enfer,
Par artimal l'i cundoist Jupiter.
Ço dist Turpin: 'Icist nos ert forsfait.'
Respunt Rollant: 'Vencut est le culvert.
1395 Oliver frere, itels colps me sunt bel.'

CIX

La bataille est aduree endementres,
Franc e paien merveilus colps i rendent,
Fierent li un, li altre se defendent.
Tant hanste i ad e fraite e sanglente,
1400 Tant gunfanun rumpu e tant' enseigne.
Tant bon Franceis i perdent lor juvente!

Ne reverrunt lor meres ne lor femmes,
Ne cels de France ki as porz les atendent. Aoi. *26a*

CX

Karles li magnes en pluret si se demente.
1405 De ço qui calt? Nen avrunt sucurance.
Malvais servis[e] le jur li rendit Guenes,
Qu'en Sarraguce sa maisnee alat vendre.
Puis en perdit e sa vie e ses membres:
El plait ad Ais en fut jugét a pendre,
1410 De ses parenz ensembl'od lui tels trente
Ki de murir nen ourent esperance. Aoi.

CXI

La bataille est merveilluse e pesant;
Mult ben i fiert Oliver e Rollant,
Li arcevesques plus de mil colps i rent,
1415 Li ·xii· per ne s'en targent nïent,
E li Franceis i fierent cumunement.
Moerent paien a millers e a cent.
Ki ne s'en fuit, de mort n'i ad guarent,
Voillet o nun, tut i laisset sun tens.
1420 Franceis i perdent lor meillors guarnemenz,
Ne reverrunt lor pers ne lor parenz
Ne Carlemagne ki as porz les atent.
En France en ad mult merveillus turment,
Orez i ad de tuneire e de vent,
1425 Pluies e gresilz desmesureement,
Chiedent i fuildres e menut e suvent,
E terremoete ço i ad veirement.
De Seint Michel del Peril josqu'as Seinz,
Des Besençun tresqu'as [porz] de Guitsand
1430 Nen ad recét dunt li mur ne cravent.
Cuntre midi tenebres i ad granz, *26b*
N'i ad clartét, si li ciels nen i fent;
Hume ne·l veit ki mult ne s'espaent.
Dient plusor: 'Ço est li definement,
1435 La fin del secle ki nus est en present.'
Il ne·l sevent, ne dient veir nïent:
Ço est li granz dulors por la mort de Rollant.

CXII

Franceis i unt ferut de coer e ae vigur,
Paien sunt morz a millers e a fuls,
1440 De cent millers n'en poënt guarir dous.
Dist l'arcevesaues: 'Nostre hume sunt mult proz.
Suz ciel n'ad home, plus en ait de meillors.
Il est escrit en la Geste Francor
Que vassals ad li nostre empereür.'
1445 Vunt par le camp, si requerent les lor,
Plurent des oilz de doel e de tendrur
Por lor parenz par coer e par amor.
Li reis Marsilie od sa grant ost lor surt. Aoi.

· · · · · · · · ·

· · · · · · · · ·

CXIII

Marsilie vient par mi une valee
1450 Od sa grant ost que il out asemblee,
·xx· escheles ad li reis anumbrees;
Luisent cil elme as perres d'or gemmees
E cil escuz e cez bronies saffrees.
·vii· milie graisles i sunent la menee;
1455 Grant est la noise par tute la contree.
Ço dist Rollant: 'Oliver, compaign frere,
Guenes li fels ad nostre mort juree,
La traïsun ne poet estre celee.
Mult grant venjance en prendrat l'emperere.   27a
1460 Bataille avrum e forte e aduree,
Unches mais hom tel ne vit ajustee.
Jo i ferrai de Durendal m'espee
E vos, compainz, ferrez de Halteclere.
En tanz lius les avum nos portees,
1465 Tantes batailles en avum afinees!
Male chançun n'en deit estre cantee.' Aoi.

CXIV

Marsilies veit de sa gent le martirie,   [1628]
Si fait suner ses cors e ses buisines,
Puis si chevalchet od sa grant ost banie.

1470 Devant chevalchet un Sarrazin Abisme,
Plus fel de lui n'out en sa cumpagnie,
Teches ad males e mult granz felonies,
Ne creit en Deu, le filz seinte Marie;
Issi est neirs cume peiz ki est demise.   [1635]
1475 Plus aimet il traïsun e murdrie
Que il ne fesist trestut l'or de Galice,
Unches nuls hom ne·l vit jüer ne rire,
Vasselage ad e mult grant estultie;
Por ço est drud al felun rei Marsilie;   [1640]
1480 Sun dragun portet a qui sa gent s'alïent.
Li arcevesque ne l'amerat ja mie;
Cum il le vit, a ferir le desiret,
Mult quiement le dit a sei meïsme:
'Cel Sarraz[ins] me semblet mult herite;   [1645]
1485 Mielz est mult que jo l'alge ocire.
Unches n'amai cuard ne cuardie.' AOI.

CXV

Li arcevesque cumencet la bataille,   *27b*
Siet el cheval qu'il tolit a Grossaille;
Ço ert uns reis qu'il ocist en Denemarche.   [1650]
1490 Li destrers est e curanz e aates,
Piez ad copiez e les gambes ad plates,
Curte la quisse e la crupe bien large,
Lungs les costez e l'eschine ad ben halte,
Blanche la cue e la crignete jalne,   [1655]
1495 Petites les oreilles, la teste tute falve;
Beste nen est nule ki encontre lui alge.
Li arcevesque brochet par tant grant vasselage,
Ne laisserat qu'Abisme nen asaillet,
Vait le ferir en l'escut a miracle.   [1660]
1500 Pierres i ad, ametistes e topazes,
Esterminals e carbuncles ki ardent;
En Val Metas li dunat uns diables,
Si li tramist li amiralz Galafes.
Turpins i fiert ki nïent ne l'esparignet,   [1665]
1505 Enprés sun colp ne quid que un dener vaillet;
Le cors li trenchet tres l'un costét qu'a l'altre,

Que mort l'abat en une voide place.
Dient Franceis: 'Ci ad grant vasselage;
En l'arcevesque est ben la croce salve.'

CXVI

1510 Franceis veient que paiens i ad tant,   [1467]
De tutes parz en sunt cuvert li camp;
Suvent regretent Oliver e Rollant,
Les ·xii· peres qu'il lor seient guarant.   [1470]
E l'arcevesque lur dist de sun semblant:
1515 'Seignors barons, nen alez mespensant!   *28a*
Pur Deu vos pri que ne seiez fuiant,
Que nuls prozdom malvaisement n'en chant;
Asez est mielz que moerjum cumbatant,   [1475]
Pramis nus est, fin prendrum a itant,
1520 Ultre cest jurn ne serum plus vivant.
Mais d'une chose vos soi jo ben guarant:
Seint pareïs vos est abandunant,
As Innocenz vos en serez seant.'   [1480]
A icest mot si s'esbaldissent Franc.
1525 Cel nen i ad, Munjoie ne demant. Aoi.

CXVII

Un Sarrazin i out de Sarraguce,
De la citét l'une meitét est sue;
Ço est Climborins, ki pas ne fut produme.   [1485]
Fiance prist de Guenelun le cunte,
1530 Par amistiét l'en baisat en la buche,
Si l'en dunat sun helme e s'escarbuncle.
Tere Major, ço dit, metrat a hunte,
A l'emperere si toldrat la curone.   [1490]
Siet el ceval qu'il cleimet Barbamusche,
1535 Plus est isnels que esprever ne arunde,
Brochet le bien, le frein li abandunet,
Si vait ferir Engeler de Guascoigne.
Ne·l poet guarir sun escut ne sa bronie;   [1495]
De sun espiét el cors li met la mure,
1540 Empeint le ben, tut le fer li mist ultre,
Pleine sa hanste el camp mort le tresturnet

Aprés escriet: 'Cist sunt bon a cunfundre;
Ferez, paien! pur la presse derumpre.'   28b
Dient Franceis: 'Deus, quel doel de prodome!' Aoi.

CXVIII

1545 Li quens Rollant en apelet Oliver:
'Sire cumpainz, ja est morz Engeler;
Nus n'avium plus vaillant chevaler.'
Respont li quens: 'Deus le me doinst venger!'   [1505]
Sun cheval brochet des esperuns d'or mier,
1550 Tient Halteclere, sanglent en est l'acer,
Par grant vertut vait ferir le paien.
Brandist sun colp e li Sarrazins chiet,
L'anme de lui en portent aversers.   [1510]
Puis ad ocis le duc Alphaien,
1555 Escababi i ad le chef trenchét,
·vii· Arrabiz i ad deschevalcét;
Cil ne sunt proz ja mais pur guerreier.
Ço dist Rollant: 'Mis cumpainz est irez,   [1515]
Encuntre mei fait asez a preiser,
1560 Pur itels colps nos ad Charles plus cher.'
A voiz escriet: 'Ferez i, chevaler!' Aoi.

CXIX

D'altre part est un paien Valdabrun,
Celoi levat le rei Marsiliun,   [1520]
Sire est par mer de ·iiii·c· drodmunz,
1565 N'i ad eschipre qui·s cleimt se par loi nun;
Jerusalem prist ja par traïsun,
Si violat le temple Salomon,
Le patriarche ocist devant les funz.   [1525]
Cil ot fiance del cunte Guenelon,
1570 Il li dunat s'espee e mil manguns.
Siet el cheval qu'il cleimet Gramimund,   29a
Plus est isnels que nen est uns falcuns,
Brochet le bien des aguz esperuns,   [1530]
Si vait ferir li riche duc Sansun,
1575 L'escut li freint e l'osberc li derumpt,
El cors li met les pans del gunfanun,

Pleine sa hanste l'abat mort des arçuns:
'Ferez, paien, car tresben les veintrum!' [1535]
Dient Franceis: 'Deus, quel doel de baron!' Aoi.

CXX

1580 Li quens Rollant, quant il veit Sansun mort,
Podez saveir que mult grant doel en out.
Sun ceval brochet, si li curt ad esforz,
Tient Durendal qui plus valt que fin or. [1540]
Vait le ferir li bers quanque il pout
1585 Desur sun elme ki gemmét fut ad or.
Trenchet la teste e la bronie e le cors.
La bone sele ki est gemmét ad or,
E al cheval parfundement le dos. [1545]
Ambure ocit, ki que·l blasme ne qui·l lot.
1590 Dient paient: 'Cist colp nus est mult fort.'
Respont Rollant: 'Ne pois amer les voz;
Devers vos est li orguilz e li torz.' Aoi.

CXXI

D'Affrike i ad un Affrican venut, [1550]
Ço est Malquiant, le filz al rei Malcu[i]d.
1595 Si guarnement sunt tut a or batud,
Cuntre le ciel sur tuz les altres luist,
Siet el ceval qu'il cleimet Saltperdut,
Beste nen est ki poisset curre a lui. [1555]
Il vait ferir Anseïs en l'escut, *29b*
1600 Tut li trenchat le vermeill e l'azur,
De sun osberc li ad les pans rumput,
El cors li met e le fer e le fust,
Morz est li quens, de sun tens n'i ad plus. [1560]
Dient Franceis: 'Barun, tant mare fus!'

CXXII

1605 Par le camp vait Turpin li arcevesque,
Tel coronét ne chantat unches messe
Ki de sun cors feïst tantes proëcces.
Dist al paien: 'Deus tut mal te tramette! [1565]
Tel as ocis dunt al coer me regrette.'

1610 Sun bon ceval i ad fait esdemetre,
Si l'ad ferut sur l'escut de Tulette,
Que mort l'abat desur l'herbe verte.

CXXIII

De l'altre part est un paien Grandonies, [1570]
Filz Capuel, le rei de Capadoce.
1615 Siet el cheval que il cleimet Marmorie,
Plus est isnels que n'est oisel ki volet,
Laschet la resne, des esperuns le brochet,
Si vait ferir Gerin par sa grant force. [1575]
L'escut vermeill li freint, de[l] col li portet,
1620 Aprof li ad sa bronie desclose,
El cors li met tute l'enseingne bloie,
Que mort l'abat en une halte roche.
Sun cumpaignun Gerers ocit uncore [1580]
E Berenger e Guiun de seint Antonie.
1625 Puis vait ferir un riche duc Austorie
Ki tint Valence e l'enurs sur le Rosne.
Il l'abat mort; paien en unt grant joie. *30a*
Dient Franceis: 'Mult decheent li nostre.' [1585]

CXXIV

Li quens Rollant tint s'espee sanglente.
1630 Ben ad oït que Franceis se dementent,
Si grant doel ad que par mi quiet fendre.
Dist al paien: 'Deus tut mal te consente!
Tel as ocis que mult cher te quid vendre.' [1590]
Sun ceval brochet, ki del curre cuntence;
1635 Ki que·l cumpert, venuz en sunt ensemble.

CXXV

Grandonie fut e prozdom e vaillant
E vertuus e vassal cumbatant,
Enmi sa veie ad encuntrét Rollant. [1595]
Enceis ne·l vit si·l recunut veirement
1640 Al fier visage e al cors qu'il out gent
E al reguart e al contenement.
Ne poet müer qu'il ne s'en espoënt,
Fuïr s'en voel, mais ne li valt nïent. [1600]

Li quens le fiert tant vertuusement,
1645 Tresqu'al nasel tut le elme li fent;
Trenchet le nes e la buche e les denz,
Trestut le cors e l'osberc jazerenc,
De l'oree sele les dous alves d'argent   [1605]
E al ceval le dos parfundement;
1650 Ambure ocist seinz nul recoevrement,
E cil d'Espaigne s'en cleiment tuit dolent.
Dient Franceis: 'Ben fiert nostre guarent.'

CXXVa

La bataille est e merveillose e grant;   [1620]
Franceis i ferent des espiez brunisant.
1655 La veïssez si grant dulor de gent,   *30b*
Tant hume mort e nasfrét e sanglent!
L'un gist sur l'altre e envers e adenz,
Li Sarrazin ne·l poënt susfrir tant,   [1625]
Voelent u nun, si guerpissent le camp;
1660 Par vive force les enca[l]cerent Franc. AOI.

CXXVI

La b[at]aille est m[erv]eilluse e hastive,   [1610]
Franceis i ferent par vigur e par ire,
Tre[nche]nt cez poinz, cez costez, cez eschines,
Cez vestemenz entresque as chars vives;
1665 Sur l'erbe verte li cler sancs s'en afilet.
. . . .
'Tere Major, Mahumet te maldie,   [1616]
Sur tute gent est la tue hardie!'
Cel nen i ad ki ne criet: 'Marsilie!
1670 Cevalche, rei, bosuign avum d'aïe!'

CXXVII

Li quens Rollant apelet Oliver: [1671]
'Sire cumpaign, se·l volez otrier,
Li arcevesque est mult bon chevaler,
N'en ad meillor en tere ne suz cel;
1675 Ben set ferir e de lance e d'espiét.'
Respunt li quens: 'Kar li aluns aider!'
A icest mot l'unt Francs recumencét.

Dur sunt li colps e li caples est grefs;
Mult grant dulor i ad de chrestïens.
1680 Ki puis veïst Rollant e Oliver
De lur espees e ferir e capler!
Li arcevesque i fiert de sun espiét,
Cels qu'il unt mort, ben les poet hom preiser,
Il est escrit es cartres e es brefs,   3ra
1685 Ço dit la Geste, plus de ·iiii· milliers.
As quatre turs lor est avenut ben,
Li quint aprés lor est pesant e gref.
Tuz sunt ocis cist Franceis chevalers
Ne mes seisante que Deus i ad esparniez.
1690 Einz que il moergent, se vendrunt mult cher. Aoi.

CXXVIII

Li quens Rollant des soens i veit grant perte.
Sun cumpaignun Oliver en apelet:
Bel sire, chers cumpainz, por Deu, que vos en haitet?
Tanz bons vassais veez gesir par tere,
1695 Pleindre poüms France dulce la bele.
De tels barons cum or remeint deserte!
E! reis amis, que vos ici nen estes!
Oliver frere, cum le purrum nus faire,
Cumfaitement li manderum nuveles?'
1700 Dist Oliver: 'Jo ne·l sai cument quere.
Mielz voeill murir que hunte nus seit retraite.' Aoi.

CXXIX

Ço dist Rollant: 'Cornerai l'olifant,
Si l'orrat Carles ki est as porz passant;
Jo vos plevis, ja returnerunt Franc.'
1705 Dist Oliver: 'Vergoigne sereit grant
E reprover a trestuz voz parenz,
Iceste hunte dureit al lur vivant.
Quant je·l vos dis, n'en feïstes nïent;
Mais ne·l ferez par le men loëment.
1710 Se vos cornez, n'ert mie hardement.
Ja avez vos ambsdous les braz sanglanz.'
Respont li quens: 'Colps i ai fait mult genz.'   3rb
Aoi.

CXXX

Ço dit Rollant: 'Forz est nostre bataille.
Jo cornerai, si l'orrat li reis Karles.'
1715 Dist Oliver: 'Ne sereit vasselage;
Quant je·l vos dis, cumpainz, vos ne deignastes;
S'i fust li reis, n'i oüsum damage.
Cil ki la sunt n'en deivent aveir blasme.'
Dist Oliver: 'Par ceste meie barbe,
1720 Se puis veeir ma gente sorur Alde,
Ne jerreiez ja mais entre sa brace.' Aoi.

CXXXI

Ço dist Rollant: 'Por quei me portez ire?'
E il respont: 'Cumpainz, vos le feïstes;
Kar vasselage par sens nen est folie,
1725 Mielz valt mesure que ne fait estultie.
Franceis sunt morz par vostre legerie,
Jamais Karlon de nus n'avrat servise.
Se·m creïsez, venuz i fust mi sire;
Ceste bataille oüsum faite u prise,
1730 U pris u mort i fust li reis Marsilie.
Vostre proëcce, Rollant, mar la ve[ï]mes;
Karles li magnes de nos n'avrat aïe.
N'ert mais tel home des qu'a Deu juïse.
Vos i murrez e France en ert hunie.
1735 Oi nus defalt la leial compaignie,
Einz le vespre mult ert gref la departie. Aoi.

CXXXII

Li arceves[ques] les ot cuntrarïer,
Le cheval brochet des esperuns d'or mer,
Vint tresqu'a els, si·s prist a castïer:
1740 'Sire Rollant e vos sire Oliver,   *32a*
Pur Deu vos pri, ne vos cuntralïez!
Ja li corners ne nos avreit mester,
Mais nepurquant si est il asez melz:
Venget li reis, si nus purrat venger.
1745 Ja cil d'Espaigne ne s'en deivent turner liez.
Nostre Franceis i descendrunt a pied,

Truverunt nos e morz e detrenchez,
Leverunt nos en bieres sur sumers
Si nus plurrunt de doel e de pitét,
1750 Enfüerunt en aitres de musters,
N'en mangerunt ne lu ne porc ne chen.'
Respunt Rollant: 'Sire, mult dites bien.' Aoi.

CXXXIII

Rollant ad mis l'olifan a sa buche,
Empeint le ben, par grant vertut le sunet.
1755 Halt sunt li pui e la voiz est mult lunge,
Granz ·xxx· liwes l'oïrent il respundre.
Karles l'oït e ses cumpaignes tutes.
Ço dit li reis: 'Bataille funt nostre hume.'
E Guenelun li respundit encuntre:
1760 'S'altre le desist, ja scmblast grant mençunge.' Aoi.

CXXXIV

Li quens Rollant par peine e par ahans,
Par grant dulor sunet sun olifan.
Parmi la buche en salt fors li cler sancs,
De sun cervel le temple en est rumpant.
1765 Del corn qu'il tient l'oïe en est mult grant:
Karles l'entent ki est as porz passant,
Naimes li duc l'oïd si l'escultent li Franc.
Ce dist li reis: 'Jo oi le corn Rollant!   _32b_
Unc ne·l sunast, se ne fust cumbatant.'
1770 Guenes respunt: 'De bataille est nïent.
Ja estes veilz e fluriz e blancs,
Par tels paroles vus resemblez enfant;
Asez savez le grant orgoill Rollant,
Ço est merveille que Deus le soefret tant:
1775 Ja prist il Noples seinz le vostre comant;
Fors s'en·eissirent li Sarrazins dedenz,
Si·s cumbatirent al bon vassal Rollant,
Puis od les ewes lavat les prez del sanc;
Pur cel le fist, ne fust a[pa]rissant.
1780 Pur un sul levre vat tute jur cornant,
Devant ses pers vait il ore gabant.

Suz cel n'ad gent ki [l]'osast querre en champ.
Car chevalcez; pur qu' alez arestant?
Tere Major mult est loinz ça devant.' Aoi.

CXXXV

1785 Li quens Rollant ad la buche sanglente,
De sun cervel rumput en est li temples,
L'olifan sunet a dulor e a peine.
Karles l'oït e ses Franceis l'entendent;
Ço dist li reis: 'Cel corn ad lunge aleine.'
1790 Respont dux Neimes: 'Baron i fait la peine.
Bataille i ad par le men escïentre;
Cil l'at traït ki vos en roevet feindre.
Adubez vos, si criez vostre enseigne,
Si sucurez vostre maisnee gente!
1795 Asez oëz que Rollanz se dementet.'

CXXXVI

Li empereres ad fait suner ses corns.   *33a*
Franceis descendent, si adubent lor cors
D'osbercs e de helmes e d'espees a or.
Escuz unt genz e espiez granz e forz
1800 E gunfanuns blancs e vermeilz e blois;
Es destrers muntent tuit li barun de l'ost,
Brochent ad ait tant cum durent li port.
N'i ad celoi a l'altre ne parolt:
'Se veïssum Rollant, einz qu'il fust mort,
1805 Ensembl'od lui i durriums granz colps.'
De ço qui calt? Car demurét i unt trop.

CXXXVII

Esclargiz est li vespres e li jurz.
Cuntre le soleil reluisent cil adub,
Osbercs e helmes i getent grant fla[m]bur
1810 E cil escuz ki ben sunt peinz a flurs
Et cil espiez, cil orét gunfanun
Li empereres cevalchet par irur
E li Franceis dolenz et curuçus.
N'i ad celoi ki durement ne plurt,

1815 E de Rollant sunt en grant poür.
Li reis fait prendre le cunte Guenelun,
Si·l cumandat as cous de sa maisun,
Tut li plus maistre en apelet, Besgun:
'Ben le me guarde si cume tel felon!
1820 De ma maisnee ad faite traïsun.'
Cil le receit, s'i met ·c· cumpaignons
De la quisine des mielz e des pejurs.
Icil li peilent la barbe e les gernuns,
Cascun le fiert ·iiii· colps de sun puign,   *33b*
1825 Ben le batirent a fuz e a bastuns,
E si li metent el col un caeignun,
Si l'encaeinent altresi cum un urs;
Sur un sumer l'unt mis a deshonor,
Tant le guardent que·l rendent a Charlun.

CXXXVIII

1830 Halt sunt li pui e tenebrus e grant, Aoi.
Li val parfunt e les ewes curant.
Sunent cil graisle e derere e devant
E tuit rachatent encuntre l'olifant.
Li empereres chevalchet ireement
1835 E li Franceis curuçus e dolent;
N'i ad celoi n'i plurt e se dement,
E prient Deu qu'il guarisset Rollant
Josque il vengent el camp cumunement;
Ensembl'od lui i ferrunt veirement.
1840 De ço qui calt? Car ne lur valt nïent,
Demurent trop, n'i poedent estre a tens. Aoi.

CXXXIX

Par grant irur chevalchet li reis Charles,
Desur sa brunie li gist sa blanche barbe.
Puignent ad ait tuit li barun de France;
1845 N'i ad icel ne demeint irance
Que il ne sunt a Rollant le cataigne,
Ki se cumbat as Sarrazins d'Espaigne;
Si est blecét, ne quit que anme i remaigne.
Deus, quels seisante humes i ad en sa cumpaigne!
1850 Unches meillurs nen out reis ne ca[ta]ignes. Aoi.

CXL

Rollant reguardet es munz e es lariz.
De cels de France i veit tanz morz gesir,   *34a*
E il les pluret cum chevaler gentill:
'Seignors barons, de vos ait Deus mercit,
1855 Tutes voz anmes otreit il pareïs,
En seintes flurs il les facet gesir!
Meillors vassals de vos unkes ne vi.
Si lungement tuz tens m'avez servit,
A oes Carlon si granz païs cunquis!
1860 Li empereres tant mare vos nurrit!
Tere de France, mult estes dulz païs,
Oi desertét a tant ruboste exill!
Barons franceis, pur mei vos vei murir,
Jo ne vos pois tenser ne guarantir.
1865 Aït vos Deus ki unkes ne mentit!
Oliver frere, vos ne dei jo faillir,
De doel murra[i], se altre ne m'i ocit.
Sire cumpainz, alum i referir.'

CXLI

Li quens Rollant el champ est repairét,
1870 Tient Durendal, cume vassal i fiert,
Faldrun de Pui i ad par mi trenchét
E ·xxiiii· de tuz les melz preisez;
Jamais n'iert home, plus se voeillet venger.
Si cum li cerfs s'en vait devant les chiens,
1875 Devant Rollant si s'en fuient paiens.
Dist l'arcevesque: 'Asez le faites ben.
Itel valor deit aveir chevaler
Ki armes portet e en bon cheval set;
En bataille deit estre forz e fiers,
1880 U altrement ne valt ·iiii· deners,   *34b*
Einz deit monie estre en un de cez mustiers,
Si prierat tuz jurz por noz peccez.'
Respunt Rollant: 'Ferez, ne·s esparignez.'
A icest mot l'unt Francs recumencét,
1885 Mult grant damage i out de chrestïens.

CXLII
Home ki ço set que ja n'avrat prisun
En tel bataill[e] fait grant defension;
Pur ço sunt Francs si fiers cume leüns.
As vus Marsilie en guise de barunt!
1890 Siet el cheval qu'il apelet Gaignun,
Brochet le ben, si vait ferir Bevon,
Icil ert sire de Belne e de Digun;
L'escut li freint e l'osberc li derumpt,
Que mort l'abat seinz altre descunfisun.
1895 Puis ad ocis Yvoeries e Ivon,
Ensembl'od els Gerard de Russillun.
Li quens Rollant ne li est guaires loign,
Dist al paien: 'Damnesdeus mal te duinst!
A si grant tort m'ociz mes cumpaignuns,
1900 Colp en avras einz que nos departum,
E de m'espee enquoi savras le nom.'
Vait le ferir en guise de baron,
Trenchét li ad li quens le destre poign,
Puis prent la teste de Jurfaleu le blund —
1905 Icil ert filz al rei Marsiliun —
Paien escrient: 'Aïe nos, Mahum!
Li nostre Deu, vengez nos de Carlun!
En ceste tere nus ad mis tels feluns,   *35a*
Ja pur murir le camp ne guerpirunt.'
1910 Dist l'un a l'altre: 'E car nos en fuiums!'
A icest mot tels ·c· milie s'en vunt;
Ki que·s rapelt, ja n'en returnerunt. Aoi.

CXLIII
De ço qui calt? Se fuit s'en est Marsilies,
Remés i est sis uncles Marganices,
1915 Ki tint Kartagene, Alfrere, Garmalie
E Ethiope, une tere maldite,
La neire gent en ad en sa baillie;
Granz unt les nes e lees les oreilles
E sunt ensemble plus de cinquante milie.
1920 Icil chevalchent fierement e a ire,
Puis escrient l'enseigne paenime.

Ço dist Rollant: 'Ci recevrums matyrie,
E or sai ben n'avons guaires a vivre.
Mais tut seit fel cher ne se vende primes.
1925 Ferez, seignurs, des espees furbies,
Si calengez e voz mors e voz vies,
Que dulce France par nus ne seit hunie!
Quant en cest camp vendrat Carles mi sire,
De Sarrazins verrat tel discipline,
1930 Cuntre un des noz en truverat morz ·xv·,
Ne lesserat que nos ne beneïsse.' Aoi.

CXLIV

Quan Rollant veit la contredite gent
Ki plus sunt neirs que nen est arrement,
Ne n'unt de blanc ne mais que sul les denz
1935 Ço dist li quens: 'Or sai jo veirement
Que hoi murrum par le mien escïent;   35b
Ferez, Franceis, car jo·l vos recumenz.'
Dist Oliver: 'Dehét ait li plus lenz!'
A icest mot Franceis se fierent enz.

CXLV

1940 Quant paien virent que Franceis i out poi,
Entr'els en unt e orgoil e cunfort;
Dist l'un a l'altre: 'L'empereor ad tort.'
Li Marganices sist sur un ceval sor,
Brochet le ben des esperuns a or,
1945 Fiert Oliver derere enmi le dos.
Le blanc osberc li ad descust el cors,
Parmi le piz sun espiét li mist fors,
E dit aprés: 'Un col[p] avez pris fort.
Carles li magnes mar vos laissat as porz,
1950 Tort nos ad fait, nen est dreiz qu'il s'en lot;
Kar de vos sul ai ben vengét les noz.'

CXLVI

Oliver sent que a mort est ferut,
Tient Halteclere dunt li acer fut bruns.
Fiert Marganices sur l'elme a or agut.

1955 E flurs e pierres en acraventet jus,
Trenchet la teste d'ici qu'as denz menuz,
Brandist sun colp, si l'ad mort abatut.
E dist aprés: 'Paien, mal aies tu!
Iço ne di que Karles n'i ait perdut;
1960 Ne a muiler ne a dame qu'aies veüd
N'en vanteras el regne dunt tu fus,
Vaillant a un dener que m'i aies tolut,
Ne fait damage ne de mei ne d'altrui.'
Aprés escriet Rollant qu'il li aiut. Aoi.   36a

CXLVII

1965 Oliver sent qu'il est a mort nasfrét,
De lui venger ja mais ne li ert sez,
En la grant presse or i fiert cume ber,
Trenchet cez hanstes e cez escuz buclers
E piez e poinz e seles e costez.
1970 Ki lui veïst Sarrazins desmembrer,
Un mort sur altre [a la tere] geter,
De bon vassal li poüst remembrer.
L'enseigne Carle n'i volt mie ublïer,
Munjoie escriet e haltement e cler,
1975 Rollant apelet, sun ami e sun per:
'Sire cumpaign, a mei car vus justez!
A grant dulor ermes hoi desevrez.' Aoi.

CXLVIII

Rollant reguardet Oliver al visage;
Teint fut e pers, desculurét e pale,
1980 Li sancs tuz clers parmi le cors li raiet,
Encuntre tere en cheent les esclaces.
'Deus,' dist li quens, 'or ne sai jo que face.
Sire cumpainz, mar fut vostre barnage,
Jamais n'iert hume ki tun cors cuntrevaillet.
1985 E! France dulce, cun hoi remendras guaste
De bons vassals, cunfundue e chaiete!
Li emperere en avrat grant damage.'
A icest mot sur sun cheval se pasmet. Aoi.

CXLIX

As vus Rollant sur sun cheval pasmét
1990   E Oliver ki est a mort naffrét.
Tant ad seinét, li oil li sunt trublét;
Ne loinz ne pres ne poet vedeir si cler   *36b*
Que rec[on]oistre poisset nuls hom mortel.
Sun cumpaignun, cum il l'at encuntrét,
1995   Si·l fiert amunt sur l'elme a or gemét,
Tut li detrenchet d'ici qu'al nasel,
Mais en la teste ne l'ad mie adesét.
A icel colp l'ad Rollant reguardét,
Si li demandet dulcement e suef:
2000   'Sire cumpain, faites le vos de gred?
Ja est ço Rollant ki tant vos soelt amer,
Par nule guise ne m'aviez desfiét.'
Dist Oliver: 'Or vos oi jo parler,
Jo ne vos vei; veied vus Damnedeu!
2005   Ferut vos ai? car le me pardunez!'
Rollant respunt: 'Jo n'ai nïent de mel.
Jo·l vos parduins ici e devant Deu.'
A icel mot l'un a l'altre ad clinét.
Par tel amur as les vos desevréd!

CL

2010   Oliver sent que la mort mult l'angoisset.
Ansdous les oilz en la teste li turnent,
L'oïe pert e la veüe tute.
Descent a piet, a l[a] tere se culchet,
Durement en halt si recleimet sa culpe,
2015   Cuntre le ciel ambesdous ses mains juintes,
Si priet Deu que pareïs li dunget
E beneïst Karlun e France dulce,
Sun cumpaignun Rollant sur tuz humes.
Falt li le coer, le helme li embrunchet,
2020   Trestut le cors a la tere li justet;   *37a*
Morz est li quens que plus ne se demuret.
Rollant li ber le pluret si·l duluset.
Jamais en tere n'orrez plus dolent hume.

CLI

Or veit Rollant que mort est sun ami,
2025 Gesir adenz, a la tere sun vis,
Mult dulcement a regreter le prist:
'Sire cumpaign, tant mar fustes hardiz:
Ensemble avum estét e anz e dis.
Ne·m fesis mal, ne jo ne·l te forsfis.
2030 Quant tu es mor[z], dulur est que jo vif.'
A icest mot se pasmet li marchis
Sur sun ceval que cleimet Veillantif,
Afermét est a ses estreus d'or fin;
Quel part qu'il alt, ne poet mie chaïr.

CLII

2035 Ainz que Rollant se seit aperceüt,
De pasmeisuns guariz ne revenuz,
Mult grant damage li est apareüt:
Morz sunt Franceis, tuz les i ad perdut,
Senz l'arcevesque e senz Gualter del Hum.
2040 Repairez est des muntaignes jus,
A cels d'Espaigne mult s'i est cumbatuz.
Mort sunt si hume, si·s unt paiens vencut;
Voeillet o nun, desuz cez vals s'en fuit,
Si reclaimet Rollant qu'il li aiut:
2045 'E! gentilz quens, vaillanz hom, u ies tu?
Unkes nen oi poür la u tu fus.
Ço est Gualter ki cunquist Maëlgut,
Li nies Droün, al vieill e al canut;   37b
Pur vasselage suleie estre tun drut.
2050 Ma hanste est fraite e percét mun escut.
E mis osbercs desmailét e rumput;
Parmi le cors ot lances sui ferut,
Sempres murrai, mais cher me sui vendut.'
A icel mot l'at Rollant entendut,
2055 Le cheval brochet, si vient poignant vers lui. Aoi
   .   .   .   .
      .   .   .   .

CLIII

Rollant ad doel, si fut maltalentifs,
En la grant presse cumencet a ferir,
De cels d'Espaigne en ad get[ét] mort ·xx·,
E Gualter ·vi· e l'arcevesque ·v·.
2060 Dient paien: 'Feluns humes ad ci.
Guardez, seignurs, qu'il n'en algent vif!
Tut par seit fel ki ne·s vait envaïr
E recreant ki les lerrat guar[ir]l'
Dunc recumencent e le hu e le cri,
2065 De tutes parz le revunt envaïr. Aoi.

CLIV

Li quens Rollant fut noble guerr[ei]er,
Gualter de Hums est bien bon chevaler,
Li arcevesque prozdom e essaiét;
Li uns ne volt l'altre nïent laisser.
2070 En la grant presse i fierent as paiens.
Mil Sarrazins i descendent a piet
E a cheval sunt ·xl· millers.
Men escïentre ne·s osent aproismer;
Il lor lancent e lances e espiez
2075 E wïgres e darz . . .
2075a E museras e agiez e gieser.
As premers colps i unt ocis Gualter,   *38a*
Turpins de Reins tut sun escut percét,
Quassét sun elme, si l'unt nasfrét el chef
E sun osberc rumput e desmailét,
2080 Parmi le cors nasfrét de ·iiii· espiez;
Dedesuz lui ocient sun destrer.
Or est grant doel, quant l'arcevesque chiet. Aoi.

CLV

Turpins de Reins, quant se sent abatut,
De ·iiii· espiez parmi le cors ferut,
2085 Isnelement li ber resailit sus,
Rollant reguardet, puis si li est curut.
E dist un mot: 'Ne sui mie vencut.
Ja bon vassal nen ert vif recreüt.'

Il trait Almace, s'espee de acer brun,
2090 En la grant presse mil colps i fiert e plus,
Puis le dist Carles qu'il n'en esparignat nul;
Tels ·iiii· cenz i troevet entur lui,
Alquanz nafrez, alquanz parmi ferut,
Si out d'icels ki les chefs unt perdut.
2095 Ço dit la geste e cil ki el camp fut—
Li ber Gilie, por qui Deus fait vertuz—
E fist la chartre el muster de Loüm.
Ki tant ne set ne l'ad prod entendut.

CLVI

Li quens Rollant genteme[n]t se cumbat;
2100 Mais le cors ad tressuét e mult chalt,
En la teste ad e dulor e grant mal,
Rumput est li temples por ço que il cornat.
Mais saveir volt se Charles i vendrat;   *38b*
Trait l'olifan, fieblement le sunat.
2105 Li emperere s'estut si l'escultat;
'Seignurs,' dist il, 'mult malement nos vait!
Rollant, mis nies, hoi cest jur nus defalt.
Jo oi al corner que guaires ne vivrat;
Ki estre i voelt, isnelement chevalzt!
2110 Sunez voz gra[i]sles tant que en cest' ost ad!'
Seisante milie en i cornent si halt,
Sunent li munt e respondent li val.
Paien l'entendent, ne·l tindrent mie en gab;
Dit l'un a l'altre: 'Karlun avrum nus ja.'

CLVII

2115 Dient paien: 'L'emperere repairet, Aoi.
De cels de France oëz suner les graisles.
Se Carles vient, de nus i avrat perte;
Se Rollant vit, nostre guerre novelet.
Perdud avuns Espaigne, nostre tere.'
2120 Tels ·iiii· cenz s'en asemble[nt] a helmes,
E des meillors ki el camp quient estre;
A Rollant rendent un estur fort e pesme.
Or ad li quens endreit sei asez que faire. Aoi.

CLVIII

Li quens Rollant, quant il les veit venir,
2125 Tant se fait fort e fiers e maneviz,
Ne lur lerat tant cum il serat vif.
Siet el cheval qu'om cleimet Veillantif,
Brochet ie bien des esperuns d'or fin,
En la grant presse les vait tuz envaïr,
2130 Ensem[b]l'od lui arcevesques Turpin.
Dist l'un a l'altre: 'Ça vus traiez, ami!
De cels de France les corns avuns oït,
Carles repairet, li reis poësteïfs.'

39a

CLIX

Li quens Rollant unkes n'amat cuard,
2135 Ne orguillos ne malvais hume de male part,
Ne chevaler, se il ne fust bon vassal;
Li arcevesques Turpin en apelat:
'Sire, a pied estes e jo sui a ceval,
Pur vostre amur ici prendrai estal;
2140 Ensemble avruns e le ben e le mal.
Ne vos lerrai pur nul hume de car;
Encui rendruns a paiens cest asalt.
Les colps des mielz, cels sunt de Durendal.'
Dist l'arcevesque: 'Fel seit ki ben n'i ferrat.
2145 Carles repairet, ki ben vus vengerat.'

CLX

Paien dient: 'Si mare fumes nez!
Cum pes[mes] jurz nus est hoi ajurnez!
Perdut avum noz seignors e noz pers;
Carles repeiret od sa grant ost, li ber.
2150 De cels de France odum les graisles clers,
Grant est la noise de Munjoie escrïer.
Li quens Rollant est de tant grant fiertét,
Ja n'ert vencut pur nul hume carnel.
Lançuns a lui, puis si·l laissums ester!'
2155 E il si firent darz e wigres asez,
Espiez e lances e museraz enpennez.
L'escut Rollant unt frait et estroét

E sun osberc rumput e desmailét;
Mais enz el cors ne l'ad mie adcsét.

2160 Mais Veillantif unt en ·xxx· lius nafrét,
Desuz le cunte si l'i unt mort laissét.
Paien s'en fuient, puis si·l laisent ester;
Li quens Rollant i est remés a pied. Aoi.

CLXI

Paien s'en fuient, curuçus e irez,
2165 Envers Espaigne tendent de l'espleiter.
Li quens Rollant ne·s ad dunt encalcer,
Perdut i ad Veillantif, sun destrer.
Voellet o nun, remés i est a piet;
A l'arcevesque Turpin alat aider.
2170 Sun elme ad or li deslaçat del chef;
Si li tolit le blanc osberc leger
E sun blialt li ad tut detrenchét;
En ses granz plaies les pans li ad butét,
Cuntre sun piz puis si l'ad enbracét,
2175 Sur l'erbe verte puis l'at suef culchét;
Mult dulcement l'i ad Rollant preiét:
'E! gentilz hom, car me dunez cungét!
Noz cumpaignuns que oümes tanz chers,
Or sunt il morz: ne·s i devuns laiser.
2180 Jo·es voell aler querre e entercer,
Dedevant vos juster e enrenger.'
Dist l'arcevesque: 'Alez e repairez!
Cist camp est vostre, mercit Deu, e mien.'

CLXII

Rollant s'en turnet, par le camp vait tut suls.
2185 Cercet les vals e si cercet les munz,
Iloec truvat Gerin e Gerer, sun cumpaignun,
E si truvat Berenger e Atuin,

Iloec truvat Anseïs e Sansun,
Truvat Gerard le veill de Russillun,
2190 Par uns e uns les ad pris le barun.
A l'arcevesque en est venuz a tut,
Si·s mist en reng de devant ses genuilz.
Li arcevesque ne poet müer n'en plurt,

Lievet sa main, fait sa b[en]eïçun,
2195 Aprés ad dit: 'Mare fustes, seignurs.
Tutes voz anmes ait Deus li glorïus,
En pareïs les metet en sentes flurs!
La meie mort me rent si anguissus,
Ja ne verrai le riche empereür.'

CLXIII

2200 Rollant s'en turnet, le camp vait recercer,
Sun cumpaignun ad truvét, Oliver.
Encuntre sun piz estreit l'ad enbracét,
Si cum il poet, a l'arcevesques en vent,
Sur un escut l'ad as altres culchét,
2205 E l'arcevesque les ad asols e seignét.
Idunc agreget le doel e la pitét.
Ço dit Rollant: 'Bels cumpainz Oliver,
Vos fustes filz al duc Reiner,
Ki tint la marche del Val de Runers.
2210 Pur hanste freindre e pur escuz peceier,
Pur orgoillos veintre e esmaier,
E pur prozdomes tenir e cunseiller,
E pur glutun veintre e esmaier,
En nule tere n'ad meillor chevaler.

CLXIV

2215 Li quens Rollant, quant il veit mort ses pers   40b
E Oliver qu'il tant poeit amer,
Tendrur en out, cumencet a plurer,
En sun visage fut mult desculurez;
Si grant doel out que mais ne pout ester;
2220 Voeillet o nun, a tere chet pasmét.
Dist l'arcevesque: 'Tant mare fustes, ber!'

CLXV

Li arcevesques, quant vit pasmer Rollant,
Dunc out tel doel, unkes mais n'out si grant;
Tendit sa main, si ad pris l'olifan.
2225 En Rencesvals ad un' ewe curant,
Aler i volt, si·n durrat a Rollant.
Sun petit pas s'en turnet cancelant,

Il est si fieble qu'il ne poet en avant,
Nen ad vertut, trop ad perdut del sanc.
2230 Einz que om alast un sul arpent de camp,
Falt li le coer, si est chaeit avant,
La sue mort li vait mult angoissant.

CLXVI

Li quens Rollant revient de pasmeisuns,
Sur piez se drecet, mais il ad grant dulur,
2235 Guardet aval e si guardet amunt;
Sur l'erbe verte ultre ses cumpaignuns
La veit gesir le nobilie barun,
Ço est l'arcevesque, que Deus mist en sun num;
Cleimet sa culpe, si reguardet amunt,
2240 Cuntre le ciel amsdous ses mains ad juinz,
Si priet Deu que pareïs li duinst.
Morz est Turpin, le guerreier Charlun.
Par granz batailles e par mult bels sermons   414
Cuntre paiens fut tuz tens campïuns.
2245 Deus li otreit seinte beneïçun! Aoi.

CLXVII

Li quens Rollant veit l'ar[ce]vesque a tere,
Defors sun cors veit gesir la büele,
Desuz le frunt li buillit la cervele,
Desur sun piz entre les dous furceles
2250 Cruisiedes ad ses blanches [mains] les beles.
Forment le pleignet a la lei de sa tere:
'E! gentilz hom, chevaler de bon aire,
Hoi te cumant al glorïus celeste.
Jamais n'ert hume, plus volenters le serve,
2255 Des les apostles ne fut hom tel prophete
Pur lei tenir e pur humes atraire.
Ja la vostre anme nen ait sufraite,
De pareïs li seit la porte uverte!'

CLXVIII

Ço sent Rollant que la mort li est pres,
2260 Par les oreilles fors s'e[n] ist le cervel.
De ses pers priet Deu que·s apelt,

E pois de lui a l'angle Gabrïel;
Prist l'olifan que reproce n'en ait,
E Durendal s'espee en l'altre main,
2265 Plus qu'arcbaleste ne poet traire un quarrel,
Devers Espaigne en vait en un guarét,
Muntet sur un tertre desuz un arbre bel,
Quatre perruns i ad de marbre faiz,
Sur l'erbe verte si est caeit envers,
2270 La s'est pasmét, kar la mort li est pres.

CLXIX

Halt sunt li pui e mult halt les arbres   4Ib
Quatre perruns i ad luisant de marbre;
Sur l'erbe verte li quens Rollant se pasmet.
Uns Sarrazins tute veie l'esguardet,
2275 Si se feinst mort, si gist entre les altres,
Del sanc luat sun cors e sun visage.
Met sei en piez e de curre s[e h]astet.
Bels fut e forz e de grant vasselage,
Par sun orgoill cumencet mortel rage:
2280 Rollant saisit e sun cors e ses armes
E dist un mot: 'Vencut est li nies Carles.
Iceste espee porterai en Arabe.'
En cel tirer li quens s'aperçut alques.

CLXX

Ço sent Rollant que s'espee li tolt.
2285 Uvrit les oilz, si li ad dit un mot:
'Men escïentre tu n'ies mie des noz.'
Tient l'olifan que unkes perdre ne volt,
Si·l fiert en l'elme ki gemmét fut a or.
Fruisset l'acer e la teste e les os,
2290 Amsdous les oilz del chef li ad mis fors,
Jus a ses piez si l'ad tresturnét mort.
Aprés li dit: 'Culvert paien, cum fus unkes si os
Que me saisis, ne a dreit ne a tort?
Ne l'orrat hume ne t'en tienget por fol.
2295 Fenduz en est mis olifans el gros,
Caiuz en est li cristals e li ors.'

CLXXI

Ço sent Rollant la veüe ad perdue,
Met sei sur piez, quanqu'il poet s'esvertuet;
En sun visage sa culur ad perdue.
2300 Dedevant lui ad une perre byse;
·x· colps i fiert par doel e par rancune.
Cruist li acers, ne freint ne [n'e]sgruignet.
'E!', dist li quens, 'seinte Marie, aiue!
E! Durendal bone, si mare fustes!
2305 Quant jo mei perd, de vos nen ai mais cure.
Tantes batailles en camp en ai vencues
E tantes teres larges escumbatues
Que Carles tient ki la barbe ad canue!
Ne vos ait hume ki pur altre fuiet!
2310 Mult bon vassal vos ad lung tens tenue.
Jamais n'ert tel en France l'asolue.'

CLXXII

Rollant ferit e·l perrun de sardonie,
Cruist li acers, ne briset ne n'esgrunie.
Quant il ço vit que n'en pout mie freindre,
2315 A sei meïsme la cumencet a pleindre:
'E! Durendal, cum es bele e clere e blanche!
Cuntre soleill si luises e reflambes!
Carles esteit es vals de Moriane,
Quant Deus del cel li mandat par sun a[n]gle
2320 Qu'il te dunast a un cunte cataignie;
Dunc la me ceinst li gentilz reis, li magnes.
Jo l'en cunquis e Anjou e Bretaigne,
Si l'en cunquis e Peitou e le Maine,
Jo l'en cunquis Normendie la franche,
2325 Si l'en cunquis Provence e Equitaigne
E Lumbardie e trestute Romaine,
Jo l'en cunquis Baiver' e tute Flandres
E Burguigne e trestute Puillanie,
Costentinnoble, dunt il out la fiance,
E en Saisonie fait il ço qu'il demandet,
2330 Jo l'en cunquis e Escoce e Irlande
E Engletere, que il teneit sa cambre;

Cunquis l'en ai païs e teres tantes,
Que Carles tient ki ad la barbe blanche.
2335 Pur ceste espee ai dulor e pesance;
Mielz voeill murir qu'entre paiens remaigne.
Deus pere, n'en laiser hunir France!

CLXXIII

Rollant ferit en une perre bise,
Plus en abat que jo ne vos sai dire.
2340 L'espee cruist, ne fruisset, ne ne brise,
Cuntre ciel amunt est resortie.
Quant veit li quens que ne la freindrat mie,
Mult dulcement la pleinst a sei meïsme:
'E! Durendal, cum es bele e seintisme!
2345 En l'oriét punt asez i ad reliques:
La dent seint Perre e del sanc seint Basilie
E des chevels mun seignor seint Denise,
Del vestement i ad seinte Marie.
Il nen est dreiz que paiens te baillisent,
2350 De chrestïens devrez estre servie;
Ne vos ait hume ki facet cuardie!
Mult larges teres de vus avrai conquises,
Carles [les] tent ki la barbe ad flurie;
E li empereres en est ber e riches.'

CLXXIV

2355 Ço sent Rollant que la mort le tresprent,
Devers la teste sur le quer li descent.
Desuz un pin i est alét curant,
Sur l'erbe verte s'i est culchét adenz.
Desuz lui met s'espee e l'olifan;
2360 Turnat sa teste vers la paiene gent.
Pur ço l'at fait que il voelt veirement
Que Carles diét e trestute sa gent,
Li gentilz quens, qu'il fut mort cunquerant.
Cleimet sa culpe e menut e suvent,
2365 Pur ses pecchez Deu en puroffrid lo guant. Aoi.

these prayers for the dead are for the first time in OF

CLXXV

Ço sent Rollant, de sun tens n'i ad plus;
Devers Espaigne est en un pui agut,
A l'une main si ad sun piz batud:
'Deus, meie culpe vers les tues vertuz!
2370 De mes pecchez, des granz e des menuz,
Que jo ai fait des l'ure que nez fui
Tresqu'a cest jur que ci sui consoüt!'
Sun destre guant en ad vers Deu tendut.
Angles del ciel i descendent a lui. AOI.

CLXXVI

2375 Li quens Rollant se jut desuz un pin,
Envers Espaigne en ad turnét sun vis;
De plusurs choses a remembrer li prist:
De tantes teres cum li bers conquist,
De dulce France, des humes de sun lign,
2380 De Carlemagne, sun seignor ki·l nurrit;
Ne poet müer n'en plurt e ne suspirt;
Mais lui meïsme ne volt mettre en ubli,
Cleimet sa culpe, si priet Deu mercit:
'Veire Patene, ki unkes ne mentis,
2385 Seint Lazaron de mort resurrexis
E Daniel des leons guaresis,
Guaris de mei l'anme de tuz perilz
Pur les pecchez que en ma vie fis!'
Sun destre guant a Deu en puroffrit,
2390 Seint Gabriel de sa main l'ad pris.
Desur sun braz teneit le chef enclin,
Juntes ses mains est alét a sa fin.
Deus tramist sun angle Cherubin,
E[nsembl'od li] seint Michel del Peril;
2395 Ensembl'od els sent Gabriel i vint,
L'anme del cunte portent en pareis.

CLXXVII

Morz est Rollant, Deus en ad l'anme es cels.
Li emperere en Rencesvals parvient;
Il nen i ad ne veie ne senter

2369 – I beg my sins to your great power

se jut – preterite – was lying

2391 – his head over his arms

2400 Ne voide tere ne alne [ne] plein pied
Que il n'i ait o Franceis o paien.
Carles escriet: 'U estes vos, bels nies?
U est l'arcevesque e li quens Oliver?
U est Gerins e sis cumpainz Gerers?
2405 U est Otes e li quens Berengers,
Ive e Ivorie que jo aveie tant chers?
Que est devenuz li Guascuinz Engeler,
Sansun li dux e Anseïs li bers?
U est Gerard de Russillun li veilz,
2410 Li ·xii· per que jo aveie laisét?'
De ço qui chelt, quant nul n'en respundiét?
'Deus!' dist li reis, 'tant me pois e[s]ma[i]er
Que jo ne fui al estur cumencer!'
Tiret sa barbe cum hom ki est irét,
2415 Plurent des oilz si baron chevaler,
Encuntre tere se pasment ·xx· millers.
Naimes li dux en ad mult grant pitét.

44a

CLXXVIII

Il nen i ad chevaler ne barun
Que de pitét mult durement ne plurt;
2420 Plurent lur filz, lur freres, lur nevolz
E lur amis e lur lige seignurs,
Encuntre tere se pasment li plusur.
Naimes li dux d'iço ad fait que proz,
Tuz premereins l'ad dit l'empereür:
2425 'Veez avant, de dous liwes de nus
Vedeir püez les granz chemins puldrus,
Qu'asez i ad de la gent paienur.
Car chevalchez, vengez ceste dulor!'
'E! Deus,' dist Carles, 'ja sunt il or si luinz.
2430 Cunsentez mei e dreiture e honur!
De France dulce m'unt tolue la flur.'
Li reis cumandet Gebuin e Otun,
Tedbalt de Reins e le cunte Milun:
'Guardez le champ e les vals e les munz,
2435 Lessez gesir les morz tut issi cun il sunt,
Que n'i adeist ne beste ne lion,
Ne n'i adeist esquier ne garçun!'

Jo vus defend que n'i adeist nuls hom,   *44b*
Josque Deus voeilge que en cest camp revengum.'
2440   E cil respundent dulcement par amur:
'Dreiz emperere, cher sire, si ferum.'
Mil chevaler i retienent des lur. Aoi.

CLXXIX

Li empereres fait ses graisles suner,
Puis si chevalchet od sa grant ost li ber.
2445   De cels d'Espaigne unt lur les dos turnez,
Tenent l'enchalz, tuit en sunt cumunel.
Quant veit li reis le vespres decliner,
Sur l'erbe verte descent [lors] en un pred,
Culchet sei a tere, si priet Damnedeu
2450   Que li soleilz facet pur lui arester,
La nuit targer e le jur demurer.
Ais li un angle ki od lui soelt parler,
Isnelement si li ad comandét:
'Charle, chevalche! car tei ne falt clartét.
2455   La flur de France as perdut, ço set Deus·
Venger te poez de la gent criminel.'
A icel mot est l'emperere muntét. Aoi.

CLXXX

Pur Karlemagne fist Deus vertuz mult granz;
Car li soleilz est remés en estant.
2460   Paien s'en fuient, ben les [en]chalcent Franc,
El Val Tenebrus la les vunt ateignant,
Vers Sarraguce les enchalcent ferant,
A colps pleners les en vunt ociant.
Tolent lur veies e les chemins plus granz.
2465   L'ewe de Sebre, el lur est dedevant,
Mult est parfunde, merveill[us]e e curant;   *45a*
Il nen i ad barge ne drodmund ne caland.
Paiens recleiment un lur deu Tervagant,
Puis saillent enz, mais il n'i unt guarant.
2470   Li adubez en sunt li plus pesant,
Envers les funz s'en turnerent alquanz.
Li altre en vunt cuntreval flotant;

Li miez guariz en unt boüd itant,
Tuz sunt neiez par merveillus ahan.
2475 Franceis escrient: 'Mare fustes, Rollant!' Aoi.

CLXXXI

Quant Carles veit que tuit sunt mort paiens,
Alquanz ocis e li plusur neiét,
Mult grant eschec en unt si chevaler,
Li gentilz reis descendut est a piet,
2480 Culchet sei a tere si·n ad Deu graciét.
Quant il se drecet, li soleilz est culchét;
Dist l'emperere: 'Tens est del herberger,
En Rencesvals est tart del repairer,
Noz chevals sunt e las e ennuiez.
2485 Tolez lur les seles, le[s] freins qu'il unt es chefs
E par cez prez les laisez refreider!'
Respundent Franc: 'Sire, vos dites bien.' Aoi.

CLXXXII

Li emperere ad prise sa herberge,
Franceis descendent en la tere deserte,
2490 A lur chevals unt toleites les seles,
Les freins a or e[n] metent jus des testes,
Livrent lur prez, asez i ad fresche herbe;
D'altre cunreid ne lur poeent plus faire.
Ki mult est las, il se dort cuntre tere,   *45b*
2495 Icele noit n'unt unkes escalguaite.

CLXXXIII

Li emperere s'est culcét en un pret,
Sun grant espiét met a sun chef li ber,
Icele noit ne se volt il desarmer,
Si ad vestut sun blanc osberc saffrét,
2500 Laciét sun elme ki est a or gemmét,
Ceinte Joiuse, unches ne fut sa per,
Ki cascun jur müet ·xxx· clartez.
Asez savum de la lance parler
Dunt Nostre Sire fut en la cruiz nasfrét.
2505 Carles en ad la mure, mercit Deu,
En l'orét punt l'ad faite manuvrer

Pur ceste honur e pur ceste bontét
Li nums Joiuse l'espee fut dunét.
Baruns franceis ne·l deivent ublïer,
2510 Enseigne en unt de Munjoie crier.
Pur ço ne·s poet nule gent cuntrester.

CLXXXIV

Clere est la noit e la lune luisant.
Carles se gist, mais doel ad de Rollant
E d'Oliver li peiset mult forment,
2515 Des ·xii· pers e de la franceise gent.
En Rencesvals ad laisét morz e sang[l]enz;
Ne poet müer n'en plurt e ne·s dement,
E priet Deu qu'as anmes seit guarent.
Las est li reis, kar la peine est mult grant.
2520 Endormiz est, ne pout mais en avant;
Par tuz les prez or se dorment li Franc.
N'i ad cheval ki puisset ester en estant;   46a
Ki herbe voelt, il la prent en gisant.
Mult ad apris ki bien conuist ahan.

CLXXXV

2525 Karles se dort cum hume traveillét.
Seint Gabrïel li ad Deus enveiét,
L'empereür li cumandet a guarder.
Li angles est tute noit a sun chef,
Par avisiun li ad anunciét
2530 D'une bataille ki encuntre lui ert,
Senefiance l'en demustrat mult gref.
Carles guardat amunt envers le ciel,
Veit les tuneires e les venz e les giels
E les orez, les merveillus tempez,
2535 E fous e flambes i est apareillez,
Isnelement sur tute sa gent chet.
Ardent cez hanstes de fraisne e de pumer
E cez escuz jesqu'as bucles d'or mier,
Fruisent cez hanstes de cez trenchanz espiez,
2540 Cruissent osbercs e cez helmes d'acer.
En grant dulor i veit ses chevalers,
Urs e leuparz les voelent puis manger,

Serpenz e guivres, dragun e averser,
Grifunz i ad plus de trente millers;
2545 Nen i ad cel a Franceis ne s'agiet.
E Franceis crient: 'Carlemagne, aidez!'
Li reis en ad e dulur e pitét,
Aler i volt, mais il ad desturber.
Devers un gualt uns granz leons li vi[e]nt,   *46b*
2550 Mult par ert pesmes e orguillus e fiers,
Sun cors meïsmes i asalt e requert,
E prenent sei a braz ambesdous por loiter.
Mais ço ne set, li quels abat ne quels chiet.
Li emperere n'est mie esveillét.

CLXXXVI

2555 Aprés icel li vien un' altre avisiun:
Qu'il ert en France ad Ais a un perrun,
En dous chaeines s'i teneit un brohun;
Devers Ardene veeit venir ·xxx· urs,
Cascun parolet altresi cume hum,
2560 Diseient li: 'Sire, rendez le nus!
Il nen est dreiz que il seit mais od vos;
Nostre parent devum estre a sucurs.'
De sun paleis uns veltres acurt,
Entre les altres asaillit le greignur
2565 Sur l'erbe verte ultre ses cumpaignuns.
La vit li reis si merveillus estur;
Mais ço ne set, li quels veint ne quels nun.
Li angles Deu ço ad mustrét al barun.
Carles se dort tresqu'al demain al cler jur.

CLXXXVII

2570 Li reis Marsilie s'en fuit en Sarraguce,
Suz un' olive est descendut en l'umbre,
S'espee rent e sun elme e sa bronie,
Sur la verte herbe mult laidement se culcet;
La destre main ad perdue trestute,
2575 Del sanc qu'en ist se pasmet e angoiset.
Dedevant lui sa muiller Bramimunde   *47a*
Pluret e criet, mult forment se doluset;
Ensembl'od li plus de ·xx· mil[ie] humes,

Si maldient Carlun e France dulce.
2580 Ad Apolin en curent en une crute,
Tencent a lui, laidement le despersunent:
'E! malvais deus, porquei nus fais tel hunte?
Cest nostre rei porquei lessas cunfundre?
Ki mult te sert, malvais lüer l'en dunes.'
2585 Puis si li tolent ses ceptre e sa curune.
Par mains le pendent sur une culumbe,
Entre lur piez a tere le tresturnent,
A granz bastuns le batent e defruisent;
E Tervagan tolent sun escarbuncle
2590 E Mahumet enz en un fossét butent
E porc e chen le mordent e defulent.

CLXXXVIII

De pasmeisuns en est venuz Marsilies,
Fait sei porter en sa cambre voltice;
Plusurs culurs i ad peinz e escrites.
2595 E Bramimunde le pluret, la reïne;
Trait ses chevels, si se cleimet caitive,
A l'altre mot mult haltement s'escriet:
'E! Sarraguce, cum ies oi desguarnie
Del gentil rei ki t'aveit en baillie!
2600 Li nostre deu i unt fait felonie
Ki en bataille oi matin li faillirent.
Li amiralz i ferat cuardie,
S'il ne cumbat a cele gent hardie
Ki si sunt fiers, n'unt cure de lur vies.   *47b*
2605 Li emperere od la barbe flurie
Vasselage ad e mult grant estultie;
S'il ad bataillie, il ne s'en fuirat mie.
Mult est grant doel que nen est ki l'ociet.'

CLXXXIX

Li emperere par sa grant poëstét
2610 ·vii· anz tuz plens ad en Espaigne estét
Prent i chastels e alquantes citez.
Li reis Marsilie s'en purcacet asez,
Al premer an fist ses brefs seieler,
En Babilonie Baligant ad mandét—

2615 Ço est l'amiraill le viel d'antiquitét,
Tut survesquiét e Virgilie e Omer—
En Sarraguce alt sucurre li ber,
E s'il ne·l fait, il guerpirat ses deus
E tuz ses ydeles que il soelt adorer,
2620 Si recevrat seinte chrestïentét,
A Charlemagne se vuldrat acorder.
E cil est loinz, si ad mult demurét,
Mandet sa gent de ·xl· regnez,
Ses granz drodmunz en ad fait aprester,
2625 Eschiez e barges e galies e nefs.
Suz Alixandre ad un port juste mer,
Tut sun navilie i ad fait aprester,
Ço est en mai, al premer jur d'estéd,
Tutes ses oz ad empeintes en mer.

CXC

2630 Granz sunt les oz de cele gent averse,
Siglent a fort e nagent e guvernent.
En sum cez maz e en cez haltes vernes
Asez i ad carbuncles e lanternes;   *48a*
La sus amunt pargetent tel luiserne
2635 Par la noit la mer en est plus bele;
E cum il vienent en Espaigne la tere,
Tut li païs en reluist e esclairet.
Jesqu'a Marsilie en parvunt les noveles. Aoi.

CXCI

Gent paienor ne voelent cesser unkes,
2640 Issent de mer, venent as ewes dulces,
Laisent Marbrise e si laisent Marbrose,
Par Sebre amunt tut lur naviries turnent.
Asez i ad lanternes e carbuncles,
Tute la noit mult grant clartét lur dunent.
2645 A icel jur venent a Sarraguce. Aoi.

CXCII

Clers est li jurz et li soleilz luisant.
Li amiralz est issut del calan,
Espaneliz fors le vait adestrant,

·xvii· reis aprés le vunt siwant,
2650 Cuntes e dux i ad ben, ne sai quanz.
Suz un lorer ki est enmi un camp,
Sur l'erbe verte getent un palie blanc,
U[n] faldestoed i unt mis d'olifan;
Desur s'asiét li paien Baligant,
2655 Tuit li altre sunt remés en estant.
Li sire d'els premer parlat avant:
'Oiez ore, franc chevaler vaillant!
Carles li reis, l'emperere des Francs,
Ne deit manger, si jo ne li cumant.
2660 Par tute Espaigne m'at fait guere mult grant.
En France dulce le voeil aler querant,   *48b*
Ne finerai en trestut mun vivant
Josqu'il seit mort u tut vif recreant.'
Sur sun genoill en fiert sun destre guant.

CXCIII

2665 Puis qu'il l'ad dit, mult s'en est afichét
Que ne lairat pur tut l'or desuz ciel
Que il n'alt ad Ais o Carles soelt plaider.
Si hume li lodent, si li unt cunseillét;
Puis apelat dous de ses chevalers,
2670 L'un Clarifan e l'altre Clarïen:
'Vos estes filz al rei Maltraien
Ki [mes] messages soleit faire volenters.
Jo vos cumant qu'en Sarraguce algez,
Marsiliun de meie part li nunciez:
2675 Cuntre Franceis li sui venut aider.
Se jo truis o, mult grant bataille i ert.
Si l'en dunez cest guant ad or pleiét,
El destre poign si li faites chalcer,
Si li portez cest [bast]uncel d'or mer,
2680 E a mei venget pur reconoistre sun feu!
En France irai pur Carlun guerreier;
S'en ma mercit ne se culzt a mes piez
E ne guerpisset la lei de chrestïens,
Jo li toldrai la corune del chef.'
2685 Paien respundent: 'Sire, mult dites bien.'

CXCIV

Dist Baligant: 'Car chevalchez, barun!
L'un port le guant, li alt[r]e le bastun!'
E cil respundent: 'Cher sire, si ferum.'
Tant chevalcherent que en Sarraguce sunt,　　49a
2690　Passent ·x· portes, traversent ·iiii· punz,
Tutes les rues u li burgeis estunt.
Cum il aproisment en la citét amunt,
Vers le paleis oïrent grant fremur;
Asez i ad de cele gent paienur,
2695　Plurent e crient, demeinent grant dolor,
Pleignent lur deus Tervagan e Mahum
E Apollin dunt il mie nen unt.
Dit cascun a l'altre: 'Caitifs, que devendrum?
Sur nus est venue male confusiun,
2700　Perdut avum le rei Marsiliun;
Li quens Rollant li trenchat ier le destre poign.
Nus n'avum mie de Jurfaleu le blunt,
Trestute Espaigne iert hoi en lur bandun.'
Li dui message descendent al perrun.

CXCV

2705　Lur chevals laisent dedesuz un' olive,
Dui Sarrazin par les resnes les pristrent,
E li message par les mantels se tindrent;
Puis sunt muntez sus el paleis altisme.
Cum il entrerent en la cambre voltice,
2710　Par bel amur malvais saluz li firent:
'Cil Mahumet ki nus ad en baillie
E Tervagan e Apollin, nostre sire,
Salvent le rei e guardent la reïne.'
Dist Bramimunde: 'Or oi mult grant folie.
2715　Cist nostre deu sunt en recreantise,
En Rencesval malvaises vertuz firent,
Noz chevalers i unt lessét ocire,　　49b
Cest mien seignur en bataille faillirent:
Le destre poign ad perdut, n'en ad mie;
2720　Si li trenchat li quens Rollant li riches.

Trestute Espaigne avrat Carles en baillie.
Que devendrai, duluruse caitive?
É! lasse, que nen ai un hume ki m'ociet!' Aoi.

CXCVI

Dist Clarïen: 'Dame, ne parlez mie itant!
2725 Messages sumes al paien Baligant;
Marsiliun, ço dit, serat guarant,
Si l'en enveiet sun bastun e sun guant.
En Sebre avum ·iiii· milie calant,
Eschiez e barges e galees curant;
2730 Drodmunz i ad, ne vos sai dire quanz.
Li amiralz est riches e puisant,
En France irat Carlemagne querant,
Rendre le quidet u mort o recreant.'
Dist Bramimunde: 'Mar en irat itant!
2735 Plus pres d'ici purrez truver les Francs.
En ceste tere ad estét ja ·vii· anz;
Li emperere est ber e cumbatant;
Meilz voel murir que ja fuiet de camp.
Suz ciel n'ad rei qu'il prist a un enfant,
2740 Carles ne creint nuls hom ke seit vivant.'

CXCVII

'Laissez ço ester!' dist Marsilies li reis.
Dist as messages: 'Seignurs, parlez a mei!
Ja veez vos que a mort sui destreit;
Jo si nen ai filz ne fille ne heir,
2745 Un en aveie, cil fut ocis her seir.
Mun seignur dites qu'il me vienge veeir!
Li amiraill ad en Espaigne dreit,
Quite li cleim, se il la voelt aveir;
Puis la defendet encuntre li Franceis!
2750 Vers Carlemagne li durrai bon conseill:
Cunquis l'avrat d'oi cest jur en un meis.
De Sarraguce les clefs li portereiz!
Pui[s] li dites il n'en irat, s'il me creit.'
Cil respundent: 'Sire, vus dites veir.' Aoi.

50a

CXCVIII

2755 Ço dist Marsilie: 'Carles l'emperere
Mort m'ad mes homes, ma tere deguastee
E mes citez fraites e violees.
Il jut anuit sur cel' ewe de Sebre;
Jo ai cunté, n'i ad mais que ·vii· liwes.
2760 L'amirail dites que sun host i amein.
Par vos li mand, bataille i seit justee.'
De Sarraguce les clefs li ad livrees.
Li messager ambedui l'enclinerent,
Prenent cungét; a cel mot s'en turnerent.

CXCIX

2765 Li dui message es chevals sunt muntét,
Isnelement issent de la citét,
A l'amiraill en vunt esfreedement,
De Sarra[gu]ce li presentent les clés.
Dist Baligant: 'Que avez vos truvét?
2770 U est Marsilie que jo aveie mandét?'
Dist Clariën: 'Il est a mort naffrét.
Li emperere fut ier as porz passer,
Si s'en vuleit en dulce France aler,   50b
Par grant honur se fist rereguarder;
2775 Li quens Rollant i fut remés, sis nies,
E Oliver e tuit li ·xii· per,
De cels de France ·xx· milie adubez.
Li reis Marsilie s'i cumbatit, li bers,
Il e Rollant el camp furent remés;
2780 De Durendal li dunat un colp tel,
Le destre poign li ad del cors sevrét,
Sun filz ad mort qu'il tant suleit amer
E li baron qu'il i out amenét.
Fuiant s'en vint, qu'il n'i pout mes ester;
2785 Li emperere l'ad enchalcét asez.
Li reis vos mandet que vos le sucurez,
Quite vus cleimet d'Espaigne le regnét.'
E Baligant cumencet a penser,
Si grant doel ad, por poi qu'il n'est desvét. Aoi.

CC

2790 'Sire amiralz,' dist Clarïens,
      'En Rencesvals une bataille out ier.
      Morz est Rollant e li quens Oliver,
      Li ·xii· per que Carles aveit tant cher;
      De lur Franceis i ad mort ·xx· millers.
2795 Li reis Marsilie le destre poign i perdi[é]t,
      E l'emperere asez l'ad enchalcét,
      En ceste tere n'est remés chevaler
      Ne seit ocis o en Sebre neiét.
      Desur la rive sunt Francés herbergiez,
2800 En cest païs nus sunt tant aproeciez,
      Se vos volez, li repaires ert grefs.'   *51a*
      E Baligant le reguart en ad fiers,
      En sun curage en est joüs e liet,
      Del faldestod se redrecet en piez,
2805 Puis escriet: 'Baruns, ne vos targez,
      Eissez des nefs, muntez, si cevalciez!
      S'or ne s'en fuit Karlemagne li veilz,
      Li reis Marsilie enqui serat vengét.
      Pur sun poign destre l'en liverai le chef.'

CCI

2810 Paien d'Arabe des nefs se sunt eissut,
      Puis sunt muntez es chevals e es muls,
      Si chevalcherent, que fereient il plus?
      Li amiralz, ki trestuz les esmut,
      Si·n apelet Gemalfin, un sun drut:
2815 'Jo te cumant de tute mes oz l'aün.'
      Puis est munté en un sun destrer brun,
      Ensembl'od lui emmeinet ·iiii· dux,
      Tant chevalchat qu'en Saraguce fut.
      A un perron de marbre est descenduz,
2820 E quatre cuntes l'estreu li unt tenut.
      Par les degrez el paleis muntet sus,
      E Bramidonie vient curant cuntre lui,
      Si li ad dit: 'Dolente, si mare fui!
      A itel hunte, sire, mon seignor ai perdut.'
2825 Chet li as piez, li amiralz la reçut,
      Sus en la chambre ad doel en sunt venut. AOI.

CCII

Li reis Marsilie, cum il veit Baligant,
Dunc apelat dui Sarrazin espans:
'Pernez m'as braz, si·m drecez en sedant!'   *51b*
2830 Al puign senestre ad pris un de ses guanz.
Ço dist Marsilie: 'Sire reis amiralz,
Trestute Espaigne ici es mains vos rent
E Sarraguce e l'onur qu'i apent.
Mei ai perdut e tute ma gent.'
2835 E cil respunt: 'Tant sui jo plus dolent,
Ne pois a vos tenir lung parlement;
Jo sai asez que Carles ne m'atent,
E nepurquant de vos receif le guant.'
Al doel qu'il ad s'en est turnét plurant. Aoi.

CCIII

2840 Par les degrez jus del paleis descent,
Muntet el ceval, vient a sa gent puignant;
Tant chevalchat, qu'il est premers devant,
De ures ad altres si se vait escriant:
'Venez paien, car ja s'en fuient Franc.' Aoi.

CCIV

2845 Al matin quant primes pert l'albe,
Esveillez est li emperere Carles.
Sein Gabrïel, ki de part Deu le guarde,
Levet sa main, sur lui fait sun signacle.
Li reis se drecet, si ad rendut ses armes;
2850 Si se desarment par tute l'ost li altre,
Puis sunt muntét, par grant vertut chevalchent
Cez veies lunges e cez chemins mult larges,
Si vunt vedeir le merveillus damage
En Rencesvals, la o fut la bataille. Aoi.

CCV

2855 En Rencesvals en est Carles entrez;
Des morz qu'il troevet cumencet a plurer.
Dist a Franceis: 'Segnu[r]s, le pas tenez!   *52a*
Kar mei meïsme estoet avant aler
Pur mun nev[ul]d que vuldreie truver.

2860 A Eis esteie a une feste anoel,
Si se vanterent mi vaillant chevaler
De granz batailles, de forz esturs pleners;
D'une raisun oï Rollant parler:
Ja ne murreit en estrange regnét
2865 Ne trespassast ses hume[s] e ses pers;
Vers lur païs avreit sun chef turnét,
Cunquerrantment si finereit li bers.'
Plus qu'en ne poet un bastuncel jeter,
Devant les altres est en un pui muntét.

CCVI

2870 Quant l'empereres vait querre sun nevold,
De tantes herbes el pre truvat les flors
Ki sunt vermeilz del sanc de noz barons!
Pitét en ad, ne poet müer n'en plurt.
Desuz dous arbres parvenuz est Carlun,
2875 Les colps Rollant conut en treis perruns;
Sur l'erbe verte veit gesir sun nevuld.
Nen est merveille se Karles ad irur;
Descent a pied, aléd i est pleins curs,
Entre ses mains ansdous prent le barun,
2880 Sur lui se pasmet, tant par est anguissus.

CCVII

Li empereres de pasmeisuns revint.
Naimes li dux e li quens Acelin,
Gefrei d'Anjou e sun frere Tierri
Prenent le rei, si·l drecent suz un pin.
2885 Guardet a la tere, veit sun nevold gesir;   *52b*
Tant dulcement a regreter le prist:
'Amis Rollant, de tei ait Deus mercit!
Unques nuls hom tel chevaler ne vit
Por granz batailles juster e defenir.
2890 La meie honor est turnét en declin.'
Carles se pasmet, ne s'en pout astenir. AOI.

CCVIII

Carles li reis se vint de pasmeisuns,
Par mains le tienent ·iiii· de ses barons;

Guardet a tere, vei[t] gesir sun nev[u]ld.
2895 Cors ad gaillard, perdue ad sa culur,
Turnez ses oilz, mult li sunt tenebros.
Carles le pleint par feid e par amur:
'Ami Rollant, Deus metet t'anme en flors
En pareïs entre les glorïus!
2900 Cum en Espaigne venis [a] mal seignur!
Jamais n'ert jurn, de tei n'aie dulur.
Cum decarrat ma force e ma baldur!
Nen avrai ja ki sustienget m'onur;
Suz ciel ne quid aveir ami un sul;
2905 Se jo ai parenz, nen i ad nul si proz.'
Trait ses crignels pleines ses mains amsdous;
Cent milie Franc en unt si grant dulur,
Nen i ad cel ki durement ne plurt. Aoi.

CCIX

'Ami Rollant, jo m'en irai en France.
2910 Cum jo serai a Loün en ma chambre,
De plusurs regnes vendrunt li hume estrange,
Demanderunt: 'U est quens cataignes?'
Jo lur dirrai qu'il est morz en Espaigne.   53a
A grant dulur tendrai puis mun reialme:
2915 Jamais n'ert jur que ne plur ne n'en pleigne.'

CCX

'Ami Rollant, prozdoem, juvente bele,
Cum jo serai a Eis em ma chapele,
Vendrunt li hume, demanderunt noveles.
Je·s lur dirrai merveilluses e pesmes:
2920 Morz est mis nies ki tant me fist cunquere.
Encuntre mei revelerunt li Seisne
E Hungre e Bugre e tante gent averse,
Romain, Puillain e tuit icil de Palerne
E cil d'Affrike e cil de Califerne;
2925 Puis entrerunt mes peines e mes suffraites.
Ki guierat mes oz a tel poëste,
Quant cil est [morz] ki tuz jurz nos cadelet?
E! [dulce] France, cum remeines deserte!

Si grant doel ai que jo ne vuldreie estre.'
2930 Sa barbe blanche cumencet a detraire,
Ad ambes mains les chevels de sa teste;
Cent milie Francs s'en pasment cuntre tere.

CCXI

'Ami Rollant, de tei ait Deus mercit,
L'anme de tei seit mise en pareïs!
2935 Ki tei ad mort France ad mis en exill.
Si grant dol ai que ne voldreie vivre.
De ma maisnee ki por mei est ocise!
Ço duinset Deus, le filz seinte Marie,
Einz que jo vienge as maistres porz de Sirie,
2940 L'anme del cors me seit oi departie,
Entre les lur alüee e mise,   53b
E ma car fust delez els enfuïe!'
Ploret des oilz, sa blanche bar[b]e tiret.
E dist dux Naimes: 'Or ad Carles grant ire.' Aoi.

CCXII

2945 'Sire emperere,' ço dist Gefrei d'Anjou,
'Ceste dolor ne demenez tant fort.
Par tut le camp faites querre les noz
Que cil d'Espaigne en la bataille unt mort,
En un carnel cumandez que hom les port.'
2950 Ço dist li reis: 'Sunez en vostre corn.' Aoi.

CCXIII

Gefreid d'Anjou ad sun greisle sunét.
Franceis descendent, Carles l'ad comandét;
Tuz lur amis qu'il i unt morz truvét
Ad un carner sempres les unt portét.
2955 Asez i ad evesques e abez,
Munies, canonies, proveires coronez,
Si·s unt asols e seignez de part Deu;
Mirre e timonie i firent alumer,
Gaillardement tuz les unt encensez;
2960 A grant honor pois les unt enterrez,
Si·s unt laisez; qu'en fereient il el? Aoi.

CCXIV

Li emperere fait Rollant costeïr
E Oliver e l'arcevesque Turpin,
Devant sei les ad fait tuz uvrir
2965 E tuz les quers en paile recuillir;
Un blanc sarcou de marbre sunt enz mis.
E puis les cors des barons si unt pris,
En quirs de cerf les seignurs unt mis,
Ben sunt lavez de piment e de vin.
2970 Li reis cumandet Tedbalt e Gebuin,
Milun le cunte e Otes le marchis:
'En ·iii· carettes les guiez al chemin.'
Bien sunt cuverz d'un palie galazin. Aoi.

54a

CCXV

Venir s'en volt li emperere Carles,
2975 Quant de paiens li surdent les enguardes.
De cels devant i vindrent dui messages,
Del amirail li nuncent la bataille:
'Reis orguillos, nen est fins que t'en alges.
Veiz Baligant ki aprés tei chevalchet!
2980 Granz sunt les oz qu'il ameinet d'Arabe.
Encoi verrum se tu as vasselage.' Aoi.

CCXVI

Carles li reis en ad prise sa barbe,
Si li remembret del doel e [del] damage,
Mult fierement tute sa gent reguardet,
2985 Puis si s'escriet a sa voiz grand e halte:
'Barons franceis, as chevals e as armes!' Aoi.

CCXVII

Li empereres tuz premereins s'adubet,
Isnelement ad vestue sa brunie,
Lacet sun helme, si ad ceinte Joiuse
2990 Ki pur soleill sa clartét nen escunset,
Pent a sun col un escut de Biterne,
Tient sun espiét, si·n fait brandir la hanste,
En Tencendur, sun bon cheval, puis muntet—

Il le cunquist es guez desuz Marsune,
2995 Si·n getat mort Malpalin de Nerbone—
Laschet la resne, mult suvent l'esperonet,
Fait sun eslais, veant cent mil humes, AOI.   *54b*
Recleimet Deu e l'apostle de Rome.

CCXVIII

Par tut le champ cil de France descendent,
3000 Plus de cent milie s'en adubent ensemble.
Guarnemenz unt ki ben lor atalente[n]t,
Cevals curanz e lur armes mult gentes.
Puis sunt muntez e unt grant science.
S'il troevent ou, bataille quident rendre;
3005 Cil gunfanun sur les helmes lur pendent.
Quant Carles veit si beles cuntenances,
Si·n apelat Jozeran de Provence,
Naimon li duc, Antelme de Maience:
'En tels vassals deit hom aveir fiance.
3010 Asez est fols ki entr'els se dement[e].
Si Arrabiz de venir ne se repentent,
La mort Rollant lur quid cherement rendre.'
Respunt dux Neimes: 'E Deus le nos cunsente.' AOI.

CCXIX

Carles apelet Rabe[l] e Guineman,
3015 Ço dist li reis: 'Seignurs, jo vos cumant,
Seiez es lius Oliver e Rollant!
L'un port l'espee e l'altre l'olifant,
Si chevalcez el premer chef devant,
Ensembl'od vos ·xv· milie de Francs,
3020 De bachelers de noz meillors vaillanz!
Aprés icels en avrat altretant,
Si·s guierat Gibuins e Lorains.'
Naimes li dux e li quens Jozerans
Icez eschieles ben les vunt ajustant.
3025 S'il troevent ou, bataille i ert mult grant. AOI. *55a*

CCXX

De Franceis sunt les premeres escheles.
Aprés les dous establisent la terce;

En cele sunt li vassal de Baivere,
A ·xx· [milie] chevalers la preiserent.
3030 Ja devers els bataille n'ert lessee,
Suz cel n'ad gent que Carles ait plus chere
Fors cels de France ki les regnes cunquerent.
Li quens Oger li Daneis, li puinneres,
Les guierat, kar la cumpaigne est fiere. Aoi.

CCXXI

3035 Treis escheles ad l'emperere Carles,
Naimes li dux puis establist la quarte
De tels barons qu'asez unt vasselage:
Alemans sunt e si sunt d'Alemaigne.
Vint milie sunt, ço dient tuit li altre;
3040 Ben sunt guarniz e de chevals e d'armes.
Ja por murir ne guerpirunt bataille,
Si·s guierat Hermans li dux de Trace;
Einz i murat que cuardise i facet. Aoi.

CCXXII

Naimes li dux e li quens Jozerans
3045 La quinte eschele unt faite de Normans:
·xx· milie sunt, ço dient tuit li Franc;
Armes unt beles e bons cevals curanz,
Ja pur murir cil n'erent recreanz;
Suz ciel n'ad gent ki plus poissent en camp;
3050 Richard li velz les guierat el camp,
Cil i ferrat de sun espiét trenchant. Aoi.

CCXXIII

La siste eschele unt faite de Bretuns:
·xxx· milie chevalers od els unt. 55b
Icil chevalchent en guise de baron,
3055 Peintes lur hanstes, fermez lur gunfanun;
Le seignur d'els est apelét Oedun.
Icil cumandet le cunte Nevelun,
Tedbald de Reins e le marchis Otun:
'Guiez ma gent; jo vos en faz le dun.' Aoi.

CCXXIV

3060 Li emperere ad ·vi· escheles faites,
Naimes li dux puis establist la sedme
De Peitevins e des barons d'Alverne:
·xl· milie chevalers poeent estre.
Chevals unt bons e les armes mult beles.
3065 Cil sunt par els en un val suz un tertre,
Si·s beneïst Carles de sa main destre;
Els guierat Jozerans e Godselmes. Aoi.

CCXXV

E l'oidme eschele ad Naimes establie,
De Flamengs est [e] des barons de Frise:
3070 Chevalers unt plus de ·xl· milie.
Ja devers els n'ert bataille guerpie.
Ço dist li reis: 'Cist ferunt mun servise.
Entre Rembalt e Hamon de Galice
Les guierunt tut par chevalerie.' Aoi.

CCXXVI

3075 Entre Naimon e Jozeran le cunte
La noefme eschele unt faite de prozdomes,
De Loherengs e de cels de Borgoigne:
·l· milie chevalers unt par cunte,
Helmes laciez e vestues lor bronies,
3080 Espiez unt forz e les hanstes sunt curtes.
Si Arrabiz de venir ne demurent,   56a
Cil les ferrunt, s'il a els s'abandunent;
Si·s guierat Tierris, li dux d'Argone. Aoi.

CCXXVII

La disme eschele est des baruns de France.
3085 Cent milie sunt de noz meillors cataignes,
Cors unt gaillarz e fieres cuntenances,
Les chefs fluriz e les barbes unt blanches,
Osbercs vestuz e lur brunies dubleines,
Ceintes espees franceises e d'Espaigne,
3090 Escuz unt genz de multes cunoisances;
Puis sunt muntez, la bataille demandent,
Munjoie escrient; od els est Carlemagne.

Gefreid d'Anjou portet l'orieflambe:
Seint Piere fut, si aveit num Romaine;
3095 Mais de Munjoie iloec out pris eschange. Aoi.

CCXXVIII

Li emperere de sun cheval descent,
Sur l'erbe verte s'e[n] est culchét adenz,
Turnet su[n] vis vers le soleill levant,
Recleimet Deu mult escordusement:
3100 'Veire Paterne, hoi cest jor me defend,
Ki guaresis Jonas tut veirement
De la baleine ki en sun cors l'aveit
E esparignas le rei de Niniven
E Danïel del merveillus turment
3105 Enz en la fosse des leons o fut enz,
Les ·iii· enfanz tut en un fou ardant!
La tue amurs me seit hoi en present!
Par ta mercit, se tei plaist, me cunsent
Que mun nevold pois[se] venger, Rollant!'   56b

CCXXIX

3110 Cum ad orét, si se drecet en estant,
Seignat sun chef de la vertut poisant.
Muntet li reis en sun cheval curant,
L'estreu li tindrent Neimes e Jocerans,
Prent sun escut e sun espiét trenchant.
3115 Gent ad le cors, gaillart e ben seant,
Cler le visage e de bon cuntenant,
Puis si chevalchet mult aficheement.
Sunent cil greisle e derere e devant,
Sur tuz les altres bundist li olifant.
3120 Plurent Franceis pur pitét de Rollant.

CCXXX

Mult gentement li emperere chevalchet,
Desur sa bronie fors ad mise sa barbe.
Pur sue amor altretel funt li altre,
Cent milie Francs en sunt reconoisable.
3125 Passent cez puis e cez roches plus haltes,
E cez parfunz, cez destreiz anguisables,

Issent des porz e de la tere guaste,
Devers Espaigne sunt alez en la marche,
En un emplein unt prise lur estage.
3130 A Baligant repairent ses enguardes;
Uns Sulians ki ad dit sun message!
'Veüd avum li orguillus reis Carles;
Fiers sunt si hume, n'unt talent qu'il li faillent.
Adubez vus, sempres avrez bataille!'
3135 Dist Baligant: 'Or oi grant vasselage;
Sunez voz graisles, que mi paien le sace[n]t!'

CCXXXI

Par tute l'ost funt lur taburs suner,   57a
E cez buisines e cez greisles mult cler.
Paien descendent pur lur cors aduber;
3140 Li amiralz ne se voelt demurer,
Vest une bronie dunt li pan sunt saffrét,
Lacet sun elme ki ad or est gemmét,
Puis ceint s'espee al senestre costét;
Par sun orgoill li ad un num truvét,
3145 Pur la Carlun dunt il oït parler
    .   .   .   .
Ço ert s'enseigne en bataille campel;
Ses cevalers en ad fait escrïer.
Pent a sun col un soen grant escut let,
3150 D'or est la bucle e de cristal listét,
La guige en est d'un bon palie roét.
Tient sun espiét, si l'apelet Maltét,
La hanste [ad] grosse cume [est] uns tinels,
De sul le fer fust uns mulez trussét.
3155 En sun destrer Baligant est muntét,
L'estreu li tint Marcules d'ultre mer;
La forceüre ad asez grant li ber,
Graisles [l]es flancs e larges les costez,
Gros ad le piz, belement est mollét,
3160 Lees les espalles e le vis ad mult cler,
Fier le visage, le chef recercelét,
Tant par ert blancs cume flur en estét,
De vasselage est suvent esprovét.
Deus, quel baron, s'oüst chrestïentét!

3165 Le cheval brochet, li sancs en ist tuz clers;
Fait sun eslais, si tressalt un fossét,   57b
Cinquante pez i poet hom mesurer.
Paien escrient: 'Cist deit marches tenser;
N'i ad Franceis, si a lui vient juster,
3170 Voeillet o nun, n'i perdet sun edét.
Carles est fols que ne s'en est alét.' Aoi.

CCXXXII

Li amiralz ben resemblet barun,
Blanche ad la barbe ensement cume flur
E de sa lei mult par est saives hom
3175 E en bataille est fiers e orgoillus.
Ses filz Malpramis mult est chevalerus,
Granz est e forz e trait as anceisurs.
Dist a sun pere: 'Sire, car cevalchum!
Mult me merveill se ja verrum Carlun.'
3180 Dist Baligant: 'Oïl, car mult est proz.
En plusurs gestes de lui sunt granz honurs.
Il nen at mie de Rollant sun nevold,
N'avrat vertut que·s tienget cuntre nus.' Aoi.

CCXXXIII

'Bels filz Malpramis,' ço li dist Baligant,
3185 'Li altrer fut ocis le bon vassal Rollant
E Oliver, li proz e li vaillanz,
Li ·xii· per qui Carles amat tant,
De cels de France ·xx· milie cumbatanz.
Trestuz les altres ne pris jo mie un guant.'

CCXXXIV

3190 'Li empereres repairet veirement,
Si·l m'at nunciét mes mes, li Sulians,
·x· escheles en unt faites mult granz.
Cil est mult proz ki sunet l'olifant,
D'un graisle cler racatet ses cumpaignz   58a
3195 E si cevalcent el premer chef devant,
Ensembl'od els ·xv· milie de Francs,
De bachelers que Carles cleimet enfanz.

Aprés icels en i ad ben altretanz.
Cil i ferrunt mult orgoillusement.'
3200   Dist Malpramis: 'Le colp vos en demant.' Aoi.

CCXXXV

'Filz Malpramis,' Baligant li ad dit,
'Jo vos otri quanque m'avez ci quis.
Cuntre Franceis sempres irez ferir,
Si i merrez Torleu, le rei persis,
3205   E Dapamort, un altre rei leutiz.
Le grant orgoill se ja püez matir,
Jo vos durrai un pan de mun païs
Des Cheriant entresqu'en Val Marchis.'
Cil respunt: 'Sire, vostre mercit.'
3210   Passet avant, le dun en requeillit,
Ço est de la tere ki fut al rei Flurit,
A itel ore unches puis ne la vit,
Ne il n'en fut ne vestut ne saisit.

CCXXXVI

Li amiraill chevalchet par cez oz,
3215   Sis filz le siut ki mult ad grant le cors.
Li reis Torleus e li reis Dapamort
·xxx· escheles establissent mult tost.
Chevalers unt a merveillus esforz;
En la menur ·l· milie en out.
3220   La premere est de cels de Butentrot
E l'altre aprés de Micenes as chefs gros,
Sur les eschines qu'il unt enmi les dos   *58b*
Cil sunt seiét ensement cume porc. Aoi.

CCXXXVII

E la terce est de Nubles e de Blos
3225   E la quarte est de Bruns e d'Esclavoz
E la quinte est de Sorbres e de Sorz
E la siste est d'Ermines e de Mors
E la sedme est de cels de Jericho
E l'oitme est de Nigres e la noefme de Gros
3230   E la disme est de Balide la fort,
Ço est une gent ki unches ben ne volt. Aoi

CCXXXVIII

Li amiralz en juret quanqu'il poet
De Mahumet les vertuz e le cors:
'Karles de France chevalchet cume fols,
3235   Bataille i ert, se il ne s'en destolt,
Jamais n'avrat el chef corone d'or.'

CCXXXIX

Dis escheles establisent aprés.
La premere est des Canelius les laiz,
De Val Fuït sun venuz en traver[s];
3240   L'altre est de Turcs e la terce de Pers
E la quarte est de Pinceneis engrés
E la quinte est de Soltras e d'Avers
E la siste est d'Ormaleus e d'Eugiez
E la sedme est de la gent Samüel,
3245   L'oidme est de Bruise e la noefme de Clavers
E la disme est d'Occian le desert,
Ço est une gent ki Damnedeu ne sert,
De plus feluns n'orrez parler jamais,
Durs unt les quirs ensement cume fer;
3250   Pur ço n'unt soign de elme ne d'osberc;   59a
En la bataille sunt felun e engrés. Aoi.

CCXL

Li amiralz ·x· escheles ajusted.
La premere est des jaianz de Malprose,
L'altre est de Hums e la terce de Hungres
3255   E la quarte est de Baldise la lunge
E la quinte est de cels de Val Penuse
E la siste est de . . . Maruse
E la sedme est de Leus e d'Astrimonies,
L'oidme est d'Argoilles e la noefme de Clarbone
3260   E la disme est des barbez de Fronde,
Ço est une gent ki Deu nen amat unkes.
Geste Francor ·xxx· escheles i numbrent.
Granz sunt les oz u cez buisines sunent,
Paien chevalchent en guise de produme. Aoi.

CCXLI

3265 Li amiralz mult par est riches hoem,
Dedavant sei fait porter sun dragon
E l'estandart Tervagan e Mahum
E un' ymagene Apolin le felun;
Dis Canelius chevalchent envirun.
3270 Mult haltement escrient un sermun:
'Ki par noz deus voelt aveir guarison,
Si·s prit e servet par grant afflictïun!'
Paien i ba[i]ssent lur chefs e lur mentun,
Lor helmes clers i suzclinent enbrunc.
3275 Dient F[r]anceis: 'Sempres murrez, glutun.
De vos seit hoi male confusïun!
Li nostre Deu, guarantisez Carlun!
Ceste bataille seit vüee en sun num.' AOI.   *59b*

CCXLII

Li amiralz est mult de grant saveir,
3280 A sei apelet sis filz e les dous reis:
'Seignurs barons, devant chevalchereiz,
Mes escheles tutes les guiereiz;
Mais des meillors voeill jo retenir treis,
L'un ert de Turcs e l'altre d'Ormaleis
3285 E la terce est des jaianz de Malpreis.
Cil d'Ociant ierent e[n]sembl'or mei,
Si justerunt a Charles e a Franceis.
Li emperere, s'il se cumbat od mei,
Desur le buc la teste perdre en deit;
3290 Trestut seit fiz, n'i avrat altre dreit.' AOI.

CCXLIII

Granz sunt les oz e les escheles beles,
Entr'els nen at ne pui ne val ne tertre,
Selve ne bois: asconse n'i poet estre;
Ben s'entreveient enmi la pleine tere.
3295 Dist Baligant: 'La meie gent averse,
Car chevalchez pur la bataille quere!'
L'enseigne portet Amborres d'Oluferne.
Paien escrient, Precïuse l'apelent.
Dient Franceis: 'De vos seit hoi grant pertel'

3300 Mult haltement Munjoie renuvelent.
Li emperere i fait suner ses greisles
E l'olifan ki trestuz les esclairet.
Dient paien: 'La gent Carlun est bele.
Bataille avrum e aduree e pesme.' Aoi

CCXLIV

3305 Grant est la plaigne e large la cuntree;
Luisent cil elme as perres d'or gemmees   *6oa*
E cez escuz e cez bronies safrees
E cez espiez, cez enseignes fermees.
Sunent cez greisles, les voiz en sunt mult cleres,
3310 De l'olifan haltes sunt les menees.
Li amiralz en apelet sun frere,
Ço est Canabeus, li reis de Floredee,
Cil tint la tere entresqu'en Val Sevree;
Les escheles Charlun li ad mustrees:
3315 'Veez l'orgoil de France la loëe!
Mult fierement chevalchet li emperere,
Il est darere od cele gent barbee.
Desur lur bronies lur barbes unt getees
Altresi blanches cume neif sur gelee,
3320 Cil i ferrunt de lances e d'espees,
Bataille avrum e forte e aduree:
Unkes nuls hom ne vit tel ajustee.'
Plus qu'om ne lancet une verge pelee
Baligant ad ses cumpaignes trespassees,
3325 Une raisun lur ad dit e mustree:
'Venez, paien, kar jo·n irai en l'estree.'
De sun espiét la hanste en ad branlee,
Envers Karlun la mure en ad turnee. Aoi.

CCXLV

Carles li magnes, cum il vit l'amiraill
3330 E le dragon, l'enseigne e l'estandart—
De cels d'Arabe si grant force i par ad,
De la contree unt porprises les parz,
Ne mes que tant cume l'empereres en ad—
Li reis de France s'en escriet mult halt: *6ob*
3335 'Barons franceis, vos estes bons vassals,

Tantes batailles avez faites en camps!
Veez paien: felun sunt e cuart,
Tutes lor leis un dener ne lur valt.
S'il unt grant gent, d'iço, seignurs, qui calt?
3340   Ki or ne voelt a mei venir s'en alt!'
Des esperons puis brochet le cheval,
E Tencendor li ad fait ·iiii· salz.
Dient Franceis: 'Icist reis est vassals.
Chevalchez, bers, nul de nus ne vus falt.'

CCXLVI

3345   Clers fut il jurz e li soleilz luisanz.
Les oz sunt beles e les cumpaignes granz,
Justees sunt les escheles devant.
Li quens Rabels e li quens Guinemans
Lascent les resnes a lor cevals curanz,
3350   Brochent a eit; dunc laisent curre Francs,
Si vunt ferir de lur espiez trenchanz. Aoi.

CCXLVII

Li quens Rabels est chevaler hardiz,
Le cheval brochet des esperuns d'or fin,
Si vait ferir Torleu le rei persis,
3355   N'escut ne bronie ne pout sun colp tenir,
L'espiét a or li ad enz el cors mis,
Que mort l'abat sur un boissun petit.
Dient F[r]anceis: 'Damnesdeus nos aït!
Carles ad dreit, ne li devom faillir.' Aoi.

CCXLVIII

3360   E Guineman justet a un rei leutice,
Tute li freint la targe ki est flurie,
Aprés li ad la bronie descunfite,   *61a*
Tute l'enseigne li ad enz el cors mise,
Que mort l'abat, ki qu'en plurt u ki·n riet.
3365   A icest colp cil de France s'escrient:
'Ferez, baron, ne vos targez mie!
Carles ad dreit vers la gent . . .
Deus nus ad mis al plus verai juïse.' Aoi.

CCXLIX

Malpramis siet sur un cheval tut blanc,
3370 Cunduit sun cors en la presse des Francs,
De ures es altres granz colps i vait ferant,
L'un mort sur l'altre suvent vait trescevant.
Tut premereins s'escriet Baligant:
'Li mien baron, nurrit vos ai lung tens,
3375 Veez mun filz, Carlun vait querant,
A ses armes tanz barons calunjant,
Meillor vassal de lui ja ne demant.
Succurez le a voz espiez trenchant!'
A icest mot paien venent avant,
3380 Durs colps i fierent, mult est li caples granz.
La bataille est merveilluse e pesant,
Ne fut si fort enceis ne puis cel tens. Aoi.

CCL

Granz sunt les oz e les cumpaignes fieres,
Justees sunt trest[ut]es les escheles;
3385 E li paien merveillusement fierent.
Deus, tantes hanstes i ad par mi brisees,
Escuz fruisez e bronies desmaillees!
La veïsez la tere si junchee!
L'erbe del camp ki est verte e delgee
3390 .   .   .   .
Li amiralz recleimet sa maisnee: 6ıb
'Ferez, baron, sur la gent chrestïene!'
La bataille est mult dure e afichee,
Unc einz ne puis ne fut si fort ajustee;
3395 Josqu'a la mort nen ert fins otriee. Aoi.

CCLI

Li amiralz la sue gent apelet:
'Ferez, paien, por el venud n'i estes!
Jo vos durrai muillers gentes e beles,
Si vos durai feus e honors e teres.'
3400 Paien respundent: 'Nus le devuns ben fere.'
A colps pleners de lor espiez i perdent,
Plus de cent milie espees i unt traites.

Ais vos le caple e dulurus e pesmes!
Bataille veit cil ki entre els volt estre. Aoi.

CCLII

3405 Li emperere recleimet ses Franceis:
'Seignors barons, jo vos aim, si vos crei.
Tantes batailles avez faites pur mei,
Regnes cunquis e desordenét reis!
Ben le conuis que gueredun vos en dei
3410 E de mun cors, de teres e d'aveir.
Vengez voz filz, voz freres e voz heirs
Qu'en Rencesvals furent morz l'altre seir!
Ja savez vos, cuntre paiens ai dreit.'
Respondent Franc: 'Sire, vos dites veir.'
3415 Itels ·xx· miliers en ad od sei;
Cumunement l'en prametent lor feiz,
Ne li faldrunt pur mort ne pur destreit,
Ne n'i ad cel sa lance n'i empleit.
De lur espees i fierent demaneis,   *62a*
3420 La bataille est de merveillus destreit. Aoi.

CCLIII

E Malpramis parmi le camp chevalchet,
De cels de France i fait mult grant damage
Naimes li dux fierement le reguardet,
Vait le ferir cum hume vertudable,
3425 De sun escut li freint la pene halte,
De sun osberc les dous pans li desaffret,
El cors li met tute l'enseigne jalne,
Que mort [l'abat] entre ·vii·c· des altres.

CCLIV

Reis Canabeus, le frere a l'amiraill,
3430 Des esporuns ben brochot sun cheval,
Trait ad l'espee, le punt est de cristal,
Si fiert Naimun en l'elme principal;
L'une meitiét l'en fruissed d'une part,
Al brant d'acer l'en trenchet ·v· des laz,
3435 Li capelers un dener ne li valt,

Trenchet la coife entresque a la char,
Jus a la tere une piece en abat.
Granz fut li colps, li dux en estonat,
Sempres caïst, se Deus ne li aidast.
3440   De sun destrer le col en enbraçat;
Se li paiens une feiz recuvrast,
Sempres fust mort li nobilies vassal.
Carles de France i vint, ki·l succurat. Aoi.

CCLV

Naimes li dux tant par est anguissables,
3445   E li paiens de ferir mult le hastet.
Carles li dist: 'Culvert, mar le baillastes.'
Vait le ferir par sun grant vasselage,   *62b*
L'escut li freint, cuntre le coer li quasset,
De sun osberc li desrumpt la ventaille,
3450   Que mort l'abat; la sele en remeint guaste.

CCLVI

Mult ad grant doel Carlemagnes li reis,
Quant Naimun veit nafrét devant sei,
Sur l'erbe verte le sanc tut cler caeir.
Li empereres li ad dit a cunseill:
3455   'Bel sire Naimes, kar chevalcez od mei!
Morz est li gluz ki en destreit vus teneit;
El cors li mis mun espiét une feiz.'
Respunt li dux: 'Sire, jo vos en crei;
Se jo vif alques, mult grant prod i avreiz.'
3460   Puis sunt justéz par amur e par feid,
Ensembl'od els tels ·xx· milie Franceis;
N'i ad celoi n'i fierge o n'i capleit. Aoi.

CCLVII

Li amiralz chevalchet par le camp,
Si vait ferir le cunte Guneman,
3465   Cuntre le coer li fruisset l'escut blanc,
De sun osberc li derumpit les pans,
Les dous costez li deseivret des flancs,
Que mort l'abat de sun cheval curant.
Puis ad ocis Gebuin e Lorain,

3470 Richard le veill, li sire des Normans.
      Paien escrient: 'Precïuse est vaillant.
      Ferez, baron, nus i avom guarant.' Aoi.

CCLVIII

      Ki puis veïst li chevaler d'Arabe,
      Cels d'Occiant e d'Argoillie e de Bascle!
3475 De lur espiez ben i fierent e caplent,   *63a*
      E li Franceis n'unt talent que s'en algent;
      Asez i moerent e des uns e des altres.
      Entresqu'al vespre est mult fort la bataille,
      Des francs barons i ad mult gran damage;
3480 Doel i avrat, enceis qu'ele departed. Aoi.

CCLIX

      Mult ben i fierent Franceis e Arrabit,
      Fruissent cez hanste[s] e cil espiez furbit.
      Ki dunc veïst cez escuz si malmis,
      Cez blancs osbercs ki dunc oïst fremir
3485 E cez espees sur cez helmes cruisir,
      Cez chevalers ki dunc veïst caïr
      E humes braire, contre tere murir,
      De grant dulor li poüst suvenir.
      Ceste bataille est mult fort a suffrir.
3490 Li amiralz recleimet Apolin,
      E Tervagan e Mahumet altresi:
      'Mi damnedeu, jo vos ai mult servit,
      Tutes vos ymagenes ferai d'or fin.' Aoi.
                  .   .   .   .
3495 As li devant un soen drut, Gemalfin!
      Males nuveles li aportet e dit:
      'Baligant sire, mal este[s] oi baillit:
      Perdut avez Malpramis vostre filz
      E Canabeus, vostre frere, est ocis;
3500 A dous Franceis belement en avint.
      Li empereres en est l'uns, ço m'est vis.
      Granz ad le cors, ben resenblet marchis,
      Blanc[he] ad la barbe cume flur en avrill.'
      Li amiralz en ad le helme enclin   *63b*
3505 E en aprés si·n enbrunket sun vis,

Si grant doel ad sempres quiad murir;
Si·n apelat Jangleu l'ultremarin.

CCLX

Dist l'amiraill: 'Jangleu, venez avant!
Vos estes proz e vostre saveir est grant;
3510 Vostre conseill ai otreiét tuz tens.
Que vos en semblet d'Arrabiz e de Francs,
Avrum nos la victorie del champ?'
E cil respunt: 'Morz estes, Baligant;
Ja vostre deu ne vos erent guarant.
3515 Carles est fiers e si hume vaillant,
Unc ne vi gent ki si fust cumbatant.
Mais reclamez les barons d'Occiant,
Turcs e Enfruns, Arabiz e Jaianz!
Ço que estre en deit, ne l'alez demurant.'

CCLXI

3520 Li amiraill ad sa barbe fors mise
Altresi blanche cume flur en espine;
Cument qu'il seit, ne s'i voelt celer mie,
Met a sa buche une clere buisine,
Sunet la cler, que si paien l'oïrent,
3525 Par tut le camp ses cumpaignes ralient;
Cil d'Ociant i braient e henissent,
Arguille si cume chen i glatissent;
Requerent Franc par si grant estultie,
El plus espés se·s rumpent e partissent.
3530 A icest colp en jetent mort ·vii· milie.

CCLXII

Li quens Oger cuardise n'out unkes;
Meillor vassal de lui ne vestit bronie.   *64a*
Quant de Franceis les escheles vit rumpre,
Si apelat Tierri, le duc d'Argone,
3535 Gefrei d'Anjou e Jozeran le cunte,
Mult fierement Carlun en araisunet:
'Veez paien cum ocient voz humes!
Ja Deu ne placet qu'el chef portez corone,
S'or n'i ferez pur venger vostre hunte!'

3540 N'i ad icel ki un sul mot respundet.
      Brochent ad eit, lor cevals laissent cure.
      Vunt les ferir la o il les encuntrent.

CCLXIII

      Mult ben i fiert Carlemagnes li reis, Aoi.
      Naimes li dux e Oger li Daneis,
3545 Geifreid d'Anjou ki l'enseigne teneit.
      Mult par est proz danz Ogers li Daneis,
      Puint le ceval, laisset curre ad espleit,
      Si vait ferir celui ki le dragun teneit,
      Qu'Ambure cravente en la place devant sei
3550 E le dragon e l'enseigne le rei.
      Baligant veit sun gunfanun cadeir
      E l'estandart Mahumet remaneir;
      Li amiralz alques s'en aperceit
      Que il ad tort e Carlemagnes dreit.
3555 Paien d'Arabe s'en tienent plus quei.
      Li emperere recleimet ses parenz:
      'Dites, baron, por Deu, si m'aidereiz.'
      Respundent Francs: 'Mar le demandereiz.
      Trestut seit fel ki n'i fierget a espleit.' Aoi.

CCLXIV

3560 Passet li jurz, si turnet a la vespree.   64b
      Franc e paien i fierent des espees,
      Cil sunt vassal ki les oz ajusterent,
      Lor enseignes n'i unt mie ublïees.
      Li amira[l]z 'Precïuse' ad criee,
3565 Carles 'Munjoie', l'enseigne renumee.
      L'un conuist l'altre as haltes voiz e as cleres,
      Enmi le camp amdui s'entr'encuntrerent,
      Si se vunt ferir, granz colps s'entredunerent
      De lor espiez en lor targes roees,
3570 Fraites les unt desuz cez bucles lees,
      De lor osbercs les pans en desevrerent,
      Dedenz cez cors mie ne s'adeserent,
      Rumpent cez cengles e cez seles verserent,
      Cheent li rei, a tere se turnerent;
3575 Isnelement sur lor piez releverent,

Mult vassalment unt traites les espees.
Ceste bataille nen ert mais destornee;
Seinz hume mort ne poet estre achevee. Aoi.

CCLXV

Mult est vassal Carles de France dulce;
3580 Li amiralz, il ne·l crent ne ne dutet.
Cez lor espees tutes nues i mustrent,
Sur cez escuz mult granz colps s'entredunent,
Trenchent les quirs e cez fuz ki sunt dubles.
Cheent li clou, si peceient les bucles,
3585 Puis fierent il nud a nud sur lur bronies;
Des helmes clers li fous en escarbunet.
Ceste bataille ne poet remaneir unkes,
Josque li uns sun tort i reconuisset. Aoi.   *65a*

CCLXVI

Dist l'amiraill: 'Carles, kar te purpenses,
3590 Si pren cunseill que vers mei te repentes!
Mort as mun filz par le men escïent[r]e,
A mult grant tort mun païs me calenges;
Deven mes hom, en fiet le te voeill rendre;
Ven mei servir d'ici qu'en orïente!'
3595 Carles respunt: 'Mult grant viltét me sembl[et];
Pais ne amor ne dei a paien rendre.
Receif la lei que Deus nos apresentet,
Christïentét, e pui[s] te amerai sempres;
Puis serf e crei le rei omnipotente!'
3600 Dist Baligant: 'Malvais sermun cumences!'
Puis vunt ferir des espees qu'unt ceintes. Aoi.

CCLXVII

Li amiralz est mult de grant vertut,
Fier Carlemagne sur l'elme d'acer brun,
Desur la teste li ad frait e fendut,
3605 Met li l'espee sur les chevels menuz,
Prent de la carn grant pleine palme e plus;
Iloec endreit remeint li os tut nut.
Carles cancelet, por poi qu'il n'est caüt;
Mais Deus ne volt qu'il seit mort ne vencut.

3610 Seint Gabrïel est repairét a lui,
      Si li demandet: 'Reis magnes, que fais tu?'

CCLXVIII

      Quant Carles oït la seinte voiz de l'angle,
      Nen ad poür ne de murir dutance,
      Repairet loi vigur e remembrance;
3615 Fiert l'amiraill de l'espee de France,
      L'elme li freint o les gemmes reflambent,
      Trenchet la teste pur la cervele espandre   65b
      E tut le vis tresqu'en la barbe blanche,
      Que mort l'abat senz nule recuvrance;
3620 'Munjoie' escriet pur la reconuisance.
      A icest mot venuz i est dux Neimes,
      Prent Tencendur, muntét i est li reis magnes.
      Paien s'en turnent, ne volt Deus qu'il i remainent.
      Or sunt Franceis a icels qu'il demandent.

CCLXIX

3625 Paien s'en fuient cum Damnesdeus le volt;
      Encalcent Franc e l'emperere avoec.
      Ço dist li reis: 'Seignurs, vengez voz doels,
      Si esclargiez voz talenz e voz coers!
      Kar hoi matin vos vi plurer des oilz.'
3630 Respondent Franc: 'Sire, ço nus estoet.'
      Cascuns i fiert tanz granz colps cum il poet.
      Poi s'en estoerstrent d'icels ki sunt iloec.

CCLXX

      Granz est li calz, si se levet la puldre.
      Paien s'en fuient e Franceis les anguissent;
3635 Li enchalz duret d'ici qu'en Sarraguce.
      En sum sa tur muntee est Bramidonie,
      Ensembl'od li si clerc e si canonie
      De false lei que Deus nen amat unkes;
      Ordres nen unt ne en lor chefs corones.
3640 Quant ele vit Arrabiz si cunfundre,
      A halte voiz s'escrie: 'Aiez nos, Mahum!
      E! gentilz reis, ja sunt vencuz noz humes,
      Li amiralz ocis a si grant hunte!'

Quant l'ot Marsilie, vers sa pareit se turnet,
3645 Pluret des oilz, tute sa chere enbrunchet,
Morz est de doel, si cum pecchét l'encumbret;   *66a*
L'anme de lui as vifs diables dunet. AOI.

CCLXXI

Paien sunt morz, alquant tornez en fuie,
E Carles ad sa bataille vencue,
3650 De Sarraguce ad la porte abatue,
Or set il ben que n'ert mais defendue.
Prent la citét, sa gent i est venue,
Par poëstét icele noit i jurent.
Fiers est li reis a la barbe canue,
3655 E Bramidonie les turs li ad rendues;
Les dis sunt grandes, les cinquante menues.
Mult ben espleitet qui Damnesdeus aiuet.

CCLXXII

Passet li jurz, la noit est aserie,
Clere est la lune e les esteiles flambient.
3660 Li emperere ad Sarraguce prise,
A mil Franceis funt ben cercer la vile,
Les sinagoges e les mahumeries.
A mailz de fer e a cuignees qu'il tindrent
Fruissent les ymagenes e trestutes les ydeles:
3665 N'i remeindrat ne sorz ne falserie.
Li reis creit Deu, faire voelt sun servise;
E si evesque les eves beneïssent,
Meinent paien ent[r]esqu'al baptisterie.
S'or i ad cel qui Carle cuntredie,
3670 Il le fait pendre o ardeir ou ocire.
Baptizét sunt asez plus de ·c· milie
Veir chrestïen, ne mais sul la reïne;
En France dulce iert menee caitive: *66b*
Ço voelt li reis, par amur cunvertisset.

CCLXXIII

3675 Passet la noit, si apert le cler jor.
De Sarraguce Carles guarnist les turs,
Mil chevalers i laissat puigneürs;

Guardent la vile a oes l'empereor.
Montet li reis e si hume trestuz
3680　E Bramidonie, qu'il meinet en sa prisun;
Mais n'ad talent que li facet se bien nun.
Repairez sunt a joie e a baldur.
Passent Nerbone par force e par vigur;
Vint a Burdeles, la citét de ...
3685　Desur l'alter seint Severin le baron
Met l'oliphan plein d'or e de manguns:
Li pelerin le veient ki la vunt.
Passet Girunde a mult granz nefs qu'i sunt,
Entresque a Blaive ad conduit sun nevold
3690　E Oliver, sun nobilie cumpaignun,
E l'arcevesque ki fut sages e proz;
En blancs sarcous fait metre les seignurs.
A seint Romain la gisent li baron;
Francs les cumandent a Deu e a ses nuns.
3695　Carles cevalchet e les vals e les munz,
Entresqu'a Ais ne volt prendre sujurn.
Tant chevalchat qu'il descent al perrun.
Cume il est en sun paleis halçur,
Par ses messages mandet ses jugeors:
3700　Baivers e Saisnes, Loherencs e Frisuns;
Alemans mandet, si mandet Borguignuns.
E Peitevins e Normans e Bretuns,
De cels de France des plus saives qui sunt.
Des ore cumencet le plait de Guenelun.

CCLXXIV

3705　Li empereres est repairét d'Espaigne
E vient a Ais, al meillor sied de France;
Muntet el palais, est venut en la sale.
As li Alde venue, une bele damisele.
Ço dist al rei: 'O est Rollant le catanie
3710　Ki me jurat cume sa per a prendre?'
Carles en ad e dulor e pesance,
Pluret des oilz, tiret sa barbe blance:
'Soer, cher' amie, de hume mort me demandes.
Jo t'en durai mult esforcét eschange:
3715　Ço est Loewis, mielz ne sai a parler,

Il est mes filz e si tendrat mes marches.'
Alde respunt: 'Cest mot mei est estrange.
Ne place Deu ne ses seinz ne ses angles,
Aprés Rollant que jo vive remaigne!'
3720   Pert la culor, chet as piez Carlemagne,
Sempres est morte, Deus ait mercit de l'anme!
Franceis barons en plurent e si la pleignent.

CCLXXV

Alde la bel[e] est a sa fin alee.
Quidet li reis que el se seit pasmee,
3725   Pitét en ad, si·n pluret l'emperere,
Prent la as mains, si l'en ad relevee;
Desur les espalles ad la teste clinee.
Quant Carles veit que morte l'ad truvee,
Quatre cuntesses sempres i ad mandees:
3730   A un muster de nuneins est portee.
La noit la guaitent entresqu'a l'ajurnee;
Lunc un alter belement l'enterrerent.
Mult grant honor i ad li reis dunee. AOI.

CCLXXVI

Li emperere est repairét ad Ais.
3735   Guenes li fels en caeines de fer
En la citét est devant le paleis.
A un' estache l'unt atachét cil serf,
Les mains li lient a curreies de cerf,
Tresben le batent a fuz e a jamelz.
3740   N'ad deservit que altre ben i ait,
A grant dulur iloec atent sun plait.

CCLXXVII

Il est escrit en l'anciene geste
Que Carles mandet humes de plusurs teres;
Asemblez sunt ad Ais a la capele.
3745   Halz est li jurz, mult par est grande la feste,
Dient alquanz, del baron seint Silvestre.
Des ore cumencet le plait e les noveles
De Guenelun ki traïsun ad faite.
Li emperere devant sei l'ad fait traire. AOI.

CCLXXVIII

'Lord barons,' 3750 'Seignors barons,' dist Carlemagnes li reis, *Sais Charlemagne the king*
Decide for me the truth 'De Guenelun car me jugez le dreit! *about Ganelon!*
He was in the army Il fut en l'ost tresque en Espaigne od mei, *with me right up to Spain*
He took from me 20,000 Si me tolit ·xx· milie de mes Franceis *of my Frenchmen*
And my nephew whom E mun nevold que ja mais ne verreiz, *I will never see again,*
and Oliver, the 3755 E Oliver, li proz e li curteis; *valiant and curteous;*
He betrayed his 12 Les ·xii· pers ad traït por aveir.' *peers in order to have (money)*
Ganelon says: "I may" Dist Guenelon: 'Fel seie, se jo·l ceill! *a felon, if I hide it!*   68a
Through gold + wealth Rollanz me forfist en or e en aveir, *Roland has made me a criminal*
This is why I sought Pur que jo quis sa mort e sun destreit; *his death and destruction*
But I will not 3760 Mais traïsun nule nen i otrei.' *admit to a single crime of treason.*
The French respond Respundent Franc: 'Ore en tendrum cunseill.'
                              'Now we will hold council.'

CCLXXIX

Ganelon stood in Devant le rei la s'estut Guenelun. *front of the king.*
His hedge was robust Cors ad gaillard, e·l vis gente color; *and his face well colored*
If he were loyal, he S'il fust leials, ben resemblast barun. *would resemble a baron*
He sees the 3765 Veit cels de France e tuz les jugeürs, *France and all the judges*
of his family 30 De ses parenz ·xxx· ki od lui sunt; *are there with him.*
So he screams out Puis s'escriat haltement a grant voeiz: *in a great voice:*
'For love of God, 'Pur amor Deu, car m'entendez, barons! *barons please hear me*
'Lords, I was in the army Seignors, jo fui en l'ost avoec l'empereür, *with the emeror,*
I served him with 3770 Serveie le par feid e par amur. *faithfulness and love.*
Roland his nephew Rollant sis nies me coillit en haür, *conceived a hatred for me*
and so condemned me Si me jugat a mort e a dulur. *to pain and death*
I was the messenger Message fui al rei Marsiliun, *to king Marsilie,*
By my knowledge Par mun saveir vinc jo a guarisun; *came to safety*
I declared war upon 3775 Jo desfiai Rollant le poigneor *Roland the warrior*
and Oliver and all E Oliver e tuiz lur cumpaignun, *their companions,*
Charles heard this Carles l'oïd e si nobilie baron; *as well as his noble barors*
I am avenged but Vengét m'en sui, mais n'i ad traïsun.' *there is no treason*
The Frenchmen respond Respundent Francs: 'A conseill en irums.'
                              'We will go to council'   deliberate

CCLXXX

When Ganelon sees that his great trial is beginning 3780 Quant Guenes veit que ses granz plaiz cuméncet,
Thirty of his family De ses parenz ensemble od l[i] out trente, *members are with him*
There is one whom Un en i ad a qui li altre entendent: *the others obey (listen)*

3758 - Roland took money and wealth from me, this is why I saw to his death and destruction.

see laisse XXIV

Ço est Pinabel del Castel de Sorence;
Ben set parler e dreite raisun rendre,
3785 Vassals est bons por ses armes defendre. AOI. 68b

CCLXXXI

Ço li dist Guenes: 'En vos . . .
Getez mei hoi de mort e de calenge!'
Dist Pinabel: 'Vos serez guarit sempres.
N'i ad Frances ki vos juget a pendre,
3790 U l'emperere les noz dous cors en asemblet,
Al brant d'acer que jo ne l'en desmente.'
Guenes li quens a ses piez se presente.

CCLXXXII

Bavier e Saisnes sunt alét a conseill
E Peitevin e Norman e Franceis;
3795 Asez i ad Alemans e Tiedeis,
Icels d'Alverne i sunt li plus curteis;
Pur Pinabel se cuntienent plus quei.
Dist l'un a l'altre: 'Bien fait a remaneir.
Laisum le plait e si preium le rei
3800 Que Guenelun cleimt quite ceste feiz,
Puis si li servet par amur e par feid.
Morz est Rollant, ja mais ne·l revereiz,
N'ert recuvrét por or ne por aveir:
Mult sereit fols ki or se cumbatreit.'
3805 Nen i ad celoi ne·l graant e otreit,
Fors sul Tierri, le frere dam Geifreit. AOI.

CCLXXXIII

A Charlemagne repairent si barun,
Dient al rei: 'Sire, nus vos priüm
Que clamez quite le cunte Guenelun,
3810 Puis si vos servet par feid e par amor.
Vivre le laisez, car mult est gentilz hoem.
Ja por murir n'en ert veüd cist barun,
Ne por aveir ja ne·l recuverum.'
Ço dist li reis: 'Vos estes mi felun.' AOI. 69a

CCLXXXIV

3815 Quant Carles veit que tuz li sunt faillid,
Mult l'enbrunchit e la chere e le vis,
Al doel qu'il ad si se cleimet caitifs.
Ais li devant uns chevalers, [Tierris,]
Frere Gefrei, a un duc angevin.
3820 Heingre out le cors e graisle e eschewid,
Neirs les chevels e alques bruns [li vis,]
N'est gueres granz. ne trop nen est petiz.
Curteisement a l'emperere ad dit:
'Bels sire reis, ne vous dementez si!
3825 Ja savez vos que mult vos ai servit,
Par anceisurs dei jo tel plait tenir.
Que que Rollant a Guenelun forsfesist,
Vostre servise l'en doüst bien guarir.
Guenes est fels d'iço qu'il le traït,
3830 Vers vos s'en est parjurez e malmis.
Pur ço le juz jo a pendre e a murir,
E sun cors metre . . .
Si cume fel ki felonie fist.
Se or ad parent ki m'en voeille desmentir,
3835 A ceste espee que jo ai ceinte ici
Mun jugement voel sempres guarantir.'
Respundent Franc: 'Or avez vos ben dit.'

CCLXXXV

Devant lu rei est venuz Pinabel,
Granz est e forz e vassals e isnel,
3840 Qu'il fiert a colp, de sun tens n'i ad mais.
E dist al rei: 'Sire, vostre est li plaiz:
Car cumandez que tel noise n'i ait!
Ci vei Tierri ki jugement ad fait,
Jo si li fals, od lui m'en cumbatrai.'
3845 Met li el poign de cerf le destre guant.
Dist li empereres: 'Bons pleges en demant.'
·xxx· parenz li plevissent leial.
Ço dist li reis: 'E jo·l vos rec[re]rrai.'
Fait cels guarder tresque li dreiz en serat. AOI.

CCLXXXVI

3850 Quant veit Tierri qu'or en ert la bataille,
Sun destre guant en ad presentét Carle.
Li emperere l'i recreit par hostage,
Puis fait porter ·iiii· bancs en la place;
La vunt sedeir cil ki·s deivent cumbatre.
3855 Ben sunt malez par jugement des altres,
Si·l purparlat Oger de Denemarche;
E puis demandent lur chevals e lur armes.

CCLXXXVII

Puis que il sunt a bataille jugez, Aoi.
Ben sunt cunfés e asols e seignez.
3860 Oënt lur messes e sunt acuminjez,
Mult granz offrendes metent par cez musters.
Devant Carlun andui sunt repairez,
Lur esperuns unt en lor piez calcez,
Vestent osberc blancs e forz e legers,
3865 Lur helmes clers unt fermez en lor chefs,
Ceinent espees enheldees d'or mier,
En lur cols pendent lur escuz de quarters,
En lur puinz destres unt lur trenchanz espiez;
Puis sunt muntez en lur curanz destrers.
3870 Idunc plurerent ·c· milie chevalers
Qui pur Rollant de Tierri unt pitiét.
Deus set asez cument la fins en ert.

CCLXXXVIII

Dedesuz Ais est la pree mult large;
Des dous baruns justee est la bataille.
3875 Cil sunt produme e de grant vasselage
E lur chevals sunt curanz e aates;
Brochent les bien, tutes les resnes lasquent.
Par grant vertut vait ferir l'uns li altre,
Tuz lur escuz i fruissent e esquassent,
3880 Lur osbercs rumpent e lur cengles depiecent,
Les alves turnent, les seles cheent a tere.
·c· mil[ie] humes i plurent ki·s esguardent.

CCLXXXIX

A tere sunt ambdui li chevaler, Aoi.
Isnelement se drecent sur lur piez.
3885   Pinabels est forz e isnels e legers;
Li uns requiert l'altre, n'unt mie des destrers.
De cez espees enheldees d'or mer
Fierent e caplent sur cez helmes d'acer;
Granz sunt les colps as helmes detrencher.
3890   Mult se dementent cil franceis chevaler.
'E! Deus,' dist Carles, 'le dreit en esclargiez!'

CCXC

Dist Pinabel: 'Teirri, car te recreiz!
Tes hom serai par amur e par feid,
A tun plaisir te durrai mun aveir;
3895   Mais Guenelun fai acorder al rei!'
Respont Tierri: 'Ja n'en tendrai cunseill.
Tut seie fel, se jo mie l'otrei!
Deus facet hoi entre nus dous le dreit!' Aoi.   *70b*

CCXCI

Ço dist Tierri: 'Pinabel, mult ies ber,
3900   Granz ies e forz e tis cors ben mollez;
De vasselage te conoissent ti per.
Ceste bataille, car la laisses ester!
A Carlemagne te ferai acorder.
De Guenelun justise ert faite tel,
3905   Jamais n'ert jur que il n'en seit parlét.'
Dist Pinabel: 'Ne placet Damnedeu!
Sustenir voeill trestut mun parentét,
N'en recrerrai pur nul hume mortel;
Mielz voeill murir que il me seit reprovét.'
3910   De lur espees cumencent a capler
Desur cez helmes ki sunt a or gemez;
Cuntre le ciel en volet li fous tuz clers.
Il ne poet estre qu'il seient desevrez,
Seinz hume mort ne poet estre afinét. Aoi.

CCXCII

3915 Mult par est proz Pinabel de Sorence,
Si fiert Tierri sur l'elme de Provence,
Salt en li fous que l'erbe en fait esprendre;
Del brant d'acer la mure li presentet,
Desur le frunt. . . .
3920 Emmi le vis li ad faite descendre.
La destre joe en ad tute sanglente,
L'osberc desclos josque par sum le ventre.
Deus le guarit que mort ne l'acraventet. Aoi.

CCXCIII

Ço veit Tierris que el vis est ferut,
3925 Li sancs tuz clers en chiet el pred herbus.
Fiert Pinabel sur l'elme d'acer brun,   71a
Jusqu'al nasel li ad f[r]ait e fendut,
Del chef li ad le cervel espandut,
Brandit sun colp si l'ad mort abatut.
3930 A icest colp est li esturs vencut.
Escrient Franc: 'Deus i ad fait vertut.
Asez est dreiz que Guenes seit pendut
E si parent ki plaidét unt pur lui.' Aoi.

CCXCIV

Quant Tierris ad vencue sa bataille,
3935 Venuz i est li emperere Carles,
Ensembl'od lui de ses baruns quarante.
Naimes li dux, Oger de Danemarche,
Geifrei d'Anjou e Willalme de Blaive . . .
Li reis ad pris Tierri entre sa brace,
3940 Tert lui le vis od ses granz pels de martre,
Celes met jus, puis li afublent altres;
Mult suavet le chevaler desarment.
Fait [le monter] en une mule d'Arabe;
Repairet s'en a joie e a barnage,
3945 Vienent ad Ais, descendent en la place.
Des ore cumencet l'ocisïun des altres.

CCXCV

Carles apelet ses cuntes e ses dux:
'Que me loëz de cels qu'ai retenuz?
Pur Guenelun erent a plait venuz,
3950 Pur Pinabel en ostage renduz.'
Respundent Franc: 'Ja mar en vivrat uns.'
Li reis cumandet un soen veier, Basbrun:
'Va, si·s pent tuz a l'arbre de mal fust!
Par ceste barbe dunt li peil sunt canuz,   71b
3955 Se uns escapet, morz ies e cunfunduz.'
Cil li respunt: 'Qu'en fereie joe plus?'
Od ·c· serjanz par force les cunduit.
·xxx· en i ad d'icels ki sunt pendut.
Ki hume traïst, sei ocit e altroi. AOI.

CCXCVI

3960 Puis sunt turnét Bavier e Aleman
E Peitevin e Bretun e Norman.
Sor tuit li altre l'unt otriét li Franc
Que Guenes moerget par merveillus ahan.
Quatre destrers funt amener avant,
3965 Puis si li lient e les piez e les mains.
Li cheval sunt orgoillus e curant,
Quatre serjanz les acoeillent devant.
Devers un' ewe ki est enmi un camp
Guenes est turnét a perdicïun grant:
3970 Trestuit si nerf mult li sunt estendant,
E tuit li membre de sun cors derumpant;
Sur l'erbe verte en espant li cler sanc.
Guenes est mort cume fel recreant.
Hom ki traïst altre, nen est dreiz qu'il s'en vant!

CCXCVII

3975 'Quant li empereres ad faite sa venjance,
Si·n apelat ses evesques de France,
Cels de Baviere e icels d'Alemaigne:
'En ma maisun ad une caitive franche;
Tant ad oït e sermuns e essamples
3980 Creire voelt Deu, chrestïentét demandet.

Baptizez la, pur quei Deus en ait l'anme!'
Cil li respundent: 'Or seit fait par marrenes,
Asez cruiz e linees dames.'   720a
As bainz ad Ais mult sunt granz les cumpaignes;
3985 La baptizent la reïne d'Espaigne,
Truvét li unt le num de Juliane.
Chrestïene est par veire conoisance.

CCXCVIII

Quant l'emperere ad faite sa justise
E esclargiez est la sue grant ire,
3990 En Bramidonie ad chrestïentét mise.
Passet li jurz, la nuit est aserie,
Culcez s'est li reis en sa cambre voltice.
Seint Gabriel de part Deu li vint dire:
'Carles, sumun les oz de tun emperie!
3995 Par force iras en la tere de Bire,
Reis Vivïen si succuras en Imphe,
A la citét que paien unt asise;
Li chrestïen te recleiment e crient.'
Li emperere n'i volsist aler mie.
4000 'Deus,' dist li reis, 'si penuse est ma vie!'
Pluret des oilz, sa barbe blanche tiret.
Ci falt la geste que Turoldus declinet.

Notes

Whitehead's **Notes and Variants** were concerned exclusively with questions related to the manuscript and the establishment of the text. Anyone wishing to explore this aspect further may consult Segre's edition, which is based on a re-examination of the manuscript, taking into account the findings of textual scholars since Whitehead's edition first appeared.

In this edition the notes (the numbers of which refer to the appropriate lines of the text) are mainly of three sorts:

i) directing attention to the changes which have been made to Whitehead's text in the present edition;

ii) discussing points of interest raised by Whitehead's own text;

iii) addressing general literary, exegetical, factual and historical questions.

The following abbreviations are used and refer to the editions listed in the Select Bibliography: B – Bédier; B *Comm* – Bédier, *Commentaires*; M – Moignet; S – Segre; Sa – Samaran; Sh – Short; W – Whitehead.

The poem is untitled in the manuscript; the title *La Chanson de Roland* is that given by the first editor, Francisque Michel (1837). Some have claimed that *Chanson de Charlemagne* might be more appropriate. It has also been suggested that the poem was known as *La Chanson de Roncevaux* in the Middle Ages.

The references in the right hand margin: *Ia, Ib*, etc., identify the folio of the MS. *Ia* = the first side (recto) of folio I, *Ib* the second side (verso), and so throughout.

1. Charles, who begins and ends the poem, is *our* Emperor, here and now, for from the outset the past is recreated in the present in a narrative which (unlike that of the *Iliad* for example) is thoroughly partisan.

6. Saragossa is not in fact set on a mountain. If **muntaigne** is not chosen simply for the assonance, it might be, as some have suggested, that the mountain setting explains why the city has not yet been taken.

7. The pagans' names are almost without exception imaginary and are evocative. Many contain the initial syllable Mar- or Mal-, expressive of evil.

8. For the pagan trinity of false Gods see the entries under Apollin, Mahum and Tervagan in the Index of Proper Names.

9. Marsile's fate is already determined. The sense of doom pervades the whole poem.

9. AOI. These three letters occur 180 times in the poem, usually at the end of a laisse; most of the exceptions are found at the beginning, and it is probable that in such cases they have slipped. In one or two instances the letters come in the middle of a laisse, a position for which there is no obvious explanation. They have been variously interpreted: as a musical refrain, as an instruction to the *jongleur* or the scribe, as an abbreviation of *Amen*, or of *Halt sunt li pui*, or of *Alleluia*, or of *Alpha, Omega, Jesus*, as a shout *Ahoy!*, etc. Unsurprisingly, there is no satisfactory comprehensive discussion of this enigma.

11. The shade is again evocative (as is the dark-coloured marble) and will contrast with the setting of Charles's camp in laisse VIII.

14. In defiance of contemporary cultural reality, the pagan world is given the same feudal structure as that of the Franks. The two worlds are symmetrical and antithetical.

16. The stock epithet **dulce** (applied to **France** 23 times in the poem) is used by friend and enemy alike.

19. W: **deru[m]pet**, but a titulus (i.e. a dash usually indicating that **n** or **m** has been omitted) over the **u** is visible under UV light. The square brackets however are normally used to indicate accidental scribal omissions. Here and elsewhere throughout the text normal editorial practice has been restored in the present edition. The numerous other instances are not individually mentioned in the notes.

23. W's emendation **de Castel de[l] Valfunde** is hard to justify on syntactic grounds, and has not been retained. Other editors either leave the text unchanged or emend to **de[l] Castel de Valfunde**. Val is found in several Saracen place names; that they dwell in the depths may reflect their wickedness.

24. Blancandrin emerges into prominence at the end of laisse II, and then becomes the centre of interest in the following laisse. This is an excellent example of the device of *enchaînement*. For a general discussion of this feature, see Rychner (1955) 74-80.

36. In the poem Aix-la-Chapelle is the capital of Charlemagne's empire. It did not attain this status until long after the battle of Roncevaux.

37. The pagans are conversant with Christian feasts and traditions (cf. 72, 203 where they bear olive branches as a sign of peace).

45. Honur and **deintet** often have, as here, a material rather than a moral reference. The cynicism and treachery of the pagans is not in doubt.

63ff. The catalogue of names is one of the most notable rhetorical devices of the epic style. As indicated above (note to 7) the pagan names are often imaginary, and none is Arabic in origin.

96ff. The optimism and relaxation of the French contrasts with the desperation of the pagans in the opening laisses.

104. Of the barons enumerated here only Roland and Geoffrey of Anjou

NOTES

have any basis in historical reality. According to Bédier the latter 'doit son nom à Geoffroi Iᵉʳ Grisegonelle (954-86) ou à Geoffroi II Martel (1040-60)', i.e. long after Charlemagne.

109. Massive exaggeration of numbers is a general feature of the epic style, already seen in the proposal to give Charles seven hundred camels (31).

122. In the manuscript **tut** was added above the line after **ad**. Most editors including B and M therefore print **tut premereins**. It is not clear why W does not; even if the addition is due to the revisor rather than the scribe himself, there can be no doubt that the omission of **tut** was an accident. As it stands the line has nine syllables.

147. W's note is as follows: '**Voet** with **t** written on an erased **l**. Between this erased **l** (which is still faintly visible) and the beginning of the next word is a gap of 5 mm. It is possible therefore that the original reading was **voelt**, with a **t** (subsequently erased) following the original **l**. Most editors emend to **ço est** or to **Vus. Voelt p.o.** ("he will do it by giving hostages" or "he wishes it to be done by an exchange of hostages") involves a violent ellipsis, but it is far from an impossible reading.'

149. nun: most editors expand the abbreviated form (with a titulus over the **u**) to **num**. The reason for W's choice of graphy is not clear.

170ff. In this longer enumeration four barons apart from Roland have some historical basis: Ogier, Richard, Ganelon and Turpin, cf. Index of Proper Names. Oliver is a later fictional addition. Charters dating between 999 and 1183 have been found containing the names of 17 'fraternal couples' named Roland and Oliver. In the seven earliest (before 1123) Oliver is apparently the name of the elder brother. Whatever the origin of the name, a question much discussed, its evocation of the olive tree, a Biblical figure of wisdom, explains why it was given to the wise companion of Roland.

171. neu followed by an erasure. Sa read **neuold,** S reads (and prints) **neuld;** most editors print **nevold**.

177. Ganelon, on his first appearance, is already identified as a traitor. The analogy is manifest with the reference to Judas 'who was a traitor' in Luke 6, 16.

178. la added above the line but accepted by W. Contrast his treatment of 122.

179. The doom which hangs over the pagans (cf. 9, the final line of laisse I) also hangs over the French. The action has yet to unfold at the level of narrative, but the dice are already cast as far as narrator (and public) are concerned.

194. Events prove Roland's lone opposition to acceptance of the pagan proposals to be fully justified, but the manner in which he presents his arguments is characteristically bellicose and arrogant.

196. '*Mar,* qui désigne une tension, accompagne les moments nodaux du récit; il est la parole de haine, d'angoisse qu'on y prononce quasi rituellement' (B. Cerquiglini, cited by Sh). Cf. Ganelon's reply, 220.

198ff. Most of these Spanish cities present problems of identification, cf. Index of Proper Names.

220ff. Just as Roland's objectively sound advice is coloured by his own pride and bellicosity, so Ganelon's contrary view is marked by hatred and contempt for his stepson. 222-7 contain by far the longest and most syntactically complex sentence in the entire text; taken in conjunction with a high concentration of rhetorical devices, notably the lengthy protasis which delays the apodosis, this creates a sense of tension which enhances its emotional charge.

233. W's note suggests a possible reading **com vus ad** instead of **ço vus ad.**

240. There is a blank line after 240. Sa and S doubt whether this is the result of an erasure. According to W 'It seems probable that the scribe found an illegible line in his original'.

246. Sh interestingly suggests that Ganelon might have been expected to volunteer, since it was his proposal that had been adopted. 'Le silence de Ganelon est éloquent.'

264. W: **reno** is an obvious misprint.

280-330. We have added the alternative numbering, found in Mueller and some other editions (none of them recent), and also adopted by Foulet in his Glossary to Bédier's *Commentaires,* though not in Bédier's own edition of the poem. It is based on the sequence of laisses found in V4 etc. which many earlier commentators thought superior because in O Ganelon's explosion of anger seems too sudden.

287. Ganelon clearly takes **parastre** (277) as an insult.

300. This line is variously interpreted: 'Je jouerai quelque tour avant que je n'apaise le grand courroux où je suis' (M); 'J'y ferai quelque petite folie avant que ne passe la grande colère que j'ai' (Sh); 'I shall perform this somewhat reckless act [i.e. going to Saragossa] before giving vent to my great wrath' (Burgess, who also discusses this line in a note).

302. Roland's presumably contemptuous laughter is an added provocation.

326. The challenge to Roland and the twelve peers, formally issued by Ganelon in the King's presence, forms the basis of his defence at his trial.

333. The dropping of the glove, the sign of his office as ambassador, is very obviously portentous.

368. Many editors correct **lu** (= **le**) to **lui,** questioning the syntax of O which B *Comm* 200 defends. The line is variously interpreted, e.g. M: 'Mais voici Blancandrin qui s'attarde auprès de lui'; Burgess: 'But Blancandrin is waiting for him impatiently'.

373. W: **Pere,** but the reference is clearly to St Peter, cf. W's own Index of Proper Names where the form at 373 is given as **Perre,** as elsewhere in the text, 921, 2346. It was William the Conqueror, not of course Charlemagne, who introduced to England Peter's pence, the annual tax of one penny per household paid to the Holy See. The two Italian provinces mentioned were also eleventh-century Norman conquests.

400. The line is variously interpreted: 'L'empereur même obtient tout de lui à sa guise' (M); 'Il mène l'empereur tellement à sa guise qu'il l'entraînera d'ici jusqu'en Orient' (Sh); 'The emperor himself is constantly in his thoughts' (Burgess, who also discusses the line in a note).

416. Most editors expand the abbreviated form to **Mahum**. The reason for W's choice of graphy is not clear, cf. note to 149, **nun**. The Index of Proper Names gives the form here and elsewhere as **Mahum**.

425. Ganelon presents Charlemagne's reply in the most truculent manner possible, and his lone defiance, 441ff., shows him in a strikingly positive light. He is no coward.

447. **dirat** added in r.h. margin by the revisor. W, as has already been observed (see notes to 122, 178), is inconsistent in his treatment of such revisions. In principle he accepts only those attributable to the scribe himself, but (a) it is not always easy to decide, and (b) he does not always abide by his principles.

449. Most editors expand the abbreviated form to **cumperee**; W's choice of graphy is puzzling as the other occurrence of the verb, 1635, features the form **cumpert**.

455. **le** added above the line, but accepted by W.

460. W's note reads: 'Most editors (but not B) emend to **Que Charlemagne**. In view of the occurrence of three **li**'s almost vertically in line with each other, the possibility of an accidental slip from 460 to 461 is one that can by no means be excluded.'

478. Erasure (of **en** according to S) after **serez**. S conjectures that 'le copiste aurait écrit *endreit* au lieu de *d'ici que* (très fréquent dans la ChR) et aurait ensuite corrigé de façon incomplète'. The problem is that *endreit ad*, tentatively glossed by W as 'straight to', is not otherwise attested. Various emendations are found: *tut dreit ad* (B); *dreit ad* (M); *en France ad* (Sh).

506. This is the last mention of Blancandrin in the poem. He takes no part in either the first or the second wave of battle against Roland and he is not present when Baligant arrives.

509. MS: **E guenes lad pris**. M preserves the MS reading, almost alone among editors. W presumably emends because B had done so. On conservative principles the MS reading seems defensible, provided that a change of subject is admitted in the two following lines.

520. Laisses XL-XLII form the first series of *laisses similaires* in the poem; they are discussed and analysed by Rychner (1955) 93-5. In effect Marsile asks one question, but the successive laisses offer scope for development and nuance in Ganelon's replies.

524. Charlemagne's great age underlines his patriarchal character.

580. W's note reads: 'The second hemistich is missing and ll. 580-1 are written as one line. Emendation based on V4 and the analogy of l. 563.' B and M leave a blank. Most other editors emend in the same sense as W.

600. W: Tere major. As this is to all intents and purposes a proper name, it seems more appropriate to capitalise **Major**, and W's text has therefore been altered here and wherever the expression occurs.

602. MS: uenir. B and M retain the MS reading, defended by G. Mellor, *Modern Language Notes* 72 (1957) 111-13. **Venir** may be taken as factitive 'faire venir'. Although Ganelon is showered with gifts, they do not appear to be in evidence on his return to the French camp.

603. MS: quen parlereient il plus, the last two words by the revisor over an erasure. W endorses Hilka's conjecture that **parlereient** is a misreading for **parlereiens**, 'a form with which the scribe was probably not acquainted', but offers no comment on his own emendation **mais**, also favoured by various other editors.

618. MS: Icil en vait al rei. This line is used by W to demonstrate the existence of at least one lost intermediary between the Digby MS and the original. He writes (Introduction p. vii): 'The clearest case is that furnished by ll. 617-8 (*Atant i vint uns paiens Valdabruns / Icil en vait al rei Marsiliun*). The second of these lines makes little sense in this context and editors, on the analogy of l. 1520, emend to *Icil levat le rei Marsiliun*. This emended reading, which can safely be ascribed to the original, can only have assumed the form in which it appears in the Digby MS. by passing through two stages of corruption:

(a) *Ici l evat le rei* (with the *ll* reduced to *l*).

(b) *Icil en vait al rei* (with *evat* interpreted as *e vat = en vait* and the consequential change of *le* to *al*).'

M almost alone among modern editors retains the MS reading and translates: 'Celui-ci va au roi Marsile'. One suspects that W accepted the change because B had finally done so.

620. We correct W's **nen** to **n'en**.

629. W, following B *Comm* 178, assumes a lacuna here, but this does not seem necessary: the text as it stands is not obviously incoherent.

635. The title *marchis* recalls Einhart's designation of Roland as *Britannici limitis praefectus*, i.e. Lord of the Breton Marches. Most of the other feudal titles seem interchangeable: Roland and the other heroes are all called on occcasion *baron, cunte, duc, chevaler*.

647. MS: guen; W: Gue[nelu]n seems illogical; the probability is that an abbreviation mark has been omitted at the end of the word.

651. MS: dun'er (implying **nn**); we therefore correct W's **duner**.

679. After this point no further mention is made of the twenty hostages, despite the importance attached to them in the opening section of the poem; cf. 506 the disappearance of Blancandrin.

703-4. These lines briefly recall the opening of the poem (see also vv. 2609-10 at the start of the Baligant episode). It has been suggested that they mark points where the *jongleur's* recitation began afresh after a pause. Sh tentatively postulates on the basis of these indications a tripartite structure for the *Roland*.

711. MS: **uestuz 7 tresbien**, with **fermez** added by the revisor, the z over a scarcely effaced **r**. W (*Ewert Studies*, 1961) approved the conjecture given here in parenthesis. His text (1946) left a gap after **e**.

716. The involvement of the narrator and the immediacy of the narrative are both conspicuous in this interjection.

719. The dreams of Charlemagne are often compared to the prophetic dreams of such Biblical figures as David, yet, unlike their models, they provide no guidance and provoke no reaction on the King's part. None the less, the fact that Charles receives divine or angelic visitations is further confirmation of his patriarchal status. They add notably to the sense of doom and premonition, and this impact on the audience must be regarded as their main function. In a poem where imagery is sparse, their symbolism is also not unimportant.

738. MS: **suuent e menu reguarded** added over an erasure. W's note is as follows: 'V7 reads *mil graisles sonent par merveillus semblant*; this suggests that the Digby text had *sunent* (= the revisor's *suuent*) followed by a corruption.'

743. A clear echo of 277.

767. The mention of the bow may reflect a very ancient tradition, since it was by no means an aristocratic weapon by the eleventh century.

789. W: **retrendrai**, an obvious misprint.

814. This evocation of the appropriately awe-inspiring setting recurs, always with the same opening hemistich, at 1830 and 2271.

827. MS: **frrancs**, W: **Fr(r)ancs**.

852. The drums of the Moors first struck fear into Christian forces at the Battle of Zalaca in 1086. This is one of the reasons leading commentators to date the *Roland* in its present form around the year 1100.

854. W: **ne.l aort**, presumably influenced by **ne.l prit**.

885ff. The beginning of a fine and extended series of *laisses parallèles*, continuing until laisse LXXVIII 993, in which one pagan leader after another utters a threat in almost identical terms against Roland and the rearguard. Cf. Rychner (1955) 92-3 and 131-49 for an excellent general discussion of this epic feature.

894. Although the names of the pagans are largely fanciful, some ranks and titles have a firmer linguistic basis, e.g. *algalife, amurafle, almaçur*.

975. Chernuble's strange characteristics differentiate him from the other Saracens at Marsile's court, and make him more like the sub-human and alien members of Baligant's army.

994-8. The adjectives, thrown into prominence at the assonance, emphasise the power of the Saracens' weaponry. Spanish steel had an enduring reputation for excellence.

1006. The wise Oliver is the first to see the glittering armour and interpret the sound of the trumpets.

1008. Roland enunciates the feudal, Christian and personal ideals which animate him.

1015. Within the world of the poem this is a universal truth. The pagans are not in the wrong because they are launching a treacherous attack, having broken their word, as Sh suggests. For Roland – and no doubt for the medieval public – pagans are always in the wrong.

1017ff. The beginning of a fine double sequence of *laisses similaires*. In the first three Oliver observes the enemy and returns to report; in the next three he unavailingly urges Roland to sound his horn to summon Charlemagne's aid.

1093-4. In spite of the differences between Roland and Oliver, both are described as having the qualities of a vassal to an outstanding degree. The poem explicitly does not take sides between them.

1117. A further enunciation of Roland's ideal of service.

1124. Various attempts have been made to find models for the personality of Turpin in real warrior-bishops of the period. It is certainly true that he comes across less as a type than as an individual, and the suggestion that Turpin, as he appears in the poem, might be fairly closely modelled on a historical personage, is not lacking in plausibility. It is an open question whether the case is strengthened or weakened by the fact that most of the candidates proposed have comparable claims to be regarded as the original of Turoldus.

1134-5. The Council of Clermont (1095) proclaimed a plenary indulgence (i.e. popularly a guarantee of salvation) to those who fought in the Crusade.

1181. Recent research seems to confirm Albert Dauzat's hypothesis that *Montjoie* derives from a Germanic place-name *mundgawi* 'protection of the land' applied to a tumulus near Paris where Saint Denis was martyred.

1188ff. Another series of *laisses parallèles*, in which pagans come forward to utter a *gab* against the French, only to be slain in single combat by the Twelve Peers in turn, beginning with Roland.

1204. The reluctance of scholars and translators to accept W.D. Elcock's elucidation (*French Studies* 7 [1953] 35-47) of the phrase *pleine sa hanste* (*pleine* < *plana*, i.e. 'with levelled spear-shaft') is puzzling. Various somewhat unconvincing translations are offered: M and Sh: 'De toute la longueur de sa lance'; Burgess (who also has a note on this phrase): 'With a free blow of his lance'.

1221. MS: **sesescriet**, W: **s'es(es)criet**; a clear example of a dittography.

1271. MS: **ment**, W: **me(n)t**.

1320ff. After the single combats there follows a more confused general mêlée, in which however the French continue to have the upper hand.

1396. The first admission that the French are also suffering losses, and an evocation of the eventual outcome.

1399. W: **tant[e]**, but this gives a first hemistich of five syllables.

1404. The K of **Karles** is in red; this, taken in conjunction with the letters **AOI** at the end of 1404, leaves no doubt that the scribe intended to mark a new laisse, despite the fact that the assonance does not change. Most editors treat 1396-411 as a single laisse, but according to conservative principles W is clearly justified.

1411ff. One of the poetic high points of the poem; the scene shifts to France, beset by storm, tempest and earthquake in sympathy with the disastrous events taking place in the mountain pass.

1421. MS: **peres**, W: **per(e)s**.

1428-29. MS: **De Seint Michel de Paris josqu'as Seinz, De Besentun tresqu'as de Guitsand.** W's version is that generally adopted by editors. The place-names are now most commonly taken to refer to: 1. Mont-Saint-Michel, often called Saint-Michel du Péril de la Mer (*in periculo maris*); 2. Sens in Burgundy (this is the most controversial case and Xanten in West-phalia also has its supporters, as does Saintes in the Charentes-Maritimes); 3. Besançon; 4. The port of Wissant, between Calais and Boulogne. According to R. Louis (*Bulletin bibliographique de la Société Rencesvals* 2 [1959] 74) these points represent: 'les limites de l'ancienne Neustrie et, plus précisément, de la *Francia* sur laquelle ont régné (plus ou moins effective-ment) les derniers Carolingiens'.

1431. The parallel is very clear with the darkness over the earth from the sixth to the ninth hour, and the earthquake following the death of Christ, cf. Matthew 17, 45 and Luke 23, 44.

1432. MS: **se**. As there is no note by W, it is not clear whether his form **si** is an intentional emendation.

1437. Though many editors emend this line to make a decasyllable, the lengthening to form a solemn twelve-syllable conclusion could be inten-tional; if it is a scribal error, it is remarkable that such a well-wrought alexandrine (*avant la lettre*) should be the result of an accident.

1443. W prints **geste**, without a capital. The reference is to the alleged source, the *Gesta Francorum*, invoked in the poem particularly to justify extreme epic exaggeration (e.g. 1685, where the three survivors slay four thousand pagans). Why it should be cited here is less explicable. If the work actually existed it has left no other trace, and most commentators suppose it to be a pure invention.

1448. There is nothing in the MS to justify the marking of a lacuna here, but most other versions, such as V4, insert at this point an episode in which

Margariz informs Marsile of the disaster to the Saracens, thereby explaining the arrival of reinforcements.

1467ff. The alternative line numbering added here is that of Mueller, followed by Foulet in his Glossary (see note to v.280). Most other editors follow this order, but B and M make a less radical alteration, interverting only 1661-70 and 1653-60. See also the note to 1653-62.

1470. Abisme is by his name, his disbelief and his black heart and visage a diabolical figure, and it is fitting that the warrior-archbishop should single him out and slay him.

1478. W: **molt**, unexplained, presumably a misprint.

1490. The description of Turpin's horse is the only one in the poem. It is totally un-formulaic, and derived ultimately from a written source, the *Etymologies* of Isidore of Seville, cf. B *Comm* 304.

1514. An encouraging repetition of his 'sermon' at the start of the battle, 1126ff.

1526ff. There follows a series of single combats in which a French warrior is slain. Though each loss is immediately avenged, sheer weight of numbers tells in the long run.

1565. W: **cleim**, presumably a misprint.

1626. MS: **Valeri 7 enuers**. W: 'There are no places on the Rhône called *Valeri* or *Envers*. V4 has *Valença e llonor che afere*. *Valeri* may be for *Valerie* or a corruption of *Valence*. *Envers* scarcely looks like a proper name at all and may be a misreading of *enurs = honur*.'

1634. MS: **ki oit del cuntence**, **oit** above the line. W's emendation is based on V4. He gives no reason for this departure from his normal practice.

1653-1660. W: 'These lines, written by the Digby scribe as part of laisse CXXV, were almost certainly intended by the original poet to form a separate laisse. Most editors (including B) print ll. 1661-70 before ll. 1653-70, regarding the two passages as being inverted by the scribe. This is unnecessary, as l. 1670 seems intended to end this phase of the battle. In addition, most editors (but not B) transfer the Abisme episode (ll. 1467-509) from the place it occupies in the MS. and print it here, the order generally adopted being 1661-70, 1653-60, 1467-509, 1671. For a justification of the order of the MS., v. M.K. Pope, *Medium Aevum* I 81-6.'

1658. W: **sarrazin**, without a capital.

1661. MS: **lala**, W: **La (la)**, an obvious dittography.

1666. W: 'It may be doubted whether anything has fallen out of the text here. Most editors supply an additional line, based on V4 (*dist li pain nu nol sofrirons mie*). This line however is found only in V4.'

1683. W: **priser**, presumably a misprint.

1702ff. Much critical ingenuity has been deployed in the interpretation of the second horn scene, cf. Introduction, pp. xxvi-xxvii.

1753ff. In three further *laisses similaires* Roland sounds the Olifant '*par* *peine e par ahans'*. This superhuman effort, in which he bursts his temples, is the cause of his death, not any wound sustained in the battle.

1773. MS: **graant**, W: **gra(a)nt**.

1803. MS: **adceloi adceloi**, W: **ad celoi (ad celoi)**.

1806. Here and at 1840 the final line of the laisse adds the narrator's expression of doom to the anxiety and grief of the returning army. 'Les anticipations de la *Chanson de Roland* placent l'auditeur *à l'intérieur* d'un drame dont il ne peut plus se détacher, comme si le poète l'enfermait avec lui pour qu'il assiste, de connivence avec lui, à l'accomplissement de ces destinées qu'il connaît d'avance.' (Rychner [1955] 66).

1807. W: **Eslargiz**, presumably a misprint: the MS reads **esclargiz**.

1811. MS: **espiezz**, W: **espiez(z)**.

1904. W: **Jurfalen**, an undoubted misprint.

1945. A great hero such as Oliver cannot be defeated in fair fight but only by a treacherous blow from behind.

1955. The manuscript reads **E flurs ecristaus**, the last word being written above the line over an erasure. W's emendation of **cristaus** to **pierres** seems uncharacteristically bold, and not in accordance with his normal editorial stance.

1989. This laisse is a fine example of the exploitation of deictic effects to confer immediacy and to invite the committed involvement of the public: *As vus* here and at the end of the laisse (*As les vos* 2009); *d'ici qu'al nasel* 1996, implying an accompanying gesture.

2052. Apart from the first three words the text is very corrupt here, with a mixture of erasures, letters over the line and unreadable portions. W's emendation of the end of the line is based on V4 (and C), and is in itself perfectly reasonable, but given W's normal editorial stance, it is not altogether clear that the grounds for emending in this way are any better in this particular case than in several others where W leaves a blank.

2055. It is generally agreed that a laisse is missing following this line, cf. B *Comm* 189. There seems to be a discontinuity in the narrative. In the other versions Gautier de l'Hum asks Roland not to condemn him for fleeing the battle having lost all his men.

2075. W: 'The MS. here has a line of fifteen syllables. Most editors emend by suppressing *e gieser*.' W prints **(E) Wigres**, but the status of the initial E is no more doubtful than anything else in this corrupt line.

2077. Turpin is the last to die before Roland. Generally he has occupied third place, after Oliver, for example in the single combats. But he is no doubt needed to perform the final priestly rite of blessing over his fallen comrades, 2205.

2090. W: **et**, but when the scribe does not use an abbreviation he always writes **e**, and the abbreviation **7** (a standard abbreviation for 'and') should therefore be so transcribed.

2095. Once again the *Geste* is invoked to authenticate a vast exaggeration. The reference to **li ber Gilies**, identified as St. Giles, remains mysterious.

2183. The warrior-archbishop's assertion of his share in Roland's dying triumph as the pagans flee is the last of many individualising utterances. When he volunteers for the embassy to Marsile he says that he would like to see what the Saracen looks like (270); when he singles out Abisme he says: 'That Saracen looks like a real heretic to me; the best thing is to go and kill him' (1484-85). His dismissal of monks praying away in their monastery (1876-82) is equally pungent in expression.

2226. Turpin's dying act is one of Christian charity, attempting to fetch a drink of water for the fainting Roland.

2242. Before Roland can do so, the narrator pronounces his own panegyric over the Archbishop.

2259. The narrator is not afraid to describe in the most explicit manner the injuries sustained by the warriors.

2265. Roland advances towards Spain to show that he is master of the field. His death requires an appropriate setting – the *quatre perruns de marbre* form as it were a dais beneath the high mountains and the tall trees.

2283. MS: **tireres**, W: **tirer(es)**, an obvious scribal error, but a curious one.

2322ff. The conquests achieved with the aid of Durendal appear in large measure to correspond to lands where Norman dynasties were in control or where the Norman presence was significant by the late eleventh century.

2344. The relics in the hilt of the sword which make it 'most holy' are those of Our Lady, the greatest of all the saints, Saint Denis, the patron saint of France, Saint Peter, representing Western Christendom and Saint Basil representing Eastern Christendom. Durendal symbolically unites the entire Christian world, divided since the Great Schism of 1054.

2353. W omits parenthesis; in the MS the line reads: **Que Carles tent,** **q(ue)** being in the l.h. margin and **tent** being by the revisor over an erasure. The emendation does not seem necessary, but is not manifestly wrong and has therefore not been changed.

2384. Roland's final prayer is a short form of the 'prière du plus grand péril', common in the *chansons de geste*, usually in much more extended versions, and based on actual prayers used in the hour of death. The Roman Catholic Office of the Dead still features allusions to Lazarus and Daniel.

2402. Charlemagne's lament over the Twelve Peers, every one of whom he names, uses a *topos* dating back to Latin antiquity: *Ubi sunt qui ante nos in mondo fuere?* ('Where are they who came before us in the world?').

2412. W: **esma[i]er**, but the s is also missing in the MS.

2414. W omits **cum**.

2448. **lors** seems a weak and unconvincing addition, though it is not easy to suggest anything better.

2449. God works for Charles the same miracle wrought for Joshua in analogous circumstances to enable him to pursue and annihilate the Amorites (Joshua 10, 13). The tenth-century *Annales anianenses* relate an entirely fictional victory by Charlemagne achieved by the same divine intervention, proof in the view of Menéndez Pidal that this was already a feature of the Roland legend at a very early date.

2504. W surprisingly does not capitalise **Nostre Sire.**

2512. MS: **luisante,** W: **luisant(e).** The analogical feminine form would give a faulty assonance, and the final **e** has therefore been suppressed in the present edition.

2575. W: **angoist,** presumably a misprint, since the MS reads **angoiset.**

2609. The authenticity of the Baligant episode, which begins here and continues until v. 3657 (though with an interruption, vv. 2845-973, involving the return to the battlefield and the rites over the bodies of the fallen), has been much discussed, not always very clearly or meaningfully. The episode exists in O and is to that extent authentic; many modern readers might agree with Le Gentil that, by comparison with what has gone before, some of it is 'moins concis, moins dépouillé, moins fondé sur le jeu des mécanismes psychologiques'. Arguments over structure are nicely balanced. Some see the episode as detracting from the centrality of Roland and the Battle of Roncevaux. Others see the Baligant episode as necessary: nothing less than the complete defeat of the pagan world could be adequate retribution for the death of Roland.

2815. **l'aun** is W's conjecture. The MS reads **launade,** partly over an erasure; this does not fit the assonance, but the problem about W's emendation is that the word is otherwise unknown.

2832. W: '2832 appears in the MS. as *teres tutes ici,* followed by an erasure, which Sa has read tentatively as */car...uos/.* Above the line, over the erasure, the revisor wrote *uos r(ed?) emas,* words which he subsequently erased. On the line, after the original erasure, occur the words *rengnes uos redemas,* the whole of which passage (with the possible exception of *ren*) was added by the revisor. The clumsy *Teres tutes* may well be a corruption for *T' estute Espaigne,* a reading supported by CV7's *tote Espaigne.* Further, in all the collateral versions, the line ends with the words *vos rent.* Taken in conjunction with the revisor's *redemas (= rent es mains?),* these facts suggest that the reading in Digby's original was as given in the text.'

2840. A large red capital and the presence of **AOI** at the end of v. 2839 mark the start of a new laisse. Most other editors do not follow the MS because the assonance does not change.

2848. W: **tendut,** but the MS reads **rendut,** and W does not indicate an emendation, so this is presumably a mistake by W.

2864. MS: **nene,** W: **ne (ne),** a clear dittography.

2887. The beginning of an elegiac sequence that is regarded as one of the supremely literary passages of the *Roland.*

2898. W remarkably does not capitalise **Deus.**

2963. MS: **Olivere e,** W: **Oliver (e) e.**

2982. A red capital and the presence of **AOI** at the end of 2981 indicate a new laisse, although the assonance does not change. Most editors print 2974-86 as a single laisse.

3022. MS: **G. e guinemans.** W: 'a patent corruption, induced by the name *Guineman* in 3014. For the correction, cf. 3469 and V4's *Lorant.*'

3096. Charlemagne's prayer is a more extended version of Roland's, 2384ff.

3110. Again a new laisse is marked by a large red capital, though here the confirmation of the letters **AOI** is absent. Other editors do not follow W and the MS because the assonance does not change. (Cf. 3190, 3224 etc.)

3145. W: 'One or more lines have been omitted after this line, v. B *Comm.* 193.'

3190. Again a new laisse is marked by a large red capital, though without the confirmation of **AOI.** Other editors do not follow.

3214ff. Apart from the immense size of Baligant's army, its composition differs from that of Marsile, in that many of the tribes that make it up are monstrous, subhuman and animal-like. This is a far more thoroughly alien force, assembled to confront the forces of Christendom under Charles. For the identification of those tribes whose names are based on reality, see the Index of Proper Names.

3224. A new laisse marked by both a large red capital and **AOI** at the end of the preceding line. Other editors do not follow.

3232. A new laisse marked by a large red capital and **AOI** at the end of the preceding line. Other editors do not follow.

3253. W: **Malpruse,** either a misprint or a misreading of the MS: **malprose.**

3262. W: **numbre(n)t,** but a construction *ad sensum* seems possible.

3298. W: **i apelent,** a misreading.

3302. MS: **trestutuz,** W: **trestu(tu)z,** an obvious dittography.

3322. Final inverted commas omitted by W.

3367. MS: **g. iesnie;** the final word is unintelligible and W does not attempt to solve this riddle, preferring to leave a blank.

3390. W: 'Most editors assume a missing line here: for a contrary view, v. B *Comm.* 194, whose argument in defence of the MS. does not however appeal to me.'

3494. W: 'Most editors assume that a line is missing here, cf. B *Comm.* 176.'

3611. Of the many angelic interventions in the poem, in the form of dreams and visions, this, and the prompt reply to his prayer for the day to be prolonged, vv. 2449-56, are the only ones that can be regarded as offering any encouragement to Charlemagne.

3648. MS: **cunfundue** over an erasure. W's emendation to **tornez en fuie** is based on V4 – yet another inconsistency of editorial practice.

3675ff. The return to Aix occupies a mere 29 lines, and the laisse is somewhat lacking in unity, suggesting perhaps a late addition: 3675-8 a garrison is left in Saragossa; 3679-83 Charles sets off with Bramimunde as a prisoner and reaches Narbonne; 3684-94 the heroes are buried and their relics left in various churches; 3695-704 Charles reaches Aix and summons barons from all his Empire for the trial of Ganelon. The relics mentioned here, with others, featured largely in Bédier's theory of pilgrimage routes (Cf. *Les légendes épiques* III 341ff.).

3684. Lacuna after **de** in the manuscript.

3694. The recital of a sort of litany of all the names of God was regarded as particularly efficacious.

3700. Representatives of the whole Empire are assembled for this decisive trial.

3708ff. *La belle Aude* is allowed 26 lines. She enters the poem only to die of a broken heart at the news of Roland's death. Among the many things that Roland himself recalls when dying, Aude is not included. The poem presents the image of an exclusively male world, dominated by male values and preoccupations.

3742. The written source is invoked once more at this moment of high solemnity.

3746. The feast day of Saint Sylvester is 31st December.

3757. Ganelon's first defence is surprising; there has been no previous mention of Roland having wronged him in gold and wealth, and the matter is not further pursued.

3768. Ganelon asserts his right to seek vengeance, having issued a formal and public challenge to Roland and the Twelve Peers (322-6). The best analysis of the trial of Ganelon remains that of R. Ruggieri *Il proceso di Gano* (1936). He argued that various elements of the trial were archaic. A contrary view is that of Mickel, *Ganelon, Treason and the 'Chanson de Roland'* (1989), for whom treason only becomes a heinous crime deserving condign punishment in the course of the twelfth century. This leads him to date the poem around 1170, i.e. later than the Digby manuscript which contains it. While not divorcing the poem from reality, it seems important to bear in mind that we are dealing with a literary text, not a juridical document.

3768. W: **Por**, but the reading is clear, and we have therefore altered W's text.

3786. A new laisse marked by a large red capital and **AOI** at the end of the preceding line. Other editors do not follow. After **vos** a space was left blank and **ami** (?) written in later.

3796. MS: **aluernene**, W: **Alverne(ne)**; an obvious dittography.

3806. MS: **frerere**, W: **frere(re)**; an obvious dittography.

3812. MS: **gerun.** W: 'The unintelligible *gerun* probably arises from the conflation of the *ge-* of *gentilz*, with the last syllable of a word ending in *-run*, almost certainly *barun.*' An example of haplography.

3832. W: 'The scribe, instead of copying the second hemistich of this line, passed straight on to l. 3833 and wrote this on the same line.'

3858. MS: **justez;** W's emendation does not seem essential, but as it is not manifestly mistaken, has been allowed to stand.

3919. MS: **D. le f. li ad faite descendre,** 'an obvious anticipation of the second hemistich of the next line' (W). An example of 'saut du même au même'.

3938. It is not likely that anything has been omitted although W's punctuation, with three suspension points, implies this. Many editors emend 3936 **quarante** to **i ad quatre**, which eliminates a faulty assonance and makes better sense. It seems improbable that the manuscript actually named forty barons at this point.

3959. The moralising interventions here and at the end of the following laisse, 3974, represent the endorsement of the verdict in the here-and-now world of narrator and public, and assert the heinousness of Ganelon's crime and the necessarily exemplary nature of his fate.

3978. Bramimunde becomes a Christian of her own free will. She is by no means the only Saracen queen or princess to do so in the Old French epic. Her baptismal name provides a link with the William cycle according to a plausible suggestion of Menéndez Pidal (1959) 127 that she is named after St Julian of Brioude 'patron céleste de la geste de Guillaume'.

3982. MS: **faite,** W: **fait(e).**

3993. The final angelic visitation is no more consoling and reassuring than most of the others.

3996. Vivien is a hero of the *Chanson de Guillaume.* Imphe remains obscure; Bire, 3995, has been identified conjecturally as Epirus, where the Normans fought a campaign in 1083-5.

4000. The melancholy ending accords well with the sombre and doom-laden tonality of the poem as a whole.

4002. For the meaning of the final line and the identity of Turoldus cf. Introduction p. xv.

GLOSSARY

The glossary is selective. When words or meanings occur several times, only selected references are given. The letter (*h*) is placed at the end of an article to indicate a *hapax legomenon*. When the infinitive is not followed immediately by a line-reference, it is an indication that the form of the infinitive is not actually found in the text. Words which can be readily identified with Modern French words having the same meaning have been omitted. Only those variant forms of nouns and verbs have been listed which might cause the beginner difficulty, and only selected variant spellings have been given. The following orthographical variations should be noted :—

> ch—c (*Charles—Carles*)
> c—k, ch, qu (*car—kar; ki—chi—qui*)
> o—u (*flors—flurs; lor—lur*)
> ui—oi (*ui—oi*)
> ue—oe (*quer—coer; estoet*); only *ue* after *q*
> h— - (*hui—ui*)
> ain—ein (*remainent—remeines*)
> an—en in pretonic position (*enprés—anprés*)
> i- —y- (*imagene—ymagene*)

aates, *adj.* swift 1490, 3876.

abanduner, *v.a.* give up; *a. le frein* give a horse its head 1536; *v.refl.* offer battle 928, 3082; expose oneself 390; *vos est abandunant* lies open to you 1522.

abatre; *pft. 3* abatiéd 98: *v.a.* throw down 98; strike down 1204, 1375, 3364.

abez, *sm. pl.* abbots 2955.

achiminer, *v.n.* set out, travel 365, 702.

acoillir, *v.a.* overtake 689; take hold of (?) 3967.

acraventer, *v.a.* shatter, throw down 1955, 3923.

acuminjer, *v.a.* give communion to 3860.

acunter 534, *v.a.* recount 534, 1038; count 1034.

ademplir 309, *v.a.* carry out (an order).

adenz, *adv.* face downwards 1657, 2025, 2358.

adeser; *pr. 3* adeiset 981; *subj. 3.* adeist 2436, *v.a.* touch 1997, 2159, 3572; (+*a*) approach 2436, 2437, gather (of dew) 981.

adestrer, *v a.* stand or walk at one's right hand (as a mark of respect) 2648.

adub, *sm.* equipment 1808.

aduber 3139, *v.a.* equip, arm; *v.refl.* arm oneself 1793, 3134; *li adubez* those in full armour 2470, 2777; *lances adubees* lances decked (i.e. ornamented with pennons) 713.

aduree, *adj.f.* hard, stubborn (of a battle) 1396, 1460, 3304.

134

afaiter, *v.a.* smooth (the moustache) 215.

afermer, *v.a.* make firm; fix, fasten 2033.

afflictïun, *sf.* self abasement before God; *par grant a.* in great humility 3272.

afiancer 41, *v.a.* provide with a pledge.

aficheement, *adv.* resolutely 3117.

aficher, *v.refl.* firmly resolve 2665; *bataille afichee* stubborn battle 3393.

afiler, *v.refl.* trickle down 1665.

afiner, *v.a.* finish off 1465, 3914.

ageter; *subj. 3* **agiet** 2545: *v.refl.* swoop (of birds of prey).

agiez; v. **algier.**

agreger, *v.n.* grow more grievous 2206.

agut, *adj.* pointed 1954; sharp 1573; steep 2367.

ahan, *sm.* toil, physical pain caused by great effort 267, 864, 1761, 2524; exquisite suffering, pain 2474, 3963.

aider 26; *pr. 3* **aiuet** 3657; *imper. 2* **aiue** 2303, **aïe** 1906, *5* **aiez** 3641; *subj. 3* **aiut** 781, **aït** 1865; *v.* (generally +*a* 781, 2044, 2546, etc.) help; support, uphold (as a feudal duty 26, 364, or of divine upholding 1906, 3358).

aïe, *sf.* aid 1670, 1732.

aïr, *sm.* violence 722.

aire, *sm.* lineage; *de put a.* of vile birth 763; *de bon a.* of noble birth 2252.

ais; v. **as.**

ait (= **hait** pleasure (?)); *brocher (poindre) ad a.* spur on with zest (?) 1184, 1381, 1802.

aitre, *sm.* parvis, open space before the west door of a cathedral 1750.

aiude, *sf.* aid 1336.

aiue, aiuet aiut; v. **aider.**

ajurnee, *sf.* daybreak 715, 3731.

ajurner, *v.n.* dawn (of the day) 2147.

ajuster, *v.a.* assemble (an army) 851; form up (the divisions of an army) 3024; bring together in battle 1187, 3562; *v.n.* join battle 1169; **ajustee** joined (of battle) 1461, 3322, 3394.

aleine, *sf.* breath, blast (of a horn) 1789.

aler 254; *pr. 1* **vois** 270, *3* **vait** 311; *subj. 1* **alge** 187, *3* **alt** 2034, **alge** 1496, *5* **algez** 2673: *v.n.* go; *a.* + pres. part. keep on, are 2461, etc.; *a. desure* get the upper hand 927; *pur qu'alez arestant* why are you lagging? 1783; *quel part qu'il alt* wherever he goes 2034; *ki encontre lui alge* who can go better than he 1496; *malement vait* it is going badly 2106.

algalife, *sm.* caliph 493, 505.

alge, algez; v. **aler.**

algier 439, **algeir** 442, **agiez** 2075, *sm.* a species of javelin.

alïer, *v.refl.* assemble 990; rally 1480.

almaçur, *sm.* a Mahometan title of honour 849, 909.

alne, *sf.* ell 2400.

alosez, *p.p.* used as *adj.* farfamed 898.

alquanz 683, *f.* **alquantes** 2611, *pron.* some 983, 1348.

alques, *adv.* somewhat 3821; (governing a verb) a little 2283, a little longer 3459; *veez en a.* just look at them 1099; *aperceivre a.* begin to realize 3553; *a. de* (+noun) a little 206, 513.

alt; v. **aler.**

altaigne, *adj.* high, proud 3.

altisme, *adj.* high 2708.

altre, *pron. & adj.* other 420, etc.; *v.* **mot** and **part.**

altrer, *adv.* the other day 3185.

altresi, *adv.; a . . . cume* as . . . as 3521, likewise 3491.

altretant, *pron.* as many 3198; *adv.* as much 2559.

altretel, *pron.* the same 653, 3123.

alüer, *v.a.* place 2941.

alve, *sf.* saddle-bow 1648, 3881.

ambedui 1094, ambdui 259, ansdous 2011, *acc.* ambsdous 1711, ansdous 1355, ambesdous 2552, *fem.* amsdous 2240, 2906, ambesdous 2015, *pron. & adj.* both, two.

ambes, *adj. f.* both 419, 2931.

ambure, *pron.* both 1589, 1650; v. Index.

amendise, *sf.* reparation 517.

amener 89; *subj. 3* amein 2760: *v.a.* lead 89, 678, 2783.

ametistes, *sf. pl.* amethysts 1500.

amirafles; v. amurafle.

amiraill, *sm.* emir 2615, 2747, 3429.

amistiét, *sf.* friendship 620, 1530; *pl.* marks of friendship, friendly gifts (?) 29.

amsdous; v. ambedui.

amunt, *adv.* up, upwards 1103, 2231, 2692; high 1995; upstream 2642; *guarder aval e a.* look up and down 2235; *cuntre ciel a.* 2341, *a. envers le c.* heavenward 2532, *la sus a.* aloft 2634.

amur, *sf.* love, esp. the love and 'kindness' existing between vassal and lord; *par a. e par ben* 121, *par a. e par feid* 86 in love and loyalty; *par sue a.* for love of him 3123.

amurafle, *sm.* a Mahometan title of honour 850, 894, 1269.

anceisurs, *sm. pl.* ancestors 3177; *par a.* by hereditary right 3826.

angoisser, *v.a.* press in upon 2010, 2232; pursue closely 3634; *v.n.* be in distress 2575.

anguisables, *adj.* causing a feeling of distress 3126: distressed 280, 3444.

anguissus, *adj.* in distress 823, 2198, 2880.

anoel, *adj.* annual, high (of a feast); *feste a.* high feast, one of the four great feasts—Christmas, Easter, Whitsuntide, All Saints' 2860.

anprés; v. enprés.

ansdous; v. ambedui.

ansguarde, *sf.* vanguard 748.

antiquitét, *sf.; d'a.* of great age 2615.

anuit, *adv.* last night 2758.

aoi, *interj.* v. J. 9, *n.*

aort; v. aürer.

apareiller *v.a.* get ready 643, 1144, 2535.

apareir; *pr. 3* apert 737; *p.p.* apareüt 2037: *v.n.* appear 1779, 3675.

aparissant, *pres. p.* of aparir, *v.n.* appear 1779.

apendre, *v.n.* depend upon 2833.

aperceivre, *v.refl.* regain consciousness 2035, 2283; become aware 3553.

apert; v. apareir.

apostle, *sm.* apostle 2255; pope 2998.

apresenter, *v.a.* present 3597.

aprof, *adv.* afterwards 1620.

aproismer 2073, *v.a.* approach 661, 2073; *v.n.* 2692; *v.refl.* 468: aquisez, *p.p.* put to silence 263.

aquiter 492, *v.a.* discharge (a debt); redeem 869; *de mun cors voeil a. la vie* I will redeem the life of my body (I will save my life) 492.

araisuner, *v.a.* address an argument to, exhort 3536.

arcbaleste, *sf.* arbalest, crossbow 2265.

ardeir 3670, *v.a. & n.* burn 1501, 2537, 3670.

arester; *p.p.f.* aresteüe 1332: *v.n. & refl.* stop 1332, 1783.

argüer, *v. refl.* be eager for 992.

armez, *p.p.pl.* used as *sm.* armed men 682.

arrement, *sm.* ink 1933.
artimal, *sm.* sorcery 1392.
arunde, *sf.* swallow 1535.
arz, *sf. pl.* arts; *de males a.* crafty, base 886.
as, *interj.* see, behold; *as vus* now see 1187, 2009; *as li* behold to him (i.e. now there appears to him, now he sees) 2452, 3495, 3818.
asaillir; *pr. 1* asaill 987, *3* asalt 729; *subj. 3* assaillet 1498; *fut. 4* asaldrum 947: *v.a.* assail.
asconse, *sf.* concealment, ambush 3293.
aseger 476, *v.a.* besiege.
aseoir; *pr. 3* asiét 2654: *v.refl.* sit 452, 2654; *v.a.* besiege 3997.
aserir, *v.impers.* grow dark 717, 3658, 3991.
asez, *adv.* enough, too much, too long, very much, very long, very 44, 1239, 1743, 3795.
asmer, *v.n.* aim at, try to 454.
asoldre; *p.p.* asols 340: *v.a.* assoil, give absolution to 340 1133.
asolue, *p.p.f.* of asoldre used as *adj.* blessed 2311.
asoürer, *v.refl.* to make sure of one's safety; hang back, be a laggard 1321.
astenir 2891, *v.refl.* refrain from.
atalenter, *v.a.* be to one's liking 3001.
atant; v. tant.
atarger, *v.refl.* wait for 368.
ateindre; *subj. 3* ateignet 9: *v.a.* reach 9, overtake 2461.
atraire 2256, *v.a.* attract, win over.
aün, *sm.* assembling 2815 (h); v. Notes and Variants.
aürer 429; *subj. 3* aort 854: *v.a.* adore.
avaler, *v.n.* come down 730, 1037.
avant, *adv.* forward 2231; before 2858 ; (+ verb) forth, forward; *venir a.* come forward, draw

near 319, 943, 3379; *passer a.* ride forward 3210; *amener a.* bring out 3964; *parler a.* speak out (or, speak first (?)) 2656.
aveir 565; *subj. 4* aiuns 60; *impf. 4* avïum 1547; *fut. 1* avrai 329; *condit. 4* avriumes 391; *pft. 1* oi 1366, *3* out 26, ot 1569, 4 oümes 2178, *6* ourent 1411; *past subj. 1* oüsse 691, *3* oüst 899, *4* oüssum 1102, oüsum 1717, *6* oüssent 688; *p.p.* oüt 864, oüd 267; *v.a.* have.
aveir, *sm.* wealth 127, 458, 639, 1148, 3803, 3894.
avenanz, *pres.p.* of avenir used as *adj.* becoming 1154.
avenir, *v.n.* (+a) befall, come to 335, 836; *impers.* be fitting for 456 (v. suffrir); *a. ben* (or *belement) a* turn out well for 1686, 3500.
averse, *adj.f.* hostile to God; *gent a.* infidel race 2630, 2922, 3295.
averser, *sm.* devil 1553, 2543.
avisïun, *sf.* vision 725, 2529, 2555.
avoëz, *p.p.* of avoër used as *sm.* one on whom one calls for protection, overlord 136,153.

bacheler, *sm.* young warrior 113, 3020, 3197.
bailler, *v.a.* touch, lay hands on 3446.
baillie, *sf.* possession, power; *en sa b.* in his keeping 488, 1917, 2711.
baillir, *v.a.* control 2349 (or = bailler take up, wield?); mal-baillit *p.p.* ill-fated; *mal estes b.* you are ill-fated 3497; *mal nos avez b.* you have done us an evil turn 453.
baldur, *sf.* jubilation 3682; ardour 2902.
balïer, *v.n.* float, flutter 976.

138   GLOSSARY

balz, *adj*, jubilant 96.

bandun, *sm*.; *se mettı• en b.* expose oneself freely, offer battle 1220; *en lur b.* at their mercy 2703.

banir, *v.a.* summon by proclamation; *ost banide* feudal levies 211, 1469.

barnage, *sm.* baronage, barons 1349; knighthood, courage 535, 1983; knightly pomp 3944.

barnét, *sm.* baronage, barons 536, 1061; knighthood, courage 899.

barun; v. ber.

bastuncel, *sm.* rod 2679, 2868.

batu, *p.p.* of batre; *b. a or* ornamented with beaten gold 1331, 1595.

beivre; *p.p.* boüd 2473: *v.a.* drink.

beltét, *sf.* beauty 957.

ben 34, bien 108, *adv.* well 34; *sm.* good 2140, 3681; *a b.* well 519; *b. ait* blessed be 1349.

beneïçun, *sf.* blessing, benediction 2194, 2245.

beneïr; *pft. 3* beneïst 1137: *v.a.* bless 2017, 3066, 3667.

ber, *acc. sing.* barun 275, *sm.* baron, high noble 180, 244, 3936; one having the qualities of a baron, man of valour, noble man 125, 430, 1226; *adj.* valiant 531, 648, 2415; good (an epithet applied to saints) 2096, 3685, 3746; *colp de b.* warrior's blow, doughty blow 1280.

besanz, *sm.* bezant 132.

bien; v. ben.

bise, *adj. f.* dark 815, 2300, 2338.

blanc, *adj.* white 2250; shining 1022, 1042, 1946.

blancheier 261, *v.n.* be white.

blecer, *v.a.* harm, cut up (of an army) 590; *est blecét* is in difficulties 1848.

blesmir, *v.a.* blanch; knock about (of an army) 590.

blialt, *sm.* under-tunic 282, 2172.

bloi, *adj.* blue (?), light-yellow (?) 12, 999, 1621: the word (? <Germ. * blaudhi) may first have meant 'livid' and so acquired the meanings 'blue' and 'yellow' in OF.

bon, *adj.* good 359, 887, 1542; brave 1080, 1097.

bontét, *sf.* goodness, nobility 533; worth, potency 2507.

bosuign, *sm.* need; *aveir b. de* have need of 1670, be urgently engaged in 1366.

boüd; v. beivre.

brace, *sf.* embrace, two arms 1343, 1721, 3939.

braire 3487, *v.n.* howl (of human beings in pain) 3487; roar (as of wild beasts) 3526.

brandir 1249, *v.a.* brandish 722, 1552; *faire b.* brandish 2992; *b. sun colp* lift one's sword on high 1552, 1957; *faire b. le cors* send toppling 1203; *mort le fait b.* sends toppling to his death 1249.

branler, *v.n.* flourish 3327.

branlir, *v.a.* brandish 499.

brant, *sm.* brand, sword-blade 1067, 3434, 3791.

bref, *sm.* letter 341, 483, 487; record 1684.

bricun, *sm.* fool 220.

brocher, *v.a. & n.* spur 1197, 1290, 1381.

brohun, *sm.* bear-cub 2557.

bronie, *sf.* byrnie (leather tunic, on which are sewn plates or rings of metal) 1372, 1538, 2572.

bruill, *sm.* coppice 714.

brunisant, *adj.* burnished 1654.

brunur, *sf.* glint of burnished metal 1021.

buc, *sm.* trunk 3289.

bucle, *sf.* boss 1263, 1283, 3150.

bucler, *adi.; escut b.* buckler 526, 1968.

büele, *sf.* bowels 2247.
buillir, *v.a.* boil, bubble; gush out 2248.
buisine, *sf.* trumpet 1468, 3138, 3523.
bundir, *v.n.* boom 3119.
burc, *sm.* town 973.
burgeis, *sm.* townsman 2691.
buter, *v.a.* thrust, push, 641, 2173, 2590.

ça, *adv.* here 374, 2131; there 1784.
caables 237, cadables 98, *sf.pl.* catapults.
cadeir 578, caeir 3453, caïr 3486, chaïr 2034; *pr. 3* chiet 1552, chet 981, *6* chiedent 1426, cheent 1981; *subj. 3* chedet 769, cheet 1064; *pft. 3* caït 333; *past subj. 3* caïst 764; *p.p.* caeit 2269, chaeit 2231, caüt 3608, caiuz 2296: *v.n.* fall.
cadeler, *v.a.* lead, captain 936, 2927.
caeignables, *adj.* that can be lead on a chain, trained 183.
caeignun, *sm.* iron collar 1826.
caïst, caït; v. cadeir.
caitif, *adj.* wretched 2596; captive 3673, 3978; (as *voc.*) unhappy wretch 2698.
caiuz; v. cadeir.
calant, *sm.* lighter 2467, 2647, 2728.
caleir; *pr. 3* calt 1405, chalt 227, chelt 2411: *v.impers.* matter to 227; *de ço qui calt?* who cares? 1405, 1806, 3339.
calenge, *sf.* accusation 3787.
calenger, *v.a.* maintain or oppose a claim; challenge 3592; defend 1926.
calunjer, *v.a.* challenge 3376.
calz; v. chald.
cambre, *sf.* chamber (the apartment in a castle set apart for the use of the lord) 2593, 2709, 3992; territory under the immediate jurisdiction of a

prince, the revenues of which are appropriated to his personal use 2332; city serving as a royal residence, royal city (?) 2910.
campel, *adj.*; *bataille c.* battlei the open field 3147.
campïuns, *sm.* champion 2244.
cançun, *sf.* song 1914; *male c.* scurrilous song 1456.
canonie, *sm.* canon 2956, 3637.
canut, *adj.* white (of the hair) white-haired 503, 538, 2308, 3654.
cape, *sf.* cope; *c. del ciel* vault of heaven 545.
capelers, *sm.* part of the hauberk that protects the head, hood 3435.
capleier, *v.n.* hew, hack 3462.
capler 1681, *v.n.* hew, hack 1347, 1681, 3475.
caples, *sm.* sword-play; general hand-to-hand engagement 1109, 1678, 3380.
car, carn, *sf.*; v. char.
car 278; quar 470; *conj.* for 278, 1724, 2844; *adv.* (used to strengthen an *imper.*) now 275, 1059, 3902.
carbuncle, *sm.* carbuncle (the stone) 1326, 1501, 2633.
carïer, 33, 131, *v.a.* cart away.
carnel, *adj.* of flesh and blood 2153.
carnel 2949, carner 2954, *sm.* charnel-house 2949.
carre, *s.pl.* cartloads 33, 13 186.
cartre 1684, chartre 2097, *sf.* charter.
castïer 1739, *v.a.* rebuke.
cataigne 1846, cataignie 2320, catanie 3709, *sm.* captain.
caüt; v. cadeir.
ceindre; *pr. 6* ceignent 997, ceinent 3866; *pft. 3* ceinst 2321: *v.a.* gird on.
cengle, *sf.* saddlegirth 3573, 3880.

cercer 3661, *v.a.* search 2185, 3661.
certeine, *adj. f.; la tere c.* firm ground, flat ground 856 (or, according to some editors, = Certeine, Cerdagne).
cesser 2639, *v.n.* give up.
chaeines 2557, caeines 3735, *sf. pl.* chains.
chaïr; v. cadeir.
chalcer 2678, *v.a.* put on (gloves) 2678, (spurs) 3863.
chald 2100, calz 3633, *adj.* warm 960; *sm.* heat 1011, 1118.
chalengement, *sm.; mettre en c.* challenge possession of 394.
chalt; v. caleir.
char 1119, charn 1265, car 2141, carn 3606, *sf.* flesh.
chedet, cheet, cheent; v. cadeir.
chef, *sm.* head 44, 117, 2809; *el premier c.* right in front 3018, 3195.
chelt; v. caleir.
chere, *sf.* countenance 3645, 3816.
chet; v. cadeir.
chevage, *sm.* poll-tax 373; v. J, *n.*
chevaler, *sm.* knight 99, 2418, 3890; *de vasselage fut asez c.* very knightly in his valour 25.
chevalerie, *sf.* chivalrous exploit 594; knightly valour 960; *par c.* in knightly fashion 3074.
chevalerus, *adj.* knightly 3176.
chevoel 976, chevels 2347; *sm. pl.* hair 2596 etc.
chi, *v.* qui and note to *l.* 836.
chiedent, chiet; v. cadeir.
chrestïentét, *sf.* Christianity, Christian faith 431, 686, 2620, 3598.
ci 308, ici 1697, *adv.* here 1922, 2735 etc.
ciclatuns, *sm.* silken cloth ornamented with threads of gold 846
cil 644, icil 618, cel 1484, 1789; *acc. sing.* cel 1669, icel 1845.

celoi 1803, celui 427; *nom.pl.* cil 942, icil 1823, cels 2143, icels 3796; *acc.pl.* cels 2976, icels 2094; *fem.sing.* ceie 958, icele 979; *fem.pl.* celes 3941; *neut.sing.* cel 1779, icel 2555: *adj. & pron.* that, those, that man, those men.
cist 743, icist 3343, cest 3717; *acc.sing.* cest 17, 83, icest 1180; *nom.pl.* cist 1212, icist 1023, cez 2538; *acc.pl.* cez 1663; *fem.sing.* ceste 35, 47; *fem.pl.* cez 145, icez 3024; *adj. & pron.* this, these.
clamer 352, *v.a.* call, describe as, 1534, 2032, 3197; *v.refl.* declare oneself 1651, 2596, 3817; *se c. par* call upon, claim protection from 1565; *c. sa culpe* say one's *mea culpa* aloud 1132, 2364; *c. quite* absolve 3800, 3809, (+ *de*) renounce all claim upon 2748, 2787.
cliner, *v.n.* bow 2008; bow down 3727.
ço 73, ce 984, 1006, 1768, iço 1082, *demon. pron. neut.* this 73, 1774; *ço dit* this says, this he says 147, 314, 1252; *ço quid* methinks 150; *ço crei* it seems to me 575, 1006; *por ço que* because 324, 2102, (+subj.) so that 1004; *ço i ad* there is 1427; *nel di por ço* nevertheless 591.
coer 317, quer 2356, quers 2965, *sm.* heart 1107, 1278; *par c.* from the heart, deeply 1447.
coife, *sf.* coif, the cap worn under the helmet 1327, 3436.
ccillir, *v.a.* pick, seize; *c. en haür* conceive a hatred for 3771.
colp, *sm.* blow 866, 1395, 3401; *le c. de Rollant* the first blow against Roland 866; *le c. vos en demant* I ask you for the right to strike the first blow 3200; *ferir a c.* strike a blow at 3840

comandét, *p.p.* used as *sm.* one who has commended himself to an overlord; *vostre c.* your vassal 696.

conoisance, *sf.* knowledge; *pl.* cognizances (distinctive colours or emblems on the shield permitting the owner to be identified) 3090; *par veire c.* by knowledge of the truth 3987.

consoüit, *p.p.* of consivre, *v.a.* follow up, strike down 2372.

contenement, *sm.* bearing 1641.

contraire, *s.* opposition, quarrel 290.

conuistre 530; *pres. 3* conuist 2524, 3566; *pft. 3* conut 2875: *v.a.* get to know 530, 2524; recognize 3566; recognize, admit 3409; *de vasselage te conoissent ti per* you are known to your peers for your bravery 3901.

copiez, *adj.* hollowed 1491.

corner 1742, *v.a.* sound 1702; *v.n.* sound the horn 1780, 2111; *sm.* the sounding of the horn 1742, 2108.

corone, *sf.* crown 930, 2684, 3538; tonsure 3639.

coronét, *adj.* shaven, tonsured 2956; *sm.* priest, shaveling 1606.

cors, *sm.* body 1266 etc.; person 729; used periphrastically: *le c. Rollant = Rollant* 613, *tun c.* you 1984; *conduire sun c.* 892, *guier sun c.* 901 = *se conduire, se guier; traveiller sun c. par* toil through 540; *de sun c.* by physical prowess 1607; *deveir gueredun de sun c.* be under a personal obligation 3410.

costeïr 2962, *v.a.* prepare for burial.

costét, *sm.* side (of the body) 1066, 1315, 1506.

cous, *sm. pl.* cooks 1817.

craventer, *v.a.* overthrow 3549; *v.n.* break down, collapse 1430.

creire 987; *past subj. 5* creïsez 1728; *v.a. & n.* believe 196, 575, 2753; be beholden to (?) 3406, 3458; *ne faz jo que c.* I do not deserve credence 987.

crembre; *pr. 3* crent 549, creint 2740; *fut. 5* crendrez 791: *v.a.* fear 257, 562.

crier 2510, *v.a. & n.* cry out 1793, 2695; cry out for 3998.

crignels, *sm. pl.* hair 2906.

crignete, *sf.* mane (?) 1494.

criminel, *adj. la gent c.* impious race 2456.

croce, *sf.* crozier 1509.

croller, *v.a.* shake 442, 722.

cruisier, *v.a.* cross 2250.

cruisir, *v.n.* grate, crunch 2313, 2340, 2540.

cruiz, *sf.* cross 2504.

crute, *sf.* crypt, vaulted chamber 2580.

cuarder, *v.refl.* behave like a coward, turn coward 1107.

cuardie, *sf.* cowardice 2351, 2602.

cue, *sf.* tail 1494.

cuignees, *sf. pl.* hachets 3663.

culcher; *subj. 3* culzt 2682: *v.refl.* lie down 12, 2175, 3992.

culpe, *sf.* sin, fault 1132, 2014, 2369; *v.* vertuz and clamer.

culumbe, *sf.* column 2586.

culvert, *sm.* serf; ignoble wretch 763, 1207, 1253.

cum 210, cun 2435, cume 3162, *adv. & conj.* as 1874, 3153, 427; how! 1696, how? 1698; *si c., issi c.* as 1874, 2435; *si .. c., ensement ... c., altresi ... c.* as ... as 1888, 3173, 3319.

cumander, *v.a.* commend 1817, 2253, 2815, 3694; *v.a. & n.* command 273, 328, 1138; *li cumandet a guarder* puts in his keeping 2527.

cumfaitement, *adv.* how? 581, 1699.

cumpaign 1051, **cumpainz** 324, *acc. sing.* **cumpaignun** 1020, *sm.* companion 858, 1256, 1994; *c. de la quisine* scullion 1821.

cumpaigne, *sf.* company 827, 912, 1087, 1849; battalion, body of troops 1757, 3034, 3324, 3346, 3383, 3525; *pl.* gathering, company 3984.

cumpaignie, *sf.* company 587; association, fellowship 1735; battalion, body of troops 1471.

cumparer; *subj. 3* **cumpert** 1635; *p.p.f.* **cumparee** 449: *v.a.* pay for; *ki quel cumpert* whoever suffers for it 1635.

cumune, *adj. fem.* general 1320.

cumunel, *adj.*; *tuit en sunt c.* all act together 2446.

cumunement, *adv.* all together 1416, 1838, 3416.

cunduire 945, *pft. 3* **conduist** 1315, **cundoist** 1392, *6* **cunduistrent** 685: *v.a.* lead 46, 527, 3689; aim, guide (a sword or lance); *c. sun cors* betake oneself 892, 3370; 1315.

cunfés, *adj.* used as *p.p.* confessed 3859.

cunfundre 17, *v.a.* confound, destroy 17, 2583, 3640.

cungiéd, *sm.* permission, leave 2177; *prendre c.* take one's leave 2764; *doner le c.* give leave to depart 337.

cunquerre 2920, *v.a.* conquer 988, 2322, 2751.

cunquerrantment, *adv.* as a conqueror 2867.

cunreer 343, *v.a.* see to 161; *v.refl.* fit out 343.

cunreid, *sm.* provision 2493.

cunseill, *sm.* council 62, 78, 179; counsel 2750, 3510; decision, plan 604; *a c.* privately 3454; *prendre (un) c.* take advice 205, make up one's mind 3590; *tenir c.* take counsel 3761, consider the matter

3896; *aler a c.* go into council 3793; *sun c. finer* end his deliberations, get definite advice 166.

cunseiller 2212, *v a.* counsel 20, 2668; aid 2212

cunsentir, *v.a.* grant, send 1632, 2430, 3013.

cunte; v. **quens.**

cunte, *sm.* count; *par c.* by count, by tale 3078.

cuntenance, *sf.* bearing 3006, 3086; *en faire la c.* conceal one's emotion (?) 830.

cuntenant, *sm.* bearing 118; *de bon c.* of noble mien 3116.

cuntencer, *v.n.* strive, exert oneself; *qui del curre c.* exerts himself in running, puts forth his full speed 1634.

cuntençun, *sf.* rivalry, zeal; *par mult grant c.* with great zeal (?), each striving to outdo his fellow(?) 855.

cuntenir, *v.refl.* bear oneself 3797.

cunter 68, *v.a.* recount, set forth 68; count 2759.

cuntralïer, *v.refl.* quarrel 1741.

cuntrarïer 1737, *v.n.* quarrel.

cuntrarïus, *adj.* mocking, insulting 1222.

cuntre, *prep.* against 2174, 2244, 2317; compared with 1930; (in approximations) round-about 1431, about 444; *c. munt* on high 419.

cuntredire 195, *v.a.* contradict, oppose 195, 3669; *la contredite gent* unbelieving race, infidel race 1932.

cuntrester 2511, *v.refl.* withstand.

cuntreval, *adv.* towards the ground; *turner c.* send falling to the ground 1264, *cheeir c.* fall to the ground 1267; downstream 2472.

cuntrevaleir, *v.a.* be of equal worth with 1984.

cuntur, *sm.* a medieval title of nobility 850.

curage, *sm.* heart, disposition 56, 256; heart (as seat of one's inmost thoughts and designs) 191, 650; spirit 375; heart (as seat of feelings) 2803.

curaille, *sf.* midriff 1271.

curant, *pres.p.* swift 1142, 1490, 2225.

cure, *sf.* care; *n'aveir c. de* not to worry about, scorn 293, 1170, 1361; be no longer in charge of 2305.

curre 1197, *v.n.* run 890, 1634, 2277; *laisser c.* charge 1197; *ki puisset c. a lui* who can race with him, run faster 1596.

curs, *sm.; pleins c.* at full speed 2878.

curuçus, *adj.* angry 1813, 1835, 2164.

cuvenir, *v.impers.* behove 192.

dam 3806, danz 1367, 3546, *sm.* Sir, Lord (a title of respect used in speaking of third persons).

damage, *sm.* harm, loss 1102, 1340, 1885.

dame, *sf.* lady (the wife of a high baron) 957, 1960, 3983.

Damnedeu (= Dominus Deus), *sm.* Lord 358 etc.; *ne placet D.* God forbid 358; *mi d.* my gods 3492.

darere, *adv.* behind 3317.

darz, *sm. pl.* darts 2075, 2155.

de, *prep.* of 42; from 1137; concerning, as regards, for 1144, 1544, 2483; (in enumerations) as regards, namely 100.

decadeir; *pr. 6* decheent 1628; *fut. 3* decarrat 2902; *v.n.* weaken, fail.

decliner 2447, *v.n.* draw to a close (of the day) 2447; set out, relate (?) 4002.

dedenz, *adv. & prep.* inside 1776, 3572.

dedesuz, *prep.* underneath 2081, 2705, 3873.

dedevant, *prep.* in front of 2181, 2192, 2576; *adv.* in front 2465.

defaillir; *pr. 3* defalt 1735, 2107: *v.n.* fail, be missing.

defendre 3785, *v.a.* protect 1398, 2749, 3100; prohibit 2438; *ses armes d.* defend oneself, fight 3785.

defenir 2889, *v.a.* finish off.

defension, *sf.* defence, resistance 1887.

definement, *sm.* end of the world, the Judgement Day 1434.

defors, *prep.* outside of 2247.

defruiser, *v.a.* smash to pieces 2588.

defuler, *v.a.* trample under foot 2591.

degeter, *v.a.* reject 226.

deguaster, *v.a.* lay waste 2756.

dehét, *sm.* God's hate; *d. ait* accursed be 1047.

deie, *sf. pl.* fingers' lengths 444.

deintét, *sf.* dignity 45.

deiz, *sm. pl.* fingers 509.

dejuste, *prep.* alongside 385, 831.

delez, *prep.* alongside 114, 2942.

delgee, *adj. f.* tender (of grass) 3389.

demain, *adv.* tomorrow 517; *tresqu'al d.* until the morrow 2569.

demander 1181, *v.a.* ask for 119, 1999, 3611; *Munjoie d.* cry out Monjoie 1181, 1525.

demaneis, *adv.* straightaway 3419.

demener, *v.a.* display (sorrow or any strong emotion) 1845, 2695, 2946; *d. sun cors par* traverse 525.

demenie, *adj.* own; *sun cors d.* his very person 729.

dementer, *v.refl.* lament, make moan 1404, 1795, 1836.

demise, *p.p.f.* of demetre melted 1474.

demurer 2451, v.n. & refl. wait, stay 162, 3140; delay 2622; v.a. put off 3519; d. de venir delay in coming 3081; que plus ne se demuret for he lingers no longer 2021.

demustrer, v.a. display 514, 2531.

dener, sm. the twelfth part of a sol; pl. money 1148; ne valeir un d. be worth nothing 1262, 1505.

deol; v. doel.

departie, sf. parting 1736.

departir, v.a. & refl. separate 1900, 2940; v.n. be broken off (of a battle) 3480.

depecer, v.a. break 837; burst 3880.

derumpre 1543, v.a. break 1575, 1893, 3466; v.n. break 3971.

des, prep. from (local) 1429, 3208; from (temporal) 2255; d. l'ure que from the time that 2371; d. ore from now on 179, 3704, 3747, 3946; d. que until 1733.

desaffrer, v.a. knock off the saffre 3426; v. safrét.

desclore, v.a. break open 1620.

descumfire, v.a. break, destroy 1247, 1305, 3362.

descunfisun, sf.; seinz altre d. without other damage (?) 1894.

descust, p.p. of descurre shattered 1946.

deserte 938, desert 3246, adj. deserted 664; waste 2489; desert 3246; bereft 938, 989, 1696, 2928.

deserter, v.a. make desolate 1862.

desevrer, v.a. sever 1201, 3467, 3571; part 1977, 2009, 3913.

desfere 49, v.a. break up 450; undo, bring low 934; v.n. disband 49.

desfier, v.a. 'defy' (i.e. declare private war upon, either by an overt announcement or by some act of hostility that puts the two parties on a footing of enmity) 326, 2002, 3775.

desguarnir, v.a. divest, deprive 2598.

desherberger, v.n. strike camp 701.

desist; v. dire.

desmailer, v.a. break the mail (of a hauberk) 1270, 2051, 3387.

desmentir 3834, v.a. belie 788; give the lie to 3791, 3834.

desmesureement, adv. beyond measure 1425.

desordener, v.a. degrade 3408.

desotreier, v.a. refuse to allow; jo nel desotrei mie I am not unwilling 518.

despersuner, v.a. insult 2581.

desrenger, v.n. leave the ranks, act as a patrol or covering troops, d. les destreiz e les tertres go and patrol in the defiles and on the hills 809.

destoldre; pres. 3 destolt 3235; v.refl. withdraw, back out 3235.

destre, adj. right 466, 727, 2373; sf. right hand 47, 1018.

destreindre; p.p. destreit 2743: v.a. harass 2743.

destreit, adj., narrow 741; sm. defile 809, 815, 3126; woe 1010, 3417, 3759; de merveillus d. very terrible 3420; tenir en d. harass 3456.

destrer, sm. warhorse 347, 479, 2081.

desturber, sm. hindrance; qu'il n'i ad d. for there is nothing to stop him 1318; il ad d. he is prevented 2548.

desturner, v.a. prevent 440, avert 3577.

desur, prep. upon 272, 1017, 2799; adv. 2654, desure 927 on top.

desuz, *prep.* underneath 114, 165, 209, down 2043; *adv.* 1356.

desvét, *p.p.* of **desver** go mad 2789.

detordre; *pft. 3* **detoerst** 772: *v.a.* twist.

detraire 2930, *v.a.* pull off, tear out (the hair).

detrencher 3889, *v.a.* cut in two 1996, 2172; cut to bits 1747.

detrés, *prep.* behind 584.

Deus, *acc. sing.* **Deu** 7, 420, 2998, *sm.* God 154, 289, 1865; *de D.* in God's name 1137.

deveir; *past subj. 3* **doüst** 355, 3828, *5* **doüssez** 455: *v.a.* owe 3409; *v.n.* have to 1346, 2350, 2509; go to, be about to 333, 757, 3854; *estre en deit* must be 3519.

devers, *prep.* from the direction of 728, 1021, 2549; towards 1103, 2367, 3128, 3968; *d. vos* on your side 1592, *d. els* on their side 3030, 3071.

dire 582; *subj. 1* **die,** 459, *3* **diet** 424; *pft. 3* **dist** 27; *past subj. 3* **desist** 1760: *v.a.* say.

dis *sm. pl.* days; *e anz e d.* many years 2028; *tuz d.* always 1254.

discipline, *sf.* punishment 1929.

disme, *adj.* tenth 3084, 3230, 3260.

doel 325, **deol** 929, **dol** 2936, *sm.* sorrow 1196, 2839.

dolent, *adj.* sorrowful 951, 1651, 2835; distressed, apprehensive (?) 1104; *interj.* Unhappy wretch that I am! 2823.

dous; v. **dui.**

doüssez, doüst; v. **deveir.**

dragun, *sm.* dragon 2543; standard 1480, 3266, 3330, 3548, 3550.

drecer, *v.a.* lift up 2829, 2884; *refl.* get up 195, 1139, 2481, 3884.

dreit, *adj.* upright, str.ght 1043; *sm.* the right, the truth 3891; *tresque li d. en serat* until justice be done 3849; *juger le d.* decide the truth 3701; *faire le d. (entre)* show where right lies, decide 3898; *a d.* lawfully 2293; *seinz d.* unlawful 511; *aveir d. be* in the right 1015, 1212, be winning 3554, have rights (over) 2747; *n'i avrat altre d.* there will be no other justice done (*or* he will have no other claim) 3290.

dreiture, *sf.* justice 2430.

drodmund, *sm.* large galley 2467, 2624, 2730.

drue, *adj.f.* luxuriant 1334.

drut, *sm.* favourite 2049, 2814, 3495.

duble, *adj.* double 3583; *sm. pl.* lining (the leather jerkin on which the mail of the byrnie was sewn) 1284.

dubleines, *adj. f. pl.* with double mail 3088.

dubler, *v.a.* line; *dublez en treis* with threefold lining, triple mailed 995.

dui 2704, *acc.* **dous** 207, **dui** 2828; *adj.* two 444 etc.

duire; *pft. 3* **duist** 215, 772: *v.a.* stroke (the beard).

dulor, *sf.* pain, grief 1655, 1787, 2547.

dulurus, *adj.* grievous 3403; unhappy, full of grief 2722.

duluser, *v.a.* lament for 2022; *v. refl.* lament 2577.

dun, *sm.* gift, boon 224, 876, 3059; *par vostre d.* if you will grant me that boon 246.

duner 127; *pr. 1* **duins** 622; *subj. 3* **dunne** 18, **dunt** 859, **duinst** 1898, **duinset** 2938, **dunget** 2016; *fut. 1* **durrai** 2750; *condit. 4* **durrums** 1805: *v.a.* give, grant.

durer; *condit. 3* dureit 1707: *v.n.*
last 291 etc.; extend 1802;
tant con hanste li d. with the
full length of his lance (*?*), cf.
Thebes 4533 *or* as long as his
lance lasts, cf. 1323, 3401.
dutance, *sf.* fear 828, 3613.
duter, *v.a.* fear 1186, 3580.

e, *conj.* and 8 etc.; then 40,
508, 1008, 1910, 3013, 3848
(v. TANQUEREY in STUDIES
PRESENTED TO M. K. POPE
339-50); *e . . e* both . . and 14,
96; *e si* and 107, 150.
e, *interj.* ah!, alas! 1697, 1985,
2582.
edage, *sm.* age 291.
edét, *sf.* age 3170.
eglenter, *sm.* wild briar 114.
einz, *adv.* before, beforehand
449, 759; rather than this
1065; but 1881; *cum il e. pout*
as soon as he could 1037; *prep.*
before 517, 1736; *conj. e. que,*
e . . . que before 688, 300-1.
eissez, eissirent; v. issir.
el, *pron.* other thing, any other
thing 3397; *que fereient il el*
what more could they do?
1185, 2961.
ele, el 2465, 3724, *pron pers. fem.*
elme; v. helme.
els, *pron.* them 175; (used re-
flexively) themselves 111, 3065.
empeindre; *pr. 3* empeint
1249; *pft. 3* empeinst 1286;
p.p. empeint 2629: *v.a.* thrust;
launch 2629; *e. le ben* strike
down (esp. with the couched
lance) 1249 etc.; wind (the
horn) 1754.
emperere 1, empereres 16,
empereür 1444, 1942; *acc.*
sing. empereür 570, emper-
ëor 954, *sm.* emperor 1, 2441,
3999.
emperie, *sm.* empire 3994.
empleier; *subj. 3* empleit 1013,
3418: *v.a.* make use of, lay on.

emplein, *sm.* level tract (*?*) 312ÿ
(h).
en, *prep.* in 2 etc.; on 6, 1622,
3112 etc.; *en sum* at the top
of 708, 1157, 3636; *enmi (emmi)*
in the middle of 986,1638, 3222.
en, *adv. & pron.* thence; (parti-
tive) of them 1348, 3198, 3415,
some 87, 2226; (instrumental)
with it 2306; (causal) because
of this, therefore 214, 771,
1692, 2373, 3311, 3507, 3976.
en, *pron.*; v. hoem.
enbatre, *v.a.* thrust 1266.
enbracer, *v.a.* take into one's
arms 2174, 2202, 3440.
enbrunc, *adj.* bowed (of the
head) 214, 771, 3274.
enbruncher, *v.a.* bow (the head,
for grief) 3505, 3645; *v.n.*
sink, fall forward 2019.
enbrunchit, *pft. 3* of enbrun-
chir, *v.n.* sink forward (for
grief) 3816.
encalcer 2166, *v.a.* pursue 2166,
2785, 3626.
encanteür, *sm.* enchanter 1391.
enceis, *adv.* before 1639; *e. ne*
puis cel tens neither before nor
since 3382; *conj. e. que* (+subj.)
before 811, 3480.
encenser, *v.a.* cense 2959.
enchaignez, *p.p.* chained 128.
enchalz, *sm.* pursuit 2446, 3635.
enclin, *adj.* bowed (of the head),
139, 2391, 3504.
encliner, *v.a.* bow to 974, 2763.
encrisme, adj. thorough [used
as an intensitive with perjora-
tive words like *felun*] 1216.
encumbrer, *v.a.* cumber, weigh
down 15, 3646.
encuntre, *prep.* against (in a local
sense) 2202, (implying the idea
of movement towards) 1981,
2416, (fig.) 2530, 2749, 2921;
compared with, set against
376, 1496, 1559; against, in
competition with 1833; *adv.*
926; *respundre e.* retort 1759.

endementres, *adv.* meanwhile 1396.
endreit, *prep.* in the direction of; *e. sei* on his own side, on his own account 2123; *adv. iloec e.* there 3607; *e. ad* straight to (?) 478.
enfant, *sm.* child 1772, 2739; young warrior, 3197.
enfuir; *fut. 6* enfüerunt 1750; *p.p.f.* enfuïe 2942: *v.a.* bury.
engigner, *v.a.* deceive, dupe 95.
engreignier, *v.n.* grow greater 1088.
engrés, *adj.* impetuous, fiery 3241, 3251.
enguardes, *sf. pl.* forward troops, vanguard 2975, 3130; *faire les e.* act as advanced troops 548, 561.
enheldee 3866, **enheldie** 966; *p.p. f.* provided with a hilt.
enluminer, *v.a.* make to shine 535.
ennuiez, *p.p.* jaded (of horses) 2484.
enoit, *adv.* in the night 836.
enpenét, *p.p.* feathered 439, 2156.
enprendre; *p.p.* enprise 210: *v.a.* undertake.
enprés 357, **anprés** 774, *adv.* afterwards 357; *prep.* after 774, 1505.
enquerre; *p.p.* enquis 126: *v.a.* inquire about.
enquoi 1194, 1223, **enqui** 2808, **encoi** 1167, **encui** 2142, *adv.* before the day is out.
enrenger 2181, *v.a.* line up.
enseigne, *sf.* ensign, banner 707, 3545, 3550; war-cry 1179, 1350, 2510, 3563.
enseigner 119, *v.a.* point to, point out.
ensemble, *adv.* together 1919, 2140; *ensembl'od* together with 502, 1805, 3196.
ensement, *adv.; e. cume* just as, just like 3173, 3223, 3249.

ensurquetut, *adv.* moreover 312.
entendre, *v.a.* hearken to, give heed to 234, 2098; listen to, hear 776, 1243, 1766; *e. a* hearken to, defer to 3782.
entercer 2180, *v.a.* pick out, recognize.
entre, *prep.* between 621, 720; among 1941, 2275; *entre .. e,* together 3073, 3075 (the expression merely links together the two singular subjects of a plural verb); *entreque* as far as 956.
entreduner, *v.refl.* give each other 3568, 3582.
entr'encuntrer, *v.refl.* meet each other 3567.
entrer, *v.n.* enter 365, 747, 2709; to begin (of the seasons); (fig.) start, set in 2925.
entresque, *prep.* as far as 870, 1056, 1664; until 3478, 3731.
entrevedeir, *v.refl.* see each other 3294.
entur, *prep.* around 410, 2092.
enurs; *v.* honur.
envaïr 2062, *v.a.* assail 2065, 2129.
enveiser, *v.refl.* disport oneself 977.
envers, *prep.* towards 468, 495, 723, 2165, 3328; (fig.) 1222; *adv.* face upwards 1657; *e. lui s'atarget* he waits for him 368.
envirun, *adv. & prep.* around, about 13, 3269.
enz, *adv.* inside 160, 2469; *enz en* in 93, 154, 2590; *d'enz de* from within 730.
er; *v.* ier.
erent, eret, ermes, ert; v. estre.
errer 167, *v.n.* proceed 167; *tant ad errét* he has gone so far 497.
esbaldir, *v.refl.* rejoice 1524.
esbaneier 111, *v.a.* amuse.
escalguaite, *sf.* watch, night-watch 2495.
escanteler, *v.a.* shiver, break to pieces (a shield) 1292.

escarbuncle, *sm. & f.* carbuncle (the stone) 1531, 2589.

escarbuner, *v.n.* throw out sparks 3586 (h).

eschange 3714, escange 840, *sm.* substitute 840, 3714; *de Munjoie iloec out pris e.* it had taken a substitute (i.e. a new name) from Mountjoy 3095.

eschec 1167, 2478, eschech 99, *sm.* booty.

eschele, *sf.* division (of an army) 1034, 3045, 3533.

eschewid, *adj.* slender 3820.

eschiez, *sm.* warships 2625, 2729.

eschipre, *sm.* shipman, sailor 1565.

escicles (probably a misspelling for esclices), *sf. pl.* splinters 723.

escïent; *men e.* 524, *par le mien e.* 1936 from or with my knowledge.

escïentre; *men e.* from or with my knowledge, 539, 2073, 2286; *sun e.* 1116.

esclaces, *sf. pl.* splashes (of blood) 1981.

esclairer, *v.n.* grow bright 667, 2637; *v.a.* lighten, relieve 301; cheer, brighten 3302.

esclargier, *v.a.* make clear 3891; lighten, relieve 3628, 3989.

esclargir, *v.* brighten 958; *esclargiz est li vespres e li jurz* the evening has brightened up 1807.

esclicer, *v.n.* break, shiver 1359.

escordusement, *adv.* fervently 3099 (h).

escremir, *v.n.* fence 113.

escrïer 2511, *v.n. & refl.* cry out, exclaim 900, 1542, 2402; raise a shout, a warcry 1180, 3148, 3298; call out to 1112, 1964.

escrire, *v.a.* write 487, 1443, 3742; *peinz e escrites* painted and portrayed 2594.

esculter 455, *v.a.* listen to 164, 670, 1767.

esculurer, *v.n.* lose colour 485.

escumbatre, *v.a.* conquer 2307.

escunser, *v.a.* hide 2990.

esdemetre 1610, *v.a.* cause tc spring forward (h).

esforcét, *p.p.* of esforcer used as *adj.* increased; advantageous 3714.

esforz, *sm.* forces 599, 1049; *a e.* violently 1197, 1582; in great force 3218.

esfreedement, *adv.* in great perturbation 2767.

esfreer, *v.a.* perturb 438.

esgruigner, *v.n.* become notched 2302, 2313.

esguarder, *v.a.* look at 285, 2274, 3882.

esguarer, *v.a.* disturb 1036.

eslais, *sm.*; *faire sun e.* spring forward 2997, 3166.

esleger 1151, *v.a.* pay for, purchase 759.

esmaier 2211, *v.a.* dismay 2211, 2213; *v.refl.* be dismayed 920, 962, 2412.

esmerez, *adj.* refined (of gold) 132.

esmoveir; *pft. 3* esmut 2813: *v.a.* set in motion.

espaent; *v.* espoënter.

espalle, *sf.* shoulder 647, 1344, 3160, 3727.

espandre 3617, *v.a.* spread, scatter 3617, 3928; *v.n.* 3972.

esparigner, esparnier, *v.a.* spare 1504, 1689, 1883, 3103.

esperance, *sf.* hope; expectation 1411.

espés, *adj.* thick; *el plus e.* in the thick of the struggle 3529.

espier, *v.a.* spy on, betray 1147.

espiét, *sm.* spear, lance 541, 867, 1202.

espleit; *ad e.* at full speed 3547, with all one's strength 3559.

espleiter 395, *v.a.n.* carry out 395; fare, succeed 3657; hasten 2165.

espoënter; *subj. 3* **espaent** 1433, **espoënt** 1642; *v.refl.* be filled with fear.

esprendre 3917, *v.n.* catch fire.

esprever, *sm.* sparrowhawk 1535.

esprovét, *p.p.* proved 3163.

esquasser, *v.a.* smash to bits, 3879.

esquier, *sm.* groom 2437.

esrager, *v.refl.* rage 286.

essaiét, *p.p.* well-tried, of proved valour 2068.

essample, *sf.* tale designed to teach a moral 3979; *malvaise e.* a tale holding up the conduct of a person to reproof, in order to deter others from following his example 1016.

essoign, *sm.* (prob. = **essoigne,** obstacle, hindrance); *jo n'ai e. de* I am not stopped by 1232.

establer, *v.a.* stable 158.

establir, *v.a.* form (an army corps) 3027, 3217, 3237.

estache, *sf.* stake 3737.

estage, *sm. & f.* abode 188; *prendre s'e.* take one's stand 3129.

estal, *sm.; prendre e.* take one's stand 2139; *remaneir en e.* remain in position, hold out 1108.

estandart, *sm.* standard 3267, 3330, 3552.

ester 265; *pr. 6* **estunt** 2691; *imper. 5* **estez** 1064; *pft. 3* **estut** 671; *pres. p.* **estant** 2459: *v.n.* stand (as opposed to fall) 2219; stand (as opposed to sit) 671; stand fast 2784; *v.refl.* stand still 2105; *e. en estant* stand on one's feet 2522; *laisser e.* let be, desist from troubling 265, abandon, give up 3902, (+*le*) 2154; *laissez ço e.* enough of that 2741.

esterez; v. estre.

esterminals, *s.pl.* some sort of precious stone 1501 (h).

estét, *sf.* summer 2628, 3162.

estoerdre, *v.n. & refl.* twist out of, escape 593, 3632.

estoner, *v.n.* be stunned 3438.

estoveir; *pr. 3* **estoet** 119; *fut. 3* **estuvrat** 1151: *v. impers.* behove, be necessary; *m'estoet* it behoves me to 310, 2858; *ne l'estoet enseigner* there is no need to point him out 119; *ço nus estoet* this must we do 3630; *plus bels nen estoet* you could not wish for a fairer 313.

estrait, *p.p.* of **estraire** descended 356.

estrange, *adj.* strange 448, 1236, 3717.

estre 61; *pr. 1* **soi** 1521, *2* **ies** 297; *subj. 1* **seie** 3757, *4* **seiuns** 46, **seium** 1046; *impf. 1* **esteie** 2860, *3* **ert** 726, **eret** 719; *fut. 3* **ert** 51, **iert** 517, **ier** 556, *4* **ermes** 1977, **serum** 1520, *5* **esterez** 1134, *6* **erent** 3048, **ierent** 3286; *p.p.* **estét** 2610: *v.n.* be; live, exist 2929.

estree, *sf.* highroad; *aler en l'e.* take the road, go forward 3326.

estreit, *adj.* in close array 1001; *adv.* tightly 2202.

estreu, *sm.* stirrup 348, 2033, 2820.

estroër, *v.a.* pierce 2157.

estultie, *sf.* dash, reckless courage 1478, 2606, 3528; recklessness 1725.

estur, *sm.* assault, engagement 2122, 2413, 2862.

estut, estunt; v. ester.

estut; v. estoveir.

esvertuer, *v.refl.* put forward all one's strength 2298.

ewe 2465, *pl.* **eves** 3667, *sf.* water 3667; water, stream 1778, 1831, 2225, 2465, 2640.

exill, *sm.* ruin, misery 1862, 2935

faillir 801; *pr. 3* falt 2019; *subj.*
6 faillent 3133; *fut. 3* faldrat
1048; *pft. 6* faillirent 2601;
v.n. fail 397, 2601, 3344;
p.p. faillid treacherous, false
3815.
faire 241, fere 3400; *pr. 1* faz
678; *imper. 2* fai 3895; *subj. 1*
face 295, *3* facet 750; *fut. 1*
frai 300, *4* ferum 882; *pft. 2*
fesis 2029, *3* fist 89, *4* fesimes
418, *5* feïstes 1708; *past subj.
3* fesist 240, feïst 1607; *v.a.*
make, do 115, 393, 3060;
verbum vicarium 516, 890,
978, 1476, 1725 (516 = the
gold is of greater worth than
five hundred pounds are); *lo
f.* do it 1709, 2000, 2361; *cum
le purrum nus f.* how can we
do it? 1698; *vos le feïstes* you
did it, it was your fault
1723; *f. lo ben* do well 699,
fight well 807, 1876, 3400; *f.
a* (+infin.) act so as to deserve 1174, 1559; *bien fait
a remaneir* it would be well
to go no further, to leave it at
this 3798; *se f.* become, turn
96, 897, 1111.
fais, *sm.* burden 977.
faiture *sf.* visage 1328.
faldestoed, *sm.* chair of state
115, 609, 2804.
faldrat; v. faillir.
falser, *v.a.* declare false 3844.
falserie, *s'.* fraud, deceit 3665.
falt; v. faillir.
falve, *adj.* brownish-yellow 1495.
fedeilz, *adj. pl.* faithful 29;
sm. pl. faithful followers 84,
505.
feid, *sf.* faith 403, 507, 3416; *par
amur e par f.* in love and
loyalty 86, 2897, 3770.
feindre 1792; *pft. 3* feinst 2275;
v.n. act in a craven or half-
hearted fashion 1792; *v.refl.*
feign 2275.
feïst, feïstes; v. faire.

feiz, *sf.* time, turn; *ne vus a cesle
f.* not now 567.
felonie, *sf.* treachery 2600, 3833;
pl. wicked vices 1472.
fels 213, fel 1024; *acc. sing.*
felun 910, 1216, 1819; *nom. pl*;
felun 942, 1098, feluns 1191;
acc. pl. feluns 69, *sm.* one
guilty of a breach of feudal
faith 844, 3735; (by extension)
infamous person, villain 213,
1216; *adj.* wicked 69, 910,
1471; *tut seit f.* let him be
accounted a traitor 1924,
2062.
fenir 169, *v.a.* finish 193.
ferir 440; *pr. 3* fiert 1261, 6
fierent 1347; *imper. 2* fier
1120; *subj. 3* fierge 3462,
fierget 3559; *fut. 1* ferrai
1055; *pft. 3* ferit 2312; *p.p.*
ferut 2084; *v.a.* strike 440,
514, 1138; *pres. p.* ferant
hotly 2462.
fermer, *v.a.* fix, fasten 683, 707;
f. un gunfanun fix a pennon on
a lance shaft 3055.
ferrai; v. ferir.
fesimes, fesis, fesist; v. faire.
feu; v. fiet.
fiance, *sf.* assurance, guarantee
914, 1529, 1569; homage 2329;
trust 3009.
fieble, *adj.* feeble 2228.
fïer; *pr. 3* fiet 586; *v.refl.* trust.
fier, *adj.* wild, ferocious 1111;
fierce, ruthless 56, 256;
haughty 28, 118, 1640.
fierement, *adv.* fiercely 729,
745; haughtily, proudly 219,
739, 1162, 1920, 2984, 3316,
3423, 3536.
fierge; v. ferir.
fiertét, *sf.* haughtiness 1183;
martial spirit 2152.
fiet 472, fiu 432, feu 866, *sm.*
fief 472, 2680; privilege granted by the overlord to the
vassal in return for service
done by the latter 866.

fillastre, *sm.* stepson 743.

fin, *adj.* fine (of gold) 652, 1583, 2128.

fin, *sf.* end 1435, outcome 3872; end, death 1519, 2392, 3723; truce, accord 3395; *prendre f.* 1519, *aler a sa f.* 2392, 3723 die; *nen est f. que t'en alges* there is no question of your going 2978 (v. Bédier *Rom.* LXIV 229).

finer 166, *v.a.* conclude 62, 166, 705; put to death 436, 902; *v.n.* stop 2662; end one's life 2867.

firie, *sm.* liver 1278 (h).

fiu; v. fiet.

fiz, *adj.; estre f.* be sure 146, 1130, 3290.

flambur, *sf.* flash 1809.

flambïus, *adj.* gleaming, flashing 1022.

flur, *sf.* flower 1276, 1955, 2898.

flurit, *adj.* flowery; adorned with painted flowers 3361; hoary 117, 1771, 3087.

folage, *sm.* folly 292.

forment, *adv.* strongly 2251, 2514, 2577.

fors, *adv.* out 1202, 1776, 3122; *prep.* outside, except 6, 3806; *mettre f.* force out 1355.

forsfaire; *pft. 1* forsfis 2029, *3* forfist 3758; *past subj. 3* forfesist 3827; *p.p.* forsfait 608, 1393: *v.a.* wrong (someone in something) 2029, 3758, 3827; *v.refl.* become a criminal 608; *p.p.* wicked, criminal; forfeit 1393.

fort, *adj.* strong 1306, 1948, 3230; *a f.* rapidly 2631.

fossét, *sm.* ditch 2590, 3166.

fou 3106, fuus 3586, *sm.* fire 3106, 3917.

fraisnine, *adj. f.* made out of ashwood 720.

franc, *adj.* free, noble 274, 2324, 2657, 3978.

freindre 2210; *pft. 3* freinst 1247; *p.p.* frait 3604, 3927: *v.a.* break 486, 1227, 2342; break down 5; *v.n.* break 2302.

freiz, *sm.* cold 1011, 1118.

fremir 3484, *v.n.* ring (of metal when struck by a sword).

fremur, *sf.* hum 2693.

fruisser, *v.n.* break into pieces 1317, 2340, 2539, 3482, 3879; *v.a.* shatter 237, 2289, 3433, 3465, 3664.

fuildres, *sf. pl.* thunderbolts 1426.

fuls, *sm. pl.* throngs, crowds; *a f.* in swarms 1439.

funz, *sm.* bottom (of a river) 2471.

funz, *sm. pl.* fonts 1568.

furbir, *v.a.* furbish, polish (of weapons) 1925, 3482.

furcele, *sf.; les dous f.* the collar bone and the midriff; *entre les dous f.* full in the breast 1294, across the breast 2249; v. MARIO ROQUES in STUDIES PRESENTED TO M. K. POPE 321-8.

furcheüre, *sf.* fork 1330, 3157.

furrer, *sm.* sheath 444.

fust, *sm.* wood; wood (of a shield) 3583; shaft (of a lance) 1602; cudgel 1825, 3739; *arbrc de mal f.* gallows-tree 3953.

fuus; v. fou.

gab, *sm.; en g.* lightly, as a joke 2113.

gaber, *v.n.* brag (esp. to utter the conventional exaggerated vaunts usual with warriors on the eve of battle) 1781.

gaillard, *adj.* lusty, robust 2895, 3086, 3115.

gaillardement, *adv.* vigorously 2959.

galees 2729, galies 2625, *sf. pl.* galleys.

gambes, *sf. pl.* legs 1491.

garçon, *sm.* servant, camp-
follower 2437.
genoill 2664, *pl.* genuilz 2192,
sm. knee.
gent, *sf.* people, nation 393, 396;
men, forces 19, 564.
gent, *adj.* handsome, comely
118, 895, 1794; fine, goodly
1167, 1712; *g. est nostre bataille*
we are doing very well 1274.
gentement, *adv.* very well 2099;
in very becoming fashion 3121.
gentil, *adj.* high-born, gentle
176, 377, 646, 2252.
gernun, *sm.* moustache 215, 249,
772.
gesir 973; *pr. 3* gist 1657, *6*
gisent 3693; *condit. 5* jerreiez
1721; *pft. 3* jut 2758, *6* jurent
3653: *v.n.* lie 1342, 1694,
3653, 3693; *v.refl.* lie down
2375, 2513.
geste, *sf.* a written account of
the notable deeds of a people
or family 1443, 2095, 3742,
4002; a family celebrated in
song or story 788.
geter 1341, *v.a.* throw, cast 281,
1809; (indicates any violent
motion away from the author
or point of origin of the
motion, e.g. *g. mort* strike
down dead 1361, 3530, *g. fors*
drive out 1202, *g. de* release
3787, *g. del furrer* draw from
the scabbard 444).
giels, *sm. pl.* frosts 2533.
gieser, *sm.* sort of spear or
dart 2075 a.
giu, *sm.* sport 977.
glatir, *v.n.* yelp (of dogs) 3527.
glorius, *adj.* glorious, abiding in
highest Heaven 124, 429, 2196;
sm. He who abides in highest
Heaven (= God) 2253; *pl.* those
who dwell in highest Heaven
(= the saints) 2899.
gluz; *acc. sing.* glutun 1230;
nom. pl. glutun 1212, *sm.*
miscreant 1251, 3456.

graanter, *v.a.* grant, agree to
3805.
gracïer, *v.a.* thank 698, 2480.
graisle, *adj.* slender 3158, 3820.
graisle, *sf.* bugle 700, 1004,
3138.
gred, *sm.; de g.* on purpose 2000.
gref, *adj.* grievous 1687, 2531,
2801.
greignur, *adj.* greater 977;
greatest 2564; great 710, 719;
g. pareïs high Heaven 1135.
grifuns, *sm. pl.* griffins 2544.
guadez 316, *imper. 5* of guarder
guager; *pr. 1* guaz: *v.a.* pledge;
g. en dreit give a pledge 515.
guaires, *adv.* much; *ne . . g.*
not much, hardly any 1897,
1923, 3822, not much longer
2108.
guaiter, *v.a.* wake, watch over (a
corpse) 3731.
gualt, *sm.* wood 2549.
guarant, *sm.* warranter, pro-
tector 329, 868, 1254, 3514.
guarantir 1864, *v.a.* protect
1864, 3277; uphold 3836.
guarantisun, *sf.* protection 924.
guarde, *sf.; il nus cuvent g.* we
must beware 192.
guarder 679, *v.a.* guard 679,
1829, 3678; watch over, protect 316, 2527, 2713; hold to
(a religion) 687; *v. refl.* protect
oneself, avoid 9; *v.n.* look
487, 1103, 2532; *g. que* take
care that 650, 1013, 2061.
guarét, *sm.* fallow land 1385,
2266.
guarir 156; *pft. 2* guaresis 2386:
v.a. protect, save 1538, 2387,
3923; *v.n.* be saved 156;
go scot free 2063; recover
2036; *li miez guariz* those who
fare best 2473.
guarisun, *sf.* safety 3271, 3774.
guarnement, *sm.* equipment
100, 1420, 3001; v. Notes.
guarnir, *v.a.* equip, supply
3040; garrison 3676.

guaste, adj. f. waste 3127; bereft, empty 1985, 3450.
guaster, v.a. lay waste 703.
guaz; v. guager.
gueredun, sm. reward 3409.
guerpir 465, v.a. abandon 465, 1909, 3071.
guerreier, sm. warrior 2066, 2242.
guerreier; subj. 3 guerreit 579: v.n. make war 1557; v.a. make war on 579, 2681.
guier; imper. 5 guiez 2972; fut. 5 guiereiz 3282: v.a. lead 912, 3022, 3083; escort 2972.
guige, sf. strap with which the shield is hung round the neck 3151.
guise, sf. wise, manner; en g. de like 1226, 1902, 3264; par nule g. in no way 2002.
guivre, sf. viper 2543.
gunfanun, sm. gonfanon, pennon (attached to a lance) 857, 1811, 3551.
gunfanuner, sm. he who carries the gonfanon of a king or lord, standard-bearer 106
guverner, v.n. steer 2631.

haiter, v. impers.; que vos en haitet what cheer?, how do you feel about it? 1693.
halbercs; v. osberc.
halçur, adj. high 1017; high, proud 3698.
halt, adj. high 366, 814, 1622; paroles haltes proud words 1097; h. jurz high-day 3745; halte feste high feast 53; adv. loudly 891, 2111; en h. loudly 2014.
haltement, adv. loudly 1974, 3270, 3767.
hanste, sf. shaft (of a spear) 442, 1204, 2992; pleine sa h. with lance outstretched 1273 etc., v. M. K. POPE Medium Ævum V 10.
hardement, sm. courage, act of daring 1710.

hardiz, adj. daring, bold 2027, 2603, 3352.
hasteier, v.refl. hasten 992.
haster, v.refl. hasten 2277; de ferir mult le h. hastens to strike him (?) 3445.
hastifs, adj. hasty 140; swift, sharp 1661.
haür, sf. hatred 3771.
heingre, adj. spare 3820.
helz, sm. pl. quillons, the two arms of the cross-guard (of a sword) 621, 1364.
her; v. ier.
herberge, sm. encampment 2488, camp 668.
herberger 2482, v.n. & refl. take shelter for the night; encamp 709, 2482, 2799.
herbus, adj. grassy 1018, 3925.
herite, sm. heretic 1484.
hoem 3265, hume 604, home 1886, acc. sing. hume 381, home 549, nom. pl. hume 20, humes 3487, acc. pl. humes 13, homes 2756, forms which are fully stressed; hum 2559, hom 39, om 2127, en 2868, forms (all nom. sing.) which have only secondary stress: sm. man (in sing. always with the sense of 'liegeman') 39, 297, 3893; any man, every man 311, 1433; (+ neg.) no man 530, 791, 924; indef. pron. = Mod. Fr. on (only the secondary stressed forms seem to be used in this way) 287, 2127, 2868.
hoese, sf. boot 641.
hoi 2107, oi 1210; adv. to-day 1191, 1985, 3898; h. cest jur this day 2107; d'oi cest jur en un meis in a month from to-day 2751.
honur, sf. honour shown to a person 2774, 2960, 3733; honourable distinction or renown enjoyed by a person 45, 533, 1223, 2430, 2507, 2903; things

that redound to a person's praise 3181; honourable privilege, fief 315, 820, 2833, 3399; *par h.* honourably 39.
hostage, *sm.* hostage 147, 572, 679; *par h.* in return for hostages 3852.
hosteler 160, *v.a.* lodge.
hosturs, *sm. pl.* hawks 31, 129, 184.
hu, *sm.; le h. e le cri* the noise and the shouting 2064.
hum, hume; v. **hoem**.
humeles, *adj.* humble 1163.
hunc; v. **unkes**.
hunir 631, *v.a.* shame 969, 1927.
huntage, *sm.* shame 1091.

i, *adv.* here, there 5, 575, 1561; in this matter, in this respect 338, 3459.
icel, icil; v. **cil**.
icest, icist; v. **cist**.
iço; v. **ço**.
idunc; v. **dunc**.
ier 2701, **er** 383, **her** 2745; *adv.* yesterday 2701, 2745, 2772.
ierent, iert, ies; v. **estre**.
iloec, *adv.* there 463, 2186, 3095; *i. endreit* in that very place 3607.
irance, *sf.* rage and sorrow 1845.
irascut, *p.p.* of **iraistre** angry 777.
ire, *sf.* wrath 301, 485, 1722; grief 971, 2944, 3989; *par i.* 1662, *a i.* 1920 furiously.
ireement, *adv.* furiously 733, 1834; angrily 762.
irét, *adj.* angry 1558; resentful 2164; grieved 2414.
irur, *sf.* wrath 1098, 1224; sorrow 1023, 2877.
isnel, *adj.* swift 1312, 1535, 2766.
ssi; v. **si**.
assir; *pr. 3* **ist** 1220, *6* **issent** 2640; *imper. 5* **eissez** 2806; *pft. 6* **eissirent** 1776; *p.p.*

issut 2647, **eissut** 2810: *v.n. & refl.* issue forth.
itant; v. **tant**.
itel; v. **tel**.

ja, *adv.* just 1546; in truth, indeed, certainly 313, 1771, 2429, 3825; (+ fut.) soon 1704; (+ past) of course, as is well known 1391, 1566, 1775; (+ fut. + *ne*) from now on . . not, certainly not, nevermore 316, 693, 1096; (+ implied neg.) ever 1064, 1090, 2738; *jamais . . . ne* nevermore 386, 1721; (+ wish or asseveration) now, ah! 196, 2257.
jacunces, *sf. pl.* jacinths 638.
jaianz, *sm.* giant 3253, 3285, 3518.
jalne, *adj.* yellow 1494, 3427.
jamelz, *sm. pl.* gambrils (crooked sticks on which carcasses are hung) 3739.
jazerenc, *adj.* made of Eastern mail 1647.
jerreiez; v. **gesir**.
jesque; v. **josque**.
joe, *sf.* cheek 3921.
jointure, *sf.* joint; *hunc n'i out quis j.* never was a joint sought (i.e. it went through the bone) 1333.
josque 510, **jesque** 2538, *conj.* until 1838; *prep. josqu'a* as far as 976, until 3395; *josqu'a un an* in a year's time 972.
joüs, *adj.* joyous 2803.
jüer 901, *v.n.* play 111, 1477.
juger 751; *pr. 1* **juz** 3831: *v.a.* doom 937, 1058, 1409, 3772, 3789, 3831; adjudge, appoint 288, 742, 751, 838, 1025; assign 321, 754, 778; judge 3751; *il est jugét* it is decreed 742.
jugeürs, *sm. pl.* judges 3699, 3765.
juindre 923; *p.p.* **juinz** 2240, *f.* **juntes** 2392: *v.a.* join 223, 2015, 2392; *v.n.* join battle with 923.

juïse, *sf.* judgement; *Deu j.* the Judgement Day 1733; *al plus verai j.* to execute His righteous judgement (*or* where he will give true judgement?) 3368.

jur, *sm.* day 162; *le j.* that day 813, 816; *cest j.* 1520, *oi cest j.* 2751 to-day; *tute j.* the whole day 1780.

jurent; v. gesir.

jus, *adv.* down 1955, 2291, 3941; *j. de* down from 2040, 2840.

justise, *sf.*; *faire sa j.* take vengeance 3988; *faire (la) j. de* do execution on, punish 498, 3904.

juste, *prep.* beside 2626.

juster 2181, *v.a.* bring together 2181; form (divisions or squadrons of an army) 3347, 3384; *v.refl.* join, meet 1976; *v.n.* fight with 1191, 3169; *j. une bataille* join battle 2761, 2889, 3874; *le cors a la tere li justet* falls to the ground 2020.

jut; *v.* gesir.

juvente, *sf.* youth 1401, 2916.

ki; v. qui.

lacier, *v.a.* lace 712, 996.

laisser 2069; *pr. 1* lais 315; *fut. 1* lerrai 785, *3* lairat 2666, lerrat 574; *pft. 2* lessas 2583: *v.a.* leave 2435; let 2486, 3350; (fut. or condit. + *ne* + subord. clause) not fail to, not refrain from 457, 1252, 2666; v. ester.

lariz, *sm.* fell, hillside 1085, 1125, 1851.

las, *adj.* weary 871, 2494, 2519; *interj.* unhappy wretch that I am!, Alas! 2723.

lascher; *pr. 6* lasquent 3877: *v.a.* loosen 1290, 1617, 2996.

laz, *sm. pl.* laces (of a helmet) 3434.

leger, *adj.* light 2171, 3864; nimble 113, 1312, 3885.

legerie, *sf.* recklessness, piece of recklessness 206, 300, 513, 1726.

lei, *sf.* law; faith, religion 38, 126, 611, 3338; custom, *a l. de* after the custom of, like 752, 887, 1143, 2251.

lengues, *sf. pl.* streamers (of a gonfanon) 1158.

lerrai, lessas; v. laisser.

let, *fem. pl.* lees 1918, *adj.* broad 3149, 3160, 3570.

leupart 1111, lepart 733, *sm.* leopard 733, 1111, 2542.

lever; *pr. 3* lievet 2194; *v.a.* raise 419, 1748, 2848; raise from the baptismal font, stand godfather to 1563; *v.n.* rise, get up 163, 669; *v.refl.* rise 3633.

levre, *sm.* hare 1780.

lez, *prep.* alongside 1315.

liet, *adj.* happy 96, 1745, 2803.

lieve; v. lever.

lige, *adj.* liege 2421.

lign, *sm.* line 2379.

linees, *adj. f. pl.* (?) 3983.

listét, *adj.* edged 3150.

liues 688, liwes 1756, *sf. pl.* leagues 688, 2425, 2759.

lius, *sm. pl.* places 817, 2160, 3016.

loër 532; *subj. 3* lot 1589; *v.a.* praise 420, 1589, 3315; recommend, advise 206, 226, 2668, 3948; *p.p. f.* loee; *France la l.* France the renowned 3315.

loëment, *sm.* advice 1709.

loi; v. lui.

loiter, 2552 *v.n.* struggle.

lorer, *sm.* laurel 2651.

los, *sm.* praise; fame 1054, 1194, 1210.

lu, *sm.* wolf 1751.

lüer, *v.a.* smear 2276.

lüer, *sm.* recompense 2584.

lüer 34, 133; *v.a.* engage, hire.

luisir; *pr. 3* luist 980: *v.n.* shine 1031, 1326, 3345.

luiserne, *sf.* blaze, light 2634.

lunc, *prep.* alongside 3732.

lung, *fem.* lunge 1755; *adj.* long 3255, 3374; far-carrying 1755.

magne, *adj.* great (only as an epithet applied to Charlemagne), 1, 703, 841.

mahumerie, *sf.* mosque 3662.

maile, *sf.* steel rings sewn on the hauberk, mail 1329.

mailz, *sm.* hammer 3663.

main, *adv.* morning; *par. m.* in the morning 667.

mais 273, mes 1309 *adv.*; I more (quantity); *ne m. que* . . *ne* no more than, only 1309; *ne* . . *ne m. que* only 1934; *ne m. que* except 217, 382, 3333; II longer (time) 2561; *ever* 528, 543; *ne . m.* no more, no longer 273, 595 872; *unkes m.* . . *ne* never did,' never was 1040, 1461, 2223, *ja m.* . . *ne* never more, never again 376, 779, 2901; III introducing a new phrase or clause = rather, but 329, 332, 1151; with weakened force, merely indicating a new phase of the action = now, but see 368, 425, 1155; *m. que* + subj. but that, if only 234.

maisnee, *sf.* household (i.e. the company of barons who constantly attend their lord) 1407, 1794, 1820.

maistre, *adj.* chief 1818, principal 2939.

major, *adj.; tere m.* the great land (i.e. France) 600, 1532, 1667.

mal, mel 206, *adj.* bad 260, 2699, *sm.* harm, ill 9, pain 2101; *adv.* 179; *prendre m.* go wrong 179.

maldire; *p.p.* maldite 1916: *v.a.* curse 1667, 2579.

maler; *p.p.* malez 3855; *v.a.* summon before a court; (in an appeal of felony) summon to do battle (?) 3855.

malmettre, *v.a.* ruin 3483; *v. refl.* go to the bad, forswear oneself 3830.

maltalant, *sm.* anger 271, 327.

maltalentifs, *adj.* enraged 2056.

maneviz, *adj.* alert 2125.

mangun, *sm.* Saracen gold coin 621.

manuvrer, *v.a.* set, mount 2506.

mar, mare, *adv.* = in an evil hour: the exact shade of meaning must in every case be inferred from the context— *m. vindrent* it was unlucky for them that they came 1057 (cf. 1068, 1335, 1949, 3446); *mar* is often used in expressions of regret at some disaster, in this case frequently strengthened by *si* or *tant*—the expression implies that it was unlucky that the person in question was ever born, or that he ever lived, or that he ever possessed noble qualities, since otherwise the disaster would not have befallen him (cf. 350, 1604, 1860, 1983, 2146, 2195, 2221, 2304, 2475, 2823); *mar* + future implies a strong prohibition, *ja m. crendrez* you must not fear 791, *ja m. en vivrat uns* not one shall live 3951;—another *nuance* (no need to) is found in 2734 and 3558.

marche, *sf.* march, frontier province or region 3128, 3168; (implying remoteness) 839; territory belonging to a high noble 2209; kingdom 275, 374; *pl.* provinces (?) 190, 3716.

marchét, *sm.* market; *faire m. de* buy 1150.

marchis, *sm.* warden of a march; marquis 2971, 3058; great captain 3502; as applied to Roland (630, 2031) may denote the possession of high rank or of outstanding prowess, or both.

marrene, *sf.* godmother 3982.
martre, *sm.* marten 302, 3940.
martyrie, *sf.* martyrdom 1922; slaughter 591, 965.
matice, *sf.* some sort of precious stone, amethyst (?) 638.
matir 3206, *v.a.* kill, destroy 893, 3206.
maz, *sm. pl.* masts 2632.
meignent 983, *ind. pr. 6* of **maneir**, *v.n.* dwell.
mel; v. **mal**.
menee, *sf.* blast, peal (of a trumpet) 3310; *suner la m.* peal 1454.
mener 906; *fut. 5* **merrez** 3204; *v.a.* lead, conduct 502.
mentir, *v.n.* lie; *ki unkes ne mentit* 1865 that never lied, cf. *Titus* i, 2.
menur, *adj.*; *la m.* smallest 3219.
menut, *adj.* small 1956, 2370; closely meshed (of mail) 1329; *denz m.* front teeth 1956; *chevels m.* thick curly hair 3605; *adv.* frequently (always in the phrase *m. e suvent*) 1426, 2364.
mercier, *v.a.* thank 908; requite 519.
mercit, *sf.* mercy 82, 239, 1132; *m. Deu, Deu m.* by God's mercy 2183, 2505; *vostre m.* grammercy 3209; *en ma m.* at my mercy 2682.
merir, *v.a.* requite 519.
merveillus, *adj.* inspiring wonder or dread, hence wonderful 370, 1094, prodigious (of blows, courage) 1397; terrible 815, 1320, 2474, 598 (?).
merveillusement, *adv.* with prodigious force 3385.
mes, *sm.* messenger 3191.
mes, *adv.*: v. **mais**.
mes, 297, mis 136, mi 636; *acc.* mun 188, mon 2824; *nom. pl.* mi 20; *acc. pl.* mes 682; *fem. sing.* ma 275, *fem. pl.* mes 3282: *poss. adj.* my.

mesler, *v.refl.* get into a broil 257.
mespenser, *v.n.* indulge in craven thoughts 1515.
message, *sm.* messenger 120; message, mission 92.
mester, *sm.*; *aveir m. a* be of use to 1742.
mesure, *sf.* measure, extent 1035; way 146, 631; moderation 1725.
metre 3692, *v.a.* put 149 [note cases like 1228 etc., 'où il s'y ajoute une nuance de rapidité, de violence ou simplement de mouvement qui n'est plus guère présente aujourd'hui—Foulet]; *p.p.* **mis** 1753; *mises de* plated with 91.
mi, *sm.* middle; *parmi* through the middle of 1248; throughout 700; across 1018; *adv.* through the middle 3386; *enmi* (*emmi*) in the midst of 1385, 1638, full in the middle of 3920.
mie, *sf.* crumb; (indicating a very small quantity) one little bit 465, 1317; (+ neg.) not one little bit, not at all 140; *n'aveir m. de* be without 1172, 2697.
mielz, *adv.* better 58; more 539; *des m.* the best 1822, 2143.
meir 1549, **mer** 115, *adj.* pure (of gold) 1314 etc.
milie, *pl.* of mil thousands (only to denote a definite number of thousands, as *.iiii. c. milie* four hundred thousand 715).
milliers, *sm. pl.* thousands (i.e. a very large but indefinite number) 109, 1685.
miracle, *sm.*; *a m.* with prodigious force 1499; v. J,*n.*
moerc; v. **murir**.
mollét, *p.p. adj.* shaped 3159; shapely 3900.

158   GLOSSARY

mot, sm. statement, words 1164, 2087, 3717; ne .. m. not a thing 1173; ne suner m. 1027, ne tinter m. 411 not say a thing; a icest m. this said 1180, a cel m. thereupon 2764; a l'altre m. thereupon 2597; dire mals m. de revile, insult 1190.
moüstes; v. muveir.
muables, adj. that will moult 184.
müer 773, v.a. & n. change (colour) 441, 2502; change (feathers), moult 129; m. xxx clartez shine with thirty different lights 2502; ne puet m. he cannot alter things, he cannot help 773 etc.
müers, adj. moulted 31.
muiller, sf. wife 42, 361.
mul, sm. mule 32, 130.
mult, adj. many 3090; adv. much, greatly, grievously 126, 144, 1433; very 29, 53, 88.
munie, sm. monk 1881, 2956.
munter 242, v.n. climb 2993; m. a plus go further 228, 242.
murdrie, sf. murder 1475.
mure, sf. point (of sword or spear) 1156.
murir 536; pr. 1 moerc 1122; subj. 1 moerge 359, 4 moerjum 1518: v.n. die 536; v.a. (in tenses compounded with aveir) kill 2756,2782; estre m. be dead, be killed 1439, 1726, 2038.
museras, sm. pl. a species of spear 2075, 2156.
muster, sm. minster 1750, 1881, 2097, 3861; m. de nuneins convent church 3730.
mustrer, v.a. show 1369; set out, explain 3325.
muveir; pft. 5 moüstes 1335; v.a. start 290; v.n. set out 1335.

naffrer, v.a. wound 1656, 1990.
nager, v.n. move through the water by means of oars 2631.
nasel, sm. nose-piece 1645.

navilie 2627, navire 2642, sm. fleet.
nef, sf. ship 2625.
neielez, adj. nielloed [i.e. with an incised pattern filled up with black enamel] 684.
neif, sf. snow 3319.
nepurquant, adv. notwithstanding 1743, 2838.
nevuld 216, 824, nom. sing. nies 384, sm. nephew.
nïent, sm. nothing 787, 1643, 1770; ne .. n. in no wise 300, 1415.
nies; v. nevuld.
nis, adv. not even 806.
nons; v. num.
noveler, v.n. revive 2118.
num, sm. name; aveir n., aveir a n. be named 1188, 1213, 1235; par n. d'ocire as one named to die, as one destined to death 43, 149; a Deu e a ses nuns, v. Bédier Comm. 317.
nurrir, v.a. bring up (a youth of noble birth in a lord's household) 2380; have in one's household and service 1860, 3374.
nusches, sf. pl. necklaces 637.
nuveles, sf. pl. news 412; debate (?) 3747.

o, adv.; v. u.
o, conj.; v. u.
o, prep.; v. od.
ocisiun, sf. slaying 3946.
od 84, ot 2052, prep. in company with 84, 800; by means of 1778, 2052; ensembl' od, od tut together with 104, 1357.
odum; v. oïr.
oes, sm. use; ad o. for the use of 373.
oi adv.; v. hoi.
oi v.; v. aveir.
oidme, adj. eighth 3068.
oïe, sf. hearing 2012; distance over which a thing can be heard, range 1765.

oïl, yes 644, 3180.
oil, *pl.* oilz 682, *sm.* eye 773, 1131.
oïr 412; *pr. ʒ* ot 302, *4* odum 2150, *5* oëz 1795; *pft ɪ* oï 1386, *ʒ* oit 499; *fut. ʒ* orrat 55: *v. a.* hear.
oïxur, *sf.* wife 821.
olifan, *sm.* ivory 609, 2653; ivory horn 1059.
om; v. hoem.
onur; v. honur.
or, *sm.* gold 100 etc.; perh.=ur (<*orum) border 516.
ore, *sf.*; v. ure.
oréd, *sm.* tempest 689, 1424, 2534.
orer, *v.n.* pray 3110.
orét 1811, oriét 2345, *fem.* oree 1283, *adj.* golden, gilded.
orie, *adj.* golden 3033.
orieflambe, *sf.* oriflamme 3093; v. Romaine.
os, *adj.* daring 2292.
osberc 1199, halbercs 711, *sm.* hauberk (a long coat of mail protecting the head and trunk) 1199, 1227.
ost, *pl.* oz 598, *sf.* host, army 18 etc.
osteier 528, *v.n.* campaign 35, 528, 543.
ostel, *sm.* lodgings 342.
ot; v. aveir, od, oïr.
otrier 433, *v.a.* grant 1008, 3395; approve (a plan) 475, 3962; agree with 194, 3805; admit, concede 3760; *sel volez o.* if you will agree, I think you will agree 1672.
oümes, ourent, oüsse, oüssum, oüssent, out, oüt; v. aveir.

paenime, *adj.* pagan 1921.
païenur, *adj.* pagan; *gent p.* pagan people 1019, 2427, 2639.
païs, *sf.* peace 73, 391, 423.
païs, *sm.* land 17, 1859, 3207.
palefreid, *am.* palfrey 479, 756, 1000.

palie, *sm.* piece of brocaded silk 110, 846, 2965.
palme, *sf.* palm; palm's breadth 3606.
palmeier, *v.a.* flourish, twirl 1155.
pan, *sm.* skirt (of a *hauberk* or *blialt*) 1300, 2173; streamer (of a *gonfanon*) 1228; portion (of territory) 869, 3207.
par, *prep.* through 525, 2635; by 2586; by means of 74; with 426; *p. main* in the morning 667; *p. honur e p. ben* loyally and sincerely 121; *p. sum* at the top of 714; *p. els,* by themselves, with no other company 3065; *p. veir* in truth 87; *adv.* quite, very (often in combination with *mult* or *tant*) 142, 559, 2550.
parçuner, *sm.* co-parcener, joint owner 474.
pareir; *pr. ʒ* pert 2845: *v.n.* appear.
pareïs, *sm.* paradise 1135, 2258, 2899.
parentét, *sm.* lineage 356; family 3907.
parfunt, *adj.* deep 1831, 2465, *sm. pl.* depths, chasms 3126.
pargeter, *v.a.* throw out 2634.
parlement, *sm.* conference 2836.
part, *sf.* side, direction 3332: *de p. Deu* in God's name 2847; *de meie p.* from me 361; *d(e l')* *altre p.* on the other hand, in addition 885, 916; *de male p.* wicked 2135: *d'une p.* on one side 3433; *metre a une p.* set apart, select 1115; *de la cuntree unt porprises les p.* they have occupied the country in all directions 3332.
partir, *v.a.* separate 3529.
pas, *sm.* step; *sun petit p.* slowly 3227; *le p. tenant* 1165, *le p. tenez* 2857 go slowly; *adv. ne . . p.* not at all 1528.

pasmeisun, *sf.* swoon 2036, 2592.

passage, *sm.* pass, way through the mountains 657, 741.

passer, *v.a.* go across, go through 3683; (cause to) pass through 1272; *v.n.* cross, effect a passage 816; pass (of time) 54.

paterne 3100, **patene** 2384, *sf.* Lord (=*imago paterna,* image depicting God the Father).

patriarche, *sm.* Patriarch (title borne by each of the four chief bishops of the Eastern Church) 1568.

pecchét, *sm.* sin 240, 1140, 1882; calamity 15, 3646.

peceier 2210, *v.* break into pieces, shatter 97, 2210, 3584.

peil, *sm.* hair 503, 1012, 3954.

peine, *sf.* toil, hardship 267, 864; *faire la p.* toil, be in distress 1790.

peist, v. **peser.**

peiz, *sf.* pitch 1474.

pejur, *adj.* worse; *les p.* the worst 1822.

peler, *v.a.* remove the hair from 1823; peel 3323.

pene, *sf.* apex, top (of a shield); 1298; *p. halte* very top 3425.

penitence, *sf.* penance 1138.

penuse, *adj. f.* toilsome 4000.

per, *sm.* equal; fellow baron, peer 64, 285, 903; mate, wife 3710.

perdre 937, *v.a.* lose 2148; destroy 1323, 2834; *v.refl.* be destroyed, die 2305; *p. sun edét* lose one's life 3170, *jugez a p.* doomed to be destroyed 937.

peril, *sm.* danger 2387; *Seint Michel del P.* (=S.M. in periculo maris,* epithet applied to the abbey of Mont St. Michel on account of its dangerous situation, and then transferred to the saint) 152, 1428, 2394.

perrun, *sm.* block of stone; (in front of a building) 12, 2704; (serving as a frontier post) 2268, 2272, 2875.

pers, *adj.* dark blue, livid 1979.

pesance, *sf.* heaviness, grief 832, 2335.

pesant, *adj.* grievous 1412, 1687, 2470.

peser; *pr. 3* peiset 2514; *subj. 3* peist 1279; *v. impers.* to weigh heavily upon, be a matter of concern to; *qui qu'en peist* no matter whom it grieves 1297.

pesme, *adj.* (= L. pessimus, but with a strong affective colouring) fierce 56, 256, 392, 2550; terrible 2147, 2919, 3403.

petit, *adj.; a ben p. que . . . ne* it is almost the case that 305.

piment, *sm.* spiced wine 2969.

piz, *sm.* breast 48, 1294, 3159 [the word properly denotes the whole thoracic region and its bounding walls].

place, *sf.* place, spot 1507; *en la p.* in this place, in that place, here, there 764, 1108, 3549, 3853, 3945; *par cele p.* around that place, there 1342.

plaider 2667, *v.n.* hear pleas, hold a court of justice 2667; uphold a suit for 3933.

plait, *sm.* agreement 88, 226; court 1409, 3841, 3949; trial 3704, 3741, 3747 (?), *pl.* 3780; *tenir tel p.* put forward such a contention (?) 3826.

plege, *sm.* pledge, surety 3846.

pleiét, *p.p.* folded· *guant p.* folded glove (folded to show that it was given as a gage) 2677.

plein, *adj.* full 2610, 3686; *p. curs* at full speed 2878.

pleindre 1695, *v.a.* lament, bewail 834, 1695, 2696, 2897; *v.refl.* lament 915.

plener, *adj.* full, thorough; powerful 2463, 2862, 3401.

plevir, *v.a.* pledge 507, 968, 1704; stand surety for 3847.

plusur, *adj.* many 2377; *pron.* many 1434; *li p.* the most part 2422; *tuit li p.* the greater part 995.

poeir; *pr. 1* puis 254, *2* poez 2456, *3* poet 9, *4* puum 1238, *5* püez 74, *6* poedent 1841; *subj. 3* poisset 1598, *6* poissent 3049; *pft. 1* poi 1365, *3* pout 344; *impf. subj. 3* poüst 1182, *4* poüssum 631; *v.* be able 34, 1458; have cause to 537, 1182, 1695, 2412, 3488; *ki plus poissent* who can do more 3049; *il ne poet en avant* he can go no further 2228; *p. amer* find worthy of love, love 2216.

poëste, *sf.* power; *a tel p.* with such power (?) 2926.

poësteïfs, *adj.* powerful 460, 2133.

poëstét, *sf.* power; *par p.* forcibly 434, 477, in great force (?) 3653: *par sa grant p.* with great forces (?) 2609.

poi, *v.*; *v.* poeir.

poi, *adj.* little, a few 300, 1940; *pur p., pur p. que* nearly 304, 2789, 3608.

port, *sm.* port 1429, 2626; pass, way through the mountains 657, 741, 824.

porter 610, *v.a.* carry, bear, wear 72, 1464; carry away, drag away 1619; *p. les piez* betake oneself 260.

poür, *sf.* fear 828, 843, 2046.

poüssum, poüst, pout; *v.* poeir.

prametre; *p.p.* pramis 1519: *v.a.* promise 3416.

preder *v.n.* go on a foray 385.

preiser 1559, priser 1683; *pr. 1* pris 3189; *subj. 3* prist 2739; *v.a.* value 636, 1872, 3189; estimate 1683, 3029; *faire asez a p.* do much that is praise-

worthy, act valiantly 1559; *p. a un enfant* think no more of than of a child 2739; *les melz p.* the most renowned, the bravest 1872.

premereins, *adj.*; *tut p.* first of all 122, 1189.

prendre 333; *imper. 5* pernez 804, 2829; *pft. 5* presistes 205, *6* pristrent 2706; *v.a.* take 333, 509, 2190; take hold of 2224, 2982; take prisoner 434, 1730, 1816; take away 3606; receive 1148; undertake, fight (a battle) 1729; *p. la teste* cut off the head 209, 491; *p.* (+ *a*) begin 343; *v. impers.* (*p.* + dative + *a* + infin.) begin 2377.

present, *adj.*; *en p.* here, at hand 329, 1435; *metre en p.* bring and put at one's disposal 398; *laisser en p.* leave with one 785.

primes, *adv.* first 589, 1924, 2845.

principal, *adj.* princely 3432.

prisun, *sf.* the act of taking into captivity; *ja n'avrat p.* there will be no taking of prisoners 1886; *mener en sa p.* take away as his captive 3680.

prod, *adj.* advantageous, good 604, sufficient, fit 1277, 1557; worthy, valiant 172, 1209, 1441; *adv.* profitably 2098; *sm.* profit 221, 507; *faire que p.* behave valiantly 1201; *i aveir p.* gain advantage from it 699, 3459.

proëcce, *sf.* prowess 1731; ; *pl.* deeds of prowess 1607.

prophete, *sm.* man of God 2255.

proveires, *sm. pl.* priests 2956.

prozdom 26, produme 1288, *sm.* man of worth 1528; man of valour 1288, 3264.

puez, püez, puum; *v.* poeir.

pui, *sm.* hill 814, 1017, 2271.

puindre; *pr. 3* puint 3547, *6*
puignent 1844: *v.a.* spur 3547;
v.n. spur on, ride fast 889,
1844, 2055.
puinneres 3033, *acc.* poignëor
3775, *pl.* puigneürs 3677, *sm.*
great fighter.
puinz, *plur.* of poign, puign.
puis, *adv.* after that, then 225,
391, 2753; *prep.* after 664,
3382; *p. de* 2262, *p. que* 818
after, since 318.
pulcele, *sf.* girl 821.
puldre, *sf.* dust 3633.
pumer, *sm.* apple-tree 2537.
punt, *sm.* pommel 466, 2345,
2506.
pur, *prep.* for, on behalf of
807; because of, on account of
412, 686, 1092, 1241, 1437,
2049; in exchange for 457,
2666, 2809; for the purpose of
1184, 1319, 3296; to the point
of 514, 3617; *p. ço* because of
this 591; *p. ço que* because 324,
2102; *p. quei, p. que* wherefore
286, 3759; *por q.* because 325;
p. murir to the point of being
slain, even if we were to lose
our lives 1048, even at the cost
of a life 3812.
purcacier, *v.n.* take the necessary steps 2612.
puroffrir, *v.a.* present 2365,
2389.
purparler, *v.a.* discuss the
details of 511, 3856.
purpenser, *v.refl.* bethink oneself 425, 3589; *estre p.* be
mindful, take care 1177.
purprendre; *p.p.f.* porprises
3332; *v.a.* occupy 805, 3332.
put, *adj.* stinking, vile; *de p. aire*
of vile birth 763.

quanque, *pron.* whatsoever
3202; *q. il poet* with all his
might 1198, 2298.
quant, *conj.* when 51, 142; since
239, 251, 328.

quant, *adv.* when? 528, 543,
556.
quanz, *adj. pl.* how many, how
much 2650, 2730.
quar; v. car.
quarrel, *sm.* quarrel, bolt from
a cross-bow 2265.
quasser, *v.a.* break 2078,
3448.
quat, *sm.; a un q.* all of a heap
1267.
que, *conj.* that 531, 884; (consecutive) with the result that
549, 1307, 3549; (causal) for,
because 356, 1318, 2427, 2784,
3412.
que, *pron.*; v. qui.
quei, *adj.* quiet 3797.
quel, *adj. & pron.* what 146, 716,
1544.
quens 172, *acc. sing. & nom. pl.*
cunte 378, 1097, *sm.* count.
quer; v. coer.
querre 1782; *pft. 1* quis 3759;
p.p. quis 1333: *v.a.* seek.
qui, ki 94, chi 838, que 179, qu'
(before vowel) 2575; *acc. sing.*
que 124; *dat sing. & strong acc.*
qui 417, 429; *nom. pl.* qui 3703
ki 350; *acc. pl.* que 154, qui
3187: *pron. rel.* who, which;
he who 833, 2524, 2584 etc.;
if there is anyone who 596,
1181, *seit ki* (with the same
sense) 391; *dat.* whose 417.
qui, ki 748; *acc. sing.* qui 244;
dat. sing. qui 1405; *acc. sing.
neuter* que 374, (strong form)
quei 832: *pron. inter.* who?,
what?; (in indirect questions)
who, what 742, 1982; *que*
neuter used as *adv.* why?
1697, 2723.
quider; *pr. 1* quid 150: *v.a.*
think.
quiement, *adv.* quietly 1483.
quier; *pr. 3* quiet, 1631; *pft. 2*
quias 764: *v.a.* think.
quir, *sm.* hide 1012, 2968.
quis; v. querre.

quite, *adj.* relieved of (a legal obligation); absolved 1140; *clamer q.* renounce all rights over 2748, 2787.
quitedét, *sf.* quiet 907.

racater, *v.n.* reply (of musical instruments answering each other) 1833, 3194.
raier, *v.n.* stream out (of blood) 1980.
raisun, *sf.* speech, statement 219, matter 2863; *par mult fiere r.* in bold words 1231; *la r. escrite* what was written there 487; *por la r. cunter* to act as spokesman 68; *dreite r. rendre* speak well (?), give good counsel (?) 3784.
raller 1319, *v.a.* rally 1319; *v.n.* 3525.
rancune, *sf.* bitterness 2301.
receivre 1178, *pr. 1.* receif 2838; *imper. 2* receif 3597: *v.a.* take, take up 320, 464; take into one's charge 1821; receive 1178, 1922; accept (a religion) 38, 471.
recercelét, *adj.* curly 3161.
recercer 2200, *v.a.* search again.
recét, *sm.* house, abode 1430.
reclamer, *v.a.* invoke, call upon 2044, 3391, 3490; *r. sa culpe* 2014 = *clamer sa culpe.*
recoevrement, *sm.* recovery 1650.
reconoisable, *adj.* recognizable 3124.
reconoistre 1993; *subj. 3* reconuisset 3588: *v.a.* recognize 1639, 1993, admit (a crime) 3588; *r. sun feu* do hommage for his fief 2680.
reconuisance, *sf.*; *pur la r.* as his distinguishing cry 3620.
recreant, *adj.* ready to confess oneself defeated 393, 2663, 2733, 3048; renegade, treacherous (?) 2063, 3973; *estre r. de* be ready to give up 528, 543, 906.

recreantise, *sf.*; *nostre deu sunt en r.* our gods have given up the fight 2715.
recreire, *v.n.* give up 871; give in 3892, 3908; *v.a.* set at liberty (a party to a trial by battle, after he has given gage and pledge that he will appear to fight on the appointed day) 3848, 3852; *estre recreüt* give in 2088.
recuillir 2965; *pft. 3* requeillit 3210: *v.a.* take up.
recumencer, *v.* begin again 2065, (with pleonastic *le*) 1677, 1884; *car jol vos recumenz* for I am starting it again 1937.
recuvrance, *sf.* recovery 3619.
recuvrer 344; *fut. 4* recuverum 3813: *v.a.* obtain 344; recover 3803, 3813; *v.n.* attack again 3441.
redotez, *adj.* in his second childhood 905.
refreider, *v.n.* cool down; rest, become refreshed 2486.
regne, *sm.* kingdom 812, 1961, 3408.
regnét, *sm.* kingdom 694, 1029, 2864.
regreter 2026, *v. impers.* to cause grief to 1609; *v.a.* bemoan the death of 2026, 2886; call upon 1512; *v.* J *1512 n.*
reguart, *sm.* look 1641, 2802.
reialme, *sm.* realm 2914.
remaneir 3552; *pr. 2* remeines 2928, *3* remeint 1696; *subj. 1* remaigne 3719, *3* remaigne 4; *fut. 2* remendras 1985; *pft. 6* remestrent 714; *p.p.* remés 5: *v.n.* remain 3719; hold out 4, 1108; go no farther, come to a stop 3587; *si remeindreient les .. oz* and so the armies would fight no more 598; *Baligant veit . . l'estandart Mahumet r.* sees the standard of the Prophet checked, brought to grief 3552; *r. en*

estant stand still 2459, remain standing 2655.

remembrance, *sf.* recollection 3614.

remembrer 1182, *v. impers.* remember 489, 1182, 2377.

remüer; *subj. 3* **remut** 779: *v.a.* alter, change.

renc, *sm.* rank, line (of spectators) 264, 2192.

rendre 2733, *v.a.* give up, give back 1829, 2560, 3593, 3655, 3950; render 1406, 3596, 3784; lay down 2572, 2849; requite 3012.

renumee, *adj. f.* renowned 3565.

renuveler, *v.a.* take up (a cry) 3300.

repaire, *sm.* return home 2801; home, abode 51, 661.

repairer 135, *v.n.* go back, come back 573, 1869, 3705 (esp. return home 135); *s'en r.* go off back 36.

reproece, *sm.* reproach 1076, 2263.

reprover, *v.a.* reprove, reproach 768, 3909; *sm.* reproach 1706.

requeillit; v. **recuillir.**

requerre; *pr. 3* **requert** 374, *6* **requerent** 1445: *v.a.* seek out 1445; attack 2551, 3528, 3886.

rereguarde, *sf.* rearguard 574, 584, 1104.

rereguarder 2774, *v.a.* guard the rear.

resailir 2085, *v.n.* jump up again.

resne 1290, **reisnes** 1381, *sf.* rein 2706, 3877.

resortir, *v.n.* rebound 2341.

respundre 1756, *v.* reply 22 etc.; re-echo 1756, 2112.

restif, *adj.* stationary, brought to a standstill; *voz cumpaignuns feruns r.* we will cause your companions to become motionless (i.e. we will kill them) 1256.

resurrexis (= L. **resurrexisti**) 2385.

retenir 1260, *v.a.* keep back 786, 2442, 3283; detain 3948; hold (the field) 1260; *v. refl.* keep (the field) 1176.

retraire, *v.a.* say by way of reproach; *que hunte nus seit retraite* than that we should be held up to shame 1701.

returner 1060, *v.n.* turn back 1052, 1072, 1704, 1912.

reveeir; *fut. 5* **revereiz** 3802: *v.a.* see again 1402, 1421.

reveler, *v.n.* rebel 2921.

revenir; *subj. 4* **revengum** 2439: *v.n.* come back 2439; (fig.) come out of (a swoon) 2036, 2233, 2881.

riche, *adj.* rich 422, 585, 2354 ['indique plutôt la puissance fondée sur la richesse que la richesse elle-même; c'est un synonyme plus colorié de *puissant'*—FOULET].

rimur, *sf.* noise 817.

roét, *adj.* adorned with patterns of wheels or roses 3151, 3569.

rover; *pr. 3* **roevet** 1792: *v.* ask.

ruboste, *adj.* harsh; *a tant r. exill* with such cruel ravage 1862.

runcin, *sm.* packhorse 758.

rusee, *sf.* dew 981.

sabelin, *adj.* sable 462.

safrét, *adj.* prob. = damascened, other suggestions are 'burnished with yellow enamel' (FOULET); 'blue - bordered' (<*saffre* cobalt blue: JENKINS).

saisir, *v.a.* seize 721, 972; *v.n.* (in compound tenses with *estre*) be seized of 3213.

saive 248, **savie** 20, *adj.* wise; *s. de sa lei* learned·in matters concerning his religious faith 3174.

sale, *sf.* hall (of a castle) 730, 3707.

salse, *adj. f.* salt 372.

salt, *sm.* leap 3342; *les salz* (noun in absolute construction with adverbial force after verb of motion) with leaps 731.

salve, *adj. f.* efficacious to save souls 189, 649, 1509.

salvetét, *sf.* salvation 126.

sapele, *sf.* pinewood 993.

sarcou, *sm.* coffin 2966, 3692.

sardonie, *sf.* sardonyx 2312.

saveir 1581; *pft. 3* sout 1024: *v.a. & n.* know; *d'iço ne sai jo blasme* I do not see that blame attaches to this action 1082.

saveir, *sm.* knowledge, skill 74, 234, 369, 3279; *pl.* 74.

secle, *sm.* this world 1435.

sedeir 251; *pr. 3* siet 116, set 1379, *6* siedent 110; *pft. 3* sist 1943: *v.n.* sit down 251, 272; be seated 1379, 1890, 3369; *ben seant* comely (?) 3115; *en seant* in a sitting position 2829.

seieler 2613, *v.a.* seal.

seiét, *adj.* bristly 3223.

seigner, *v.a.* make the sign of the cross over, give benediction to 340, 1141, 2957, 3859.

seignur, *sm.* overlord, lord 26, 379, 3056; *pl.* my lords 70, 79, 336, 1854, 3769.

seignurill, *adj.* seigneurial 151.

seiner, *v.n.* bleed 1991.

seintisme, *adj.* most holy 2344.

seinz, senz 2039, *prep.* without 511 etc.; except 2039.

selve, *sm.* wood 3293.

semblant, *sm.* seeming; *vedeir alques de sun s.* discover his attitude 270; *de sun s.* what he thought 1514.

sempres, *adv.* straightway 49, 2954, 3506; (+ fut.) be going to 1055, 2053, 3203.

senefiance, *sf.* significance, hidden meaning 2531.

senefier, *v.a.* signify, stand foi 73.

serjanz, *sm. pl.* serving-men 161, 3957, 3967.

sermun, *sf.* discourse 1126, 3270, 3600.

servise, *sf.* (feudal) service 298, 1727, 3072; feudal dues (?) 29.

ses 39, sis 56, si 324; *acc. sing.* sun 26; *nom. pl.* si 285; *acc. pl.* ses 79; *fem. sing.* sa 52, *fem. pl.* ses 1757; *poss. adj.* his, her, its.

ses 3529 = si les.

sevrer *v.a.* sever 1371, 2781.

sez, *adv.; estre s. a* to have one's fill 1966.

si, *adv.* so 250; *si cum* as 667, 1819; *conj.* so; so likewise, likewise (in enumerations) 107, 174, 1119; and yet 288, yet 1659, 1743; and consequently 523, 1005; for 2042, 2720; and then 878, 1817; and 21, 919, 1793.

siet, *sm.* seat, capital 478, 3706.

sigler, *v.n.* sail (of ships) 688, 2631.

signacle, *sm.* sign of the cross 2848.

sire, *nom.* of seignur, sire, my lord 512, 2831; *s. nies* sir nephew 784; *cher s.* dear my lord 2441; *bel s.* fair sir 512.

siste, *adj.* sixth 3052, 3257.

sivre; *pr. 3* siut 3215: *v.a.* follow 37, 1160.

soens 941; *acc. sing.* soen 82, 421; *acc. pl.* soens 1319; *fem. sing.* sue 493; *poss. adj. & pron.* his, her; his, hers; *les soens*, his men 806, 1319.

soer, *acc.* sorur 1720, *sf.* sister 312, 1720; (mode of address, borrowed from religious usage) my sister, fair cousin 3713.

soi; v. estre.

soign, *sm.; n'aveir s. de* not to trouble about 3250.

soldeiers, *sm. pl.* mercenaries 34, 133.

sor, *adj.* sorrel 1943.

sorz, *sm. pl.* divination 3665.
soürs, *adj.* sure 241, safe 549, 562.
sout; v. saveir.
suavet, *adj.* used as *adv.* gently 3942.
sucurance, *sf.* succour 1405.
sucurre 2617, *v.a.* succour, come to the help of 1061, 2617, 3996.
suduiant, *adj.* false, knavish 942.
suef, *adj.* used as *adv.* gently 1165, 1999, 2175.
suffraite, *sf.* want 939; (syn. of doel) distress 2257; *pl.* privations, distress 60, 2925.
suffrir 456, **susfrir** 1010; *v.a.* bear, suffer 1010, endure, tolerate (a person) 1774; withstand, resist (an attack) 1658; *mei l'avent a s.* I must needs endure it (?) *or* I must needs tolerate him (?) 456.
sul, *adj. & pron.* single, alone 1241, 2184, 2230; alone, merely 1034, 1951; *ne mais que s.* except only 1934; *ne mais s.* except 3672; *fors s.* except only 3806.
suleir; *pr. 3* **soelt** 2001, **solt** 352: *v.* to be wont 2049.
sum, *sm.; en s.* (*prep.*) at the top of 2632; (*adv.*) at the top 1157; *par s.* (*prep.*) at the top of 714, 3922.
sumeier, *v.n.* carry a load 978.
sumer, *sm.* packhorse 481, 758, 1828.
suner 700; *subj. 2* **suns** 1027, *3* **sunt** 411: *v.a.* sound 1171; *mot ne s. ne mot tint* does not utter a word 411; *v.n.* sound 3309; resound 2112; v. **mot.**
sur, *prep.* upon 12 etc.; (fig.) above 823, 961, 1596 etc.; *sur lui* against his will, in spite of his resistance 721.
surdre; *pr. 3* **surt** 1448, *6* **surdent** 2975: *v.n.* rise up, appear suddenly.

survivre; *pft. 3* **survesquiét** 2616: *v.a.* outlive 2616.
sus, *adv.* up 2085; *s. el palais* up into the palace 2708.
sustenir 1129; *subj. 3* **sustienget** 2903: *v.a.* uphold, sustain 1129, 3907.
suz, *prep.* beneath 11, 366, 406.
suzcliner, *v.a.* bend low 3274.

tables, *sf. pl.* a game played with board and counters 111; v. H. J. R. MURRAY *Medium Ævum* X 57-69.
taburs, *sm. pl.* drums 852, 3137.
talent, *sm.* inclination, desire 3628; eagerness 1088; *aveir en t.* desire 521; *tut a sun t.* all he desires 400.
tant, itant 2473, *adj. pl.* so many 359, 2378; *adv.* so much 395, so long 446; (governing an *adj.*) so 547; *tant par* so very 285; *tant cume* as much as 76, as long as 557; *atant, a itant* now 413, forthwith 1519.
targe, *sf.* targe, shield 3361, 3569.
targer 338, *v.n.* tarry 338, 659, 2451; *v. refl.* tarry, hang back 1345, 1415, 2805, 3366.
teches, *sf. pl.* qualities, features (of character) 1472.
teindre, *v.a.* stain 985; *p.p.* **teint** discoloured, purple 1979.
tel, itel, *adj.* such; (+ clause expressing consequence) of such a sort 722; (with a clause expressing consequence implied) 1819, 1911, 2092, 2120; v. FOULET, *s.v.*
tempez, *sm. pl.* tempests 2534.
tencer, *v.a.* rail at 2581.
tendre 159, *v.a.* stretch (a bow) 780; hold out 137, 2224; *t. de l'espleiter* bend all their energies to flight 2165.
tendrur, *sf.* pity 842, 1446, 2217.

tenir 687; *subj. 3* tienget 2294:
v.a. hold 139, 3761; take and
keep 387, 620, 654; hold (land)
7, 116, 190; hold to (a religion) 225, 687; hold in, re-
strain 2857; *se t. a* hold to,
follow 229, 569; *t. en gab* take
lightly, consider as a joke 2113.

tens, *sm.* time 2482; *tuz t.* always
1858; *laisser sun t.* lose one's
life 1419; *il a sun t. usét* his life
is almost done 523; *de sun t.
n'i ad mais* 3840 his life is done.

tenser 1864, *v.a.* protect 354,
1864, 3168.

terdre, *v.a.* wipe 3940.

terremoete, *sf.* earthquake
1427.

tis 223, tes 3893; *acc. sing.* tun
291, *nom. pl.* ti 3901; *fem. sing.*
ta 3108; *fem. pl.* tes 3493,
poss. adj. your.

timonie (?) (MS. reading doubtful, possibly timome): a variant form or corruption of
timame, *sm.* thymiama, in-
cense 2958.

tinels, *sm.* club 3153.

tinter; *subj. 3* tint 411: *ne t. mot*
remain mum, utter no word.

tirer *inf.* used as *sm.*, pulling
2283.

toldre; *pr. 3* tolt 2284; *pft. 3*
tolit 1488; *p.p.* tolut 1962,
f.pl. toleites 2490: *v.a.* take
away from 1533, 3753.

traïr; *pr. 3* traïst 3959; *pft. 3*
traït 3829; *p.p.* traït 1792:
v.a. betray 1192, 3974.

traire 1365; *imper. 5* traiez 2131;
p.p. trait 1367: *v.a.* draw (the
sword) 811, 1367; draw forth
2104; tear (one's hair) 2596,
2906; shoot 2265; *ça vus traiez*
come on! 2131; *faire t.* cause
to be brought 3749; *trait a*
formed on, taking after 3177.

trametre; *pft. 3* tramist 90, *5*
tramesistes 207: *v.a.* send
279, 1608, 2393.

travailler, *v.a.* torment, harass
380; fatigue, weary 540, 2525.

travers; *en t.* across 3239.

tref, *sm.* tent 159, 671.

tres, *adv.* right; *t. en mi* right in
the middle of 1385; *t . . qu'a*
right from . . to 1506; *t. ben*
right well 1578; *tresque* right
up to 3, 2372; until 162, 3849.
As a verbal prefix, tres, like
L. per, has perfective force.
Thus, tresaler pass com-
pletely away 717; trescever
bring completely to an end,
destroy 3372; tresprendre
completely overcome 2355;
tressaillir jump right over
3166; tresturner turn right
over 1287.

tressuét, *adj.* in a thorough
sweat 2100.

trestut, *adj.* strengthened form
of tut (q.v.)

treüd, *sm.* tribute 666.

trop, *adv.* very, too 3822;
(governing a verb) much, too
much, long, too long 659,
1806.

trosser 701, *v.a.* load (pack
animals) 701, 3154.

trubler; *p.p.* trublét 1991: *v.a.*
cloud.

truis; *v.* truver.

trunçun, *sm.* stump 1352.

truver 2735; *pr. 1* truis 893, 902,
2676, trois 914, 935, 986: *v.a.*
find.

tucher, *v.a.* touch (with a
weapon) 1316; prod, urge on
861.

tue, *poss. pron. & adj. f.* your,
yours 1668, 2369, 3107.

turment, *sm.* whirlwind, tempest 1423; anguish 3104.

turner 1745, *v.a.* turn 1156,
2360; turn away 650; send
1264, bring 307; *v. refl.* turn
3644; go back 3960; (+*a*) fall
3574; (+ *en*) turn and go away,
go away 2184, 2764, turn and

flee 3623; *v.n.* turn 2011; turn round 3881; (+*a*) draw towards 3560, turn towards, bring to 1296, 3969; *ont lur les d. turnez* have made them turn and flee 2445.

turs, *sm. pl.* turns; onsets, combats 1686 (MS. reading may here be a corruption of **estur**, q.v.).

tut 639; *acc. sing.* **tut** 1286, *nom. pl.* **tuit** 285, *acc. pl.* **tuit** 3962, **tuiz** 3776, **tut** 2642, **tuz** 236, 1000, *fem. sing.* **tute** 212, *fem. pl.* **tutes** 394, *neuter sing.* **tut** 322: *adj. & pron.* all; *t. veie* all the time 2274; *t. pais* profound peace 391; *t. fol* complete madman 286; *adv.* quite, completely 982, 3581; *del t.* altogether 167; *od t.* 1357, *prep.* with; *a t. adv.* therewith, withal, with them 2191, *prep.* (*a trestut*) with 614.

u 241, **ou** 3004, 3025, *adv.* where 1326; since, seeing that 241; wherever 3790. *cf.* J, *n.*

u 41, **o** 2401, **ou** 3670, *conj.* or 423; *u . . u* either . . or 41.

uan, *adv.* this year; any year, ever 250.

ublïer 1179, *v.a.* forget 1179; *v. refl.* forget one's duty 1258.

ultrage, *sm.* outrageous statement or thing 1106.

ultre, *prep.* beyond 1520, 2236; *adv.*: *aler u.* ride on 1318; *metre u.* thrust right through and out at the other side 1286, 1540; *u. culvert* thorough scoundrel 1207.

uncore, *adv.* still 156, 382; as well 1623.

unkes 1208, **unches** 640, **unques** 2888, **unc** 1040, **hunc** 1333, *adv.* ever 2292; (+ *ne* and referring to the past) never did, never was 640, 3261, 3516;

u. mais . . ne never thereafter 1044; *u. puis ne* never thereafter 3212; *u. einz . . ne* never before that time 3394.

uns 1048; *acc. sing.* **un** 149, *fem.* **une** 366: *art. & pron.* a, an 2723; *par uns e uns* one by one 2190; *des uns e des altres* on one side and the other 3477.

ure 2843, **ore** 3212, *sf.* hour 2371; *de ures ad altres, de ures es altres* from time to time 2843, 3371; *a itel ore* under such circumstances that 3212.

urs, *sm.* bear 30, 1837.

vairs, *adj.* bright, flashing (?) 283, v. M. KINNEY, *Romanic Review 1919* 322ff.

valeir, *v.n.* be worth 639; *ne li valt nïent* avails him nought 1643; *ki encuntre lui vaille* who may prevail against him, (or, more probably) who is worth anything compared with him 376.

valur, *sf.* worth (esp. worth as a warrior) 534, 1877; worth in the eyes of men, reputation 1090; *aveir v.* be of avail, be put to use 1362.

vassal, *sm.* vassal (one who holds a fief of an overlord by military tenure); one possessed of the qualities (esp. bravery) appropriate to a *vassal* 231, 887, 3009; *adj.* valiant 3343, 3839.

vassalment, *adj.* valiantly 1080, 3576.

vasselage, *sm.* the qualities that distinguish a vassal, esp. valour 25, 2049, 3901; *oi grant v.* I hear tell of great valour 3135.

vedeir 270, **veeir** 1104; *pr. 1* **vei** 1021, *3* **veit** 2894, *5* **veez** 261; *imper. 2* **veiz** 308, *5* **veez** 741; *subj. 3* **veïed** 2004; *impf. 3* **veeit** 2558; *fut. 4* **verrum**

2981, 5 **verreiz** 564; *pft. 4*
veïmes 1731; *past subj. 3*
veïst 1680, 4 **veïssum** 1804;
p.p. **veüd** 3132; *v.a.* see.
veiage, *sm.* road, journey 660.
veiant, *pres. p.* of **vedeir**;
vostre v. in your presence 326.
veie, *sf.* road 365, 986, 2852;
tute v. all the while 2274.
veier, *sm.* officer, provost-marshal 3952.
veintre 2211; *pr. 3* **veint** 2567;
fut. 4 **veintrum** 1233; *p.p.*
vencut 2153: *v.a.* conquer
235, 1046, 1233; *v. une bataille*
win a battle 735, 1337, 3649;
v.n. win 2567.
veir, *adj.* true 2384, 3100, 3987;
par v. in truth 87, 520, 692;
veirs, *adv.* in truth 381.
veirement, *adv.* for sure, for
certain 615, 784, 1639; in
earnest (?) 882, 1839; *tut v.*
most surely 3101.
veisdie, *sf.* cunning 675.
veltres, *sm.* hound 128, 183, 730.
venir 728; *pr. 3* **vent** 2203, 6
venent 818; *imper. 2* **ven** 3594;
pres. subj. 1 **vienge** 2939; *pft. 1*
vinc 3774, 2 **venis** 2900, 4
venimes 197, 6 **vindrent** 94;
p.p. **venut** 1593: *v.n.* come 54
etc.; *en v.* come back 662,
2191, 2203, 2826; come round
2592; *en v. ensemble* meet (in
battle) 1635; *v.refl.: s'en v.* come
back 2784, come away, go
away 2974; *se v.* come round
2892.
venjance, *sf.* vengeance 1459,
3975.
ventaille, *sf.* part of the hauberk
covering the cheeks and chin
3449.
venteler, *v.n.* flutter 48.
verai, *adj.* true 3368; *v.* **juïse.**
verge, *sf.* wand 3323.
verger, *sm.* garden 11, 159,
510.
verne, *sf.* prow 2632

ver, *sm.* boar 727, 732.
vers, *prep.* (*local*) towards 137,
1162, 2866, (fig.) against 2369,
3367, 3830, towards 3590, as
regards 2750.
verser, *v.n.* turn over 3573.
vertudable, *adj.* valiant 3424.
vertut, *sf.* strength 2229, 3183;
courage (?) 3602; power (esp.
divine power) 2369, 3233;
manifestation of divine power,
miracle 2096, 2458, 2716;
par grant v. with great force
1246, 1551, 1754, 3878; *Deus i*
at fait v. God has manifested
his power 3931; *de Deu aiez v.*
may you have power from
God 1045; *de la v. poisant*
with the sign of great power
3111; *meie culpe v. les tues*
vertuz my sins against your
power (?) 2369.
vertuus, *adj.* courageous (?)
1637.
vertuusement, *adv.* powerfully
1644.
vespre, *sm.* evening 1736, 2447,
3478.
vespree, *sf.* evening 3560.
vestir; *pr. 3* **vest** 3141; *pft. 3*
vestit 3532: *v.a.* put on (a
byrnie) 683, 1042, 3088; invest
(with a fief) 3213.
veüz, *v.* vedeir.
vezcuntes, *sm. pl.* viscounts 498.
vie, *sf.* life; *a tute vostre v.* for all
you are worth 212.
viell 2048, **veill** 112, **velz** 171,
adj. old.
vif, *adj.* alive 691, 2088, 2126;
par v. force by main force 1660;
v. diables devil from Hell 746,
3647.
vigur, *sf.* strength 3614; *de v.,*
par v. vigorously 1438, 1662;
par force e par v. in great
force (?) 3683.
vil, *adj.*; *aveir v.* hold cheap 1240.
viltét, *sf.* degradation 437, 1064,
3595.

violer, *v.a.* ravage, lay waste
704, 1567, 2757.
vis; *mei est v., ço m'est v.* it seems
to me 659, 3501.
vis, *sm.* face 142, 626, 1159.
vivant, *pres. p.* used as *sm.*
lifetime 323, 791, 2662.
vivre 1923; *pr. 1* vif 2030;
subj. 3 vivet 497: *v.n.* live.
vode, *sf.; faire male v. de*
slaughter 918.
voide, *adj.* empty 1507, 2400.
vois; v. aler.
voiz, *sf.* voice 1755, 3767; *a v.*
in a great voice 1561.

voltice, *adj.* vaulted (of a room)
2593, 2709, 3992.
vuleir; *pr. 1* voeill 309, voeil
492, voel 3836, *3* voelt 167,
volt 40, voel 1643, *6* voelent
2542; *subj. 3* voeillet 1244,
voillet 1419, *6* voelent 1669;
impf. 3 vuleit 2773; *condit. 1*
voldreie 2936; *past subj.*
volsist 332; *v.n.* wish.

wigre, *s.* a sort of javelin 2075,
2155.

ymagene, *sf.* image 3268, 3493,
3664.

INDEX OF PROPER NAMES

This Index is meant to include all proper names occurring in the poem. In a few cases, only the first line-reference is given, followed by etc. Where a character or place figures prominently in one part of the poem, the fact is indicated by giving the first and last line-references (e.g. **Pinabel** 3783-950). In all other cases, every line-reference is given. J,*n* refers to the footnotes of Jenkins' edition.

Abirun 1215, Abiram (*Num.* xvi, 1-35).

Abisme 1470, 1498, a Saracen.

Acelin 172, 2882, Count of Gascony.

Aelroth 1188, Marsile's nephew.

Affrican 1593, African.

Affrike 1593, 2924, Africa.

Ais 36 etc., Aix-la-Chapelle.

Alde 1720, 3708, 3717, 3723, the sister of Oliver.

Alemaigne 3038, 3977.

Aleman 3960, **Alemans** 3038, 3701, 3795, German (or Aleman?).

alexandrin 408, 463, *adj.* Alexandrian, oriental (used as an epithet in connexion with Eastern silks and similar fabrics, for which Alexandria was the great market).

Alfrere 1915, a pagan country; v. **Garmalie**.

Alixandre 2626, Alexandria.

Almace 2089, Turpin's sword.

Almaris 812, a Saracen.

Alphaien 1554, a Saracen.

Alverne 3062, 3796, Auvergne.

Amborres 3297, **Ambure** 3549, a Saracen (it is just possible that the word in l. 3549 is not a proper name, but the pronoun 'both').

angevin 3819, *adj.*

Anjou 106, 2322. etc.

Anseïs 105, 796, 1281, 1599, 2188, 2408, etc. one of the Twelve

Peers, the companion of Samson.

Antelme (de Maïence) 3008, one of Charlemagne's barons.

Antonie; v. **Guiun.**

Apollin 8, 417, 2697, 2712, **Apolins** 2580, 3268, 3490, Apollo, regarded by the Early Church as a devil, and appearing in the *Rol.* as one of the three members of the Saracen Trinity.

Arabe 185 etc., Arabia (= the whole region inhabited by the Arab race, the Muslim Middle East).

Ardene 728, 2558, the Ardennes.

Argoilles 3259, **Argoillie** 3474, **Arguille** 3527, a Saracen country.

Argonne 3083, 3534, the Argonne.

Arrabit 3481, **Arrabiz** 1556, 3011, 3081, 3511, 3640, **Arabiz** 3518, Arabites, élite Arab cavalry, v. Boissonnade 194-5 and J, 1556 *n.*

Astors 796, a French baron.

Astrimonies 3258, a pagan tribe (the people of Strymonis (?)); v. J,*n* and Suchier, *Ch. de Guillelme,* l. 670, *n.*

Atuin 2187, another form of the name Otes (the MS. reading is here quite uncertain and the name may be **Atum** or **Atuin** or **Attun**).

171

Austorie 1625, a French duke.

Avers 3242, the Avars (?).

Babilonie 2614, the usual name for Old Cairo in the Middle Ages.

Baiver see Baviere

Balaguét 63, **Balaguez** 894, **Balasgued** 200, Balaguer, the famous stronghold in Catalonia; v. Boissonnade, p. 91.

Baldewin 314, 363, the son of Ganelon.

Baldise 3255, an imaginary (?) Saracen town.

Balide 3230, an imaginary (?) Saracen town.

Baligant 2614 etc., the lord of all Islam.

Barbamusche 1534, name of a horse.

Barbarin 886, 1236, Berber.

Basan 208, 490, **Basant** 330, a French baron.

Basbrun 3952, a provost-marshal in Charlemagne's army.

Bascle 3474, an imaginary (?) Saracen town.

Basilie 490, **Basilies** 208, 330, a French baron.

Basilie (seint B.) 2346, St. Basil the Great (A.D. 329-79) the father of Greek monasticism.

Bavier 3793, 3960, **Baivers** 3700, Bavarian.

Baviere 3977, **Baivere** 3028, **Baiver'** 2327, Bavaria.

Belferne 812, an imaginary (?) pagan kingdom.

Belne 1892, Beaune.

Berenger 1304, 1624, 2187, **Berengers** 795, 2405, one of the Twelve Peers, the companion of Otes.

Besençun 1429, Besançon.

Besgun 1818, Charlemagne's head cook.

Bevon 1891, one of Charlemagne's barons.

Bire 3995, the fortress of El-hira near Granada (?); v. J,n.

Biterne 2991, Viterbo.

Blaive 3689, 3938, Blaye-sur-Gironde (Landes).

Blancandrin 463, **Blancandrins** 23 etc., a baron sent by Marsile to Charlemagne.

Blos 3224, a pagan people (the Polovzians or Cumans, a people established in the twelfth century along the Northern and Western shores of the Black Sea?).

Borgoigne 3077, **Burguigne** 2328, Burgundy.

Borguignuns 3701, Burgundians.

Bramimunde 634-2734, **Bramidonie** 2822-3990, Marsile's queen.

Bretaigne 2322, Brittany.

Bretun 3961, **Bretuns** 3052, 3702.

Brigal 1261, **Brigant** 889, Berbegal in Aragon, near Barbastro (?).

Bruise, 3245, a pagan country.

Bruns 3225, a pagan people.

Bugre 2922, Bulgars.

Burdel 1389, **Burdele** 1289, **Burdeles** 3684, Bordeaux.

Burel 1388, a Saracen.

Butentrot 3220, Butintro in Epirus, the place where, according to legend, Judas Iscariot was brought up, or perh. Butentrot in Cappadocia; v. B. *Comm.* p. 44.

Calabre 371, Calabria.

Califerne 2924, a Saracen town or country (Aleppo?).

Canabeus 3312, 3429, 3499, the brother of Baligant.

Canelius 3238, 3269, 'Canaanites', a name commonly applied to the Saracens by Christian writers of the time of the Crusades.

Capadoce 1614, Cappadocia.

Capüel 1614, a pagan king.

Carcasonie 385, Carcassonne.
Carlemagne 81 etc., Charle-
magne 354 etc., Karlemagne
2458 etc., Carlemagnes 70
etc., Charlemagne.
Carles 1 etc., Charles 158 etc.,
Karle 1714, Carle 566, Charle
2454 etc., Carlun 28 etc.,
Carlon 1859 etc., Charlun
1829 etc., Karlon 1727,
Charles the Great, the em-
peror Charlemagne.
Cazmarines 956, Camariñas in
Galicia (?).
Cheriant 3208, an imaginary (?)
Saracen place.
Chernuble 975, 984, 1310, 1325,
a Saracen noble.
Cherubin 2393, the angel Cheru-
bin, who, according to me-
dieval legend, guarded the
gates of Paradise after the
expulsion of Adam and Eve.
Clarbone 3259, an imaginary(?)
Saracen town and country.
Clarien 2670, 2724, Clariens
2790, a Saracen baron.
Clarifan 2670, the brother of
Clarien.
Clarin 63, a Saracen baron.
Clavers 3245, a Saracen
people.
Climorins 627, Climborins
1528, a Saracen baron.
Commibles 198, a town in
Spain or Portugal.
Cordres 71, 97, Cordoba.
Corsablix 1235, Corsalis 885,
a Saracen king.
Costentinnoble 2329, Constan-
tinople.

Daneis; v. Ogier.
Danemarche 3937, Dene-
merche 749, 1489, 3856,
Denmark.
Daniel 2386, 3104, the prophet
Daniel.
Dapamort 3205, 3216, a Sara-
cen king.

Dathan 1215, Dathan (Num. xvi,
1-35).
Denise (seint D.) 973, 2347, St.
Denis of Paris.
Digun 1892, Dijon.
Droün 2048, the uncle of
Gautier de l'Hum.
Durendal 926 etc., Roland's
sword.
Durestant 870, a place in Spain,
not identified, but obviously
marking the Southern limit
either of the whole country or
of the Christian kingdoms.

Eis 2860, 2917; v. Ais.
Enfruns 3518, an unidentified
Saracen people.
Engeler 1537, 1546, 2407, En-
gelers 1289, one of the Twelve
Peers.
Engletere 372, 2332, England.
Equitaigne 2325, Aquitaine.
Ermines 3227, Armenians.
Escababi 1555, a Saracen baron.
Esclavoz 3225, Slavs.
Escoce 2331, Scotland.
Escremiz 931, 1291, a Saracen
baron.
Espaigne 2 etc., Spain.
Espaneliz 2648, a Saracen baron.
espans 269 etc., adj. Spanish.
Esperveres 1388, a Saracen
baron.
Estamarin 64, a Saracen baron.
Estramariz 941, Astramariz
1304, a Saracen baron.
Esturganz 940, Estorgans
1297, a Saracen baron.
Esturgus 1358, a Saracen baron.
Ethiope 1916, Ethiopia, the land
of the black men.
Eudropin 64, a Saracen baron.
Eugiez 3243, a Saracen people;
J. reads Uglez = Ugleci, a
Slavonic people.

Faldrun 1871, a Saracen baron.
Falsaron 879, 1213, the brother
of Marsile.
Flamengs 3069, Flemings.

Flandres 2327, Flanders.
Floredee 3312, an imaginary Saracen kingdom.
Flurit 3211, a Saracen king.
Franc 50 etc., Franks; *adj.* 274, 3479 Frankish.
France 16 etc.
Franceis 205 etc., **Francés** 2799, 3789, *fem.* **franceise** 396, 2515, **franceises** 3089, *adj.* and *s.* French, Frenchman.
Francor 1443, 3262, *adj.* of the French.
Frise 3069, Frisia.
Frisuns 3700, Frisians.
Fronde; v. **Val-Fronde.**

Gabriel 2262, 2390, 2395, 2526, 2847, 3610, 3993, the archangel Gabriel.
Gaifier 798, a French duke, prob. Gaifier of Aquitaine, v. Bédier, *Lég. ép.* III 174, IV 169, 377.
Gaignun 1890, 'Watchdog', Marsile's horse.
Galafes 1503, a Saracen baron.
galazin 2973, *adj.* oriental: the word has been derived from Galata, the suburb of Constantinople, from Galatia and from Galazza (the modern Lajozzo nr. Alexandretta).
Galice 1476, 3073, Galicia.
Galne 662, an unidentified Spanish town; v. J,*n* and Boissonnade 118-21.
Garmalie 1915, the country of the Gamara, a federation of tribes of the Riff (?): v. J,*n*. Bédier and others have read the MS. as *al frere G.,* i.e. 'from the brother of G.' It seems better, however, to take *Alfrere* and *G.* as place-names.
Gebuin 2432, 2970, 3469, **Gibuins** 3022, a French baron.
Gefreid d'Anjou 106, 2951, 3093, **Gefrei d'Anjou** 2883, 2945, 3535, **Gefrei** 3819,

Geifreid d'Anjou 3545, **Geifret** 3806, **Geifrei d'Anjou** 3938, Geoffrey of Anjou.
Gemalfin 2814, 3495, a Saracen baron.
Gerard de Russillun 1896, 2189, 2409, **Gerart de R.** 797, one of the Twelve Peers, whose historical prototype was an important figure in the ninth century and the founder of the abbeys of Vézelay and Pothières. He is the hero of the *chanson de geste* that bears his name; v. Bédier, *Lég. ép.* II 1-92.
Gerers 107 etc., **Gerer** 2186, one of the Twelve Peers.
Gerin 107 etc., **Gerins** 794 etc., one of the Twelve Peers, companion of Gerer.
Gilie (seint G.) 2096; St. Giles, the famous anchorite of Provence; v. Bédier, *Lég. ép.* III 354-60.
Girunde 3688, the Gironde.
Godselmes 3067, a French baron.
Gramimunde 1571, the name of a horse.
Grandonie 1613, **Grandonies** 1636, a Saracen baron.
Gros 3229, an unidentified pagan people.
Grossaille 1488, a Saracen king.
Gualter 807, 809, 1297, 2047-76, **G. de l'Hum** 803, 2039, **G. de Hums** 2067, **Gualters** 800, Roland's vassal.
Guarlan 65, a Saracen baron.
Guascoigne 1537, **Guascuigne** 819, **Gascuigne** 172, Gascony.
Guascuinz 1289, 2407, Gascon.
Guenes 178 etc., **Guenelun** 217 etc., **Guenelon** 1569, 3757, Ganelon the traitor, whose historical prototype is generally supposed to be Wanilo, archbishop of Sens in the reign of Charles the Bald.

Guineman 3014, 3360, Guneman, 3464, Guinemans 3022, 3348, a baron of Charlemagne.
Guinemer 348, Ganelon's uncle.
Guitsand 1429, Wissant, the famous port of embarkation for England between Calais and Boulogne.
Guiun de seint Antonie 1624, a baron of Charlemagne.

Halteclere 1363, 1463, 1550, 1953, Oliver's sword.
Haltilie 209, Haltoïe 491, a hill in Spain.
Hamon 3073, a baron of Charlemagne.
Henri 171, the nephew of Richard of Normandy.
Hermans 3042, a duke in Charlemagne's army.
Hum 803, Hums 2067, a place in France.
Hums 3254, Huns.
Hungre 2922, Hungres 3254, Hungarian.

Imphe 3996, an unidentified town or country.
Innocenz 1523, the Holy Innocents.
Ive 2406, Ivon 1895, one of the Twelve Peers.
Ivorie 2406, Yvoeries 1895, the companion of Ivon.

Jangleu 3507-8, a Saracen baron.
Jericho 3228.
Jerusalem 1566.
Jhesu 339.
Joiuse 2501, 2508, 2989, Charlemagne's sword.
Jonas 3101, Jonah.
Joüner 67, a Saracen baron.
Jozeran 3007, 3075, 3535, Jozerans 3023, 3044, 3067, Jocerans 3113, a baron of Charlemagne.

Juliane 3986, the name given to Bramimunde upon her baptism.
Jupiter 1392, the god Jupiter, regarded by the poet as a devil whose aid can be invoked by enchanters.
Jurfaleu 1904, 2702, Jurfaret 504, Marsile's son.
Justin 1370, a Saracen baron.

Karthagene 1915, Carthage (?).

Lazaron (seint L.) 2385, Lazarus, the brother of Martha and Mary.
Leus 3258, a pagan people (the Lechs?).
leutice 3360, leutiz 3205, adj. either (a) of or pertaining to the Wiltzes, a Slavonic people settled in what is now Mecklenburg or (b) Lycian. The latter alternative is perhaps better suited to the context; v. B. Comm. 515 and L. Constans, Roman de Troie V 62.
Loëwis 3715, the son of Charlemagne, whose historical prototype is undoubtedly Louis the Pious.
Loherencs 3700, Loherengs 3077, men of Lorraine.
Lorain 3022, 3469, a baron of Charlemagne.
Loüm 2097, Loün 2910, Laon, a favourite residence of the later Carolingians, mentioned in the poem (contrary to historical fact) as a royal city of Charlemagne.
Lumbardie 2326, Lombardy.

Machiner 66, a Saracen baron.
Maëlgut 2047, a Saracen baron.
Maheu 66, Matthew, a Saracen baron.
Mahum 416 etc., Mahumet 8 etc., Mahomet, the Prophet of Islam, portrayed in the poem

as one of the three false gods whose idols the Saracens worship.
Maience 3008, Mainz, Mayence.
Maine 2323.
Malbien 67, a Saracen.
Malcuid 1594, a Saracen.
Malduit 642, a Saracen.
Malpalin 2995, a Saracen.
Malpramis 3176-498, Baligant's son.
Malpreis 3285, an imaginary (?) Saracen country.
Malprimis 889, 1261, a Saracen.
Malprose 3253, an imaginary (?) Saracen country (prob. the same as **Malpreis**).
Malquiant 1594, a Saracen.
Maltét 3152, the name of Baligant's lance.
Maltraien 2671, a Saracen king.
Malun 1353, a Saracen.
Marbrise 2641, an imaginary (?) place past which Baligant's fleet sails.
Marbrose 2641, an imaginary (?) place mentioned in the same line and in the same connexion as Marbrise.
Marcules 3156, a Saracen.
Marganices 1914-43, Marsile's uncle, called in the earlier part of the story *l'algalife* (q.v.).
Margariz 955, 1310-1, a Saracen count (the name is doubtless identical with the common noun *margariz* 'convert from Christianity to paganism', 'renegade').
Marie (seinte M.) 1473, 2303, 2348, 2938, the Virgin Mary.
Marmorie 1615, the name of a horse.
Marsile 7 etc., **Marsille** 1889, **Marsilies** 89 etc., **Marsiliun** 222 etc., **Marsiliuns** 245, the Saracen king of Spain.
Marsune 2994, an unidentified place.

Maruse 3257, an imaginary (?) Saracen place or country.
Micenes 3221, the Milceni, a Slavonic people established in the Oberlausitz.
Michel (seint M.) 37, 53, 152, 1428, 2394, the archangel Michael; v. **peril.**
Milun 173, 2433, 2971, a count in Charlemagne's army.
Moriane 909, Moriana on the upper Ebro (?).
Moriane 2318 (les vals de M.), the valley of Maurienne; v. Bédier, *Lég. ép.* II 151.
Mors 3227, Moors.
Munigre 975, Los Monigros to the E. of Saragossa or perh. the town of Monegrillo on the Ebro; v. Boissonnade 93-5.
Munjoie 1181 etc., Mountjoy, the war-cry of the French and, in one passage (3094), the name borne by the oriflamme: the cry is supposed to come from Mons Gaudii, a name given by pilgrims to the Hill of Rama from the top of which they had their first view of Jerusalem; v. Löffel, *Beiträge zur Geschichte von Montjoie.*
Murgleis 607, **Murglies** 346, the name of Ganelon's sword.

Naimes 1767 etc., **Neimes** 230 etc., **Naimon** 3008, 3075, **Naimun** 3432, 3452, duke Naimes, Charlemagne's friend and wisest counsellor.
Nerbone 2995, 3683, Narbonne.
Nevelun 3057, a French count.
Nigres 3229, a heathen people; v. J,*n.*
Niniven 3103, Niniveh.
Noples 198, 1775, a Spanish town (Napal in the diocese of Barbastro?).
Norman 3794, 3961, **Normans** 3045, 3470, 3702.

Normendie 2324, Normandy.
Nubles 3224, an unidentified heathen people.

Occiant 3474, 3517, **Ociant** 3286, 3526, **Occian** 3246, a pagan country, perh. the Theme of Opsicianum, the region around Nicaea; v. J,*n.*

Oedun 3056, the lord of the Bretons.

Oger 170, 3531, **O. de Denemarche** 749, 3856, **O. de Danemarche** 3937, **O. li Daneis** 3033, 3544, **Ogers li Daneis** 3546, Ogier the Dane, a baron of Charlemagne, whose historical prototype was probably Autcharius, a vassal of Carloman; v. Bédier, *Lég. ép.* II 297-304.

Oliver 104 etc., Roland's brother-in-arms.

Oluferne 3297, Aleppo.

Omer 2616, Homer.

Ormaleis 3284, **Ormaleus** 3243, an unidentified pagan people.

Otes 795, 2405, **Atuin** (?) 2187, one of the Twelve Peers, the companion of Berenger; v. B. *Comm.* 180-1.

Otes 2971, **Otun** 2432, one of Charlemagne's barons.

Palerne 2923, Palermo.
Passecerf 1380, Gerer's horse.
Peitevin 3794, 3961, **Peitevins** 3062, 3702, Poitevin.
Peitou 2323, Poitou.
Perre (seint P.) 373, 921, 2346, **seint Piere** 3094, St. Peter.
Pers 3240-1, Persians; v. J.*n.*
persis 3204, 3354, *adj.* Persian.
Pinabel 362, 3783-950, **Pinabels** 3885, Ganelon's relation.
Pinceneis 3241, the Petchenegs, a Tartar people established round the Black Sea and noted for their ferocity; v. B. *Comm.* 51 and J,*n.*

Pine (tere de P.) 199, the district round the monastery of San Juan de la Peña near Jaca(?).
Preciuse 3298, 3471, 3564, Baligant's sword.
Priamun 65, a Saracen.
Primes 967, a Saracen town or country.
Provence 2325, 3007, 3916.
Pui 1871, a Saracen location.
Puillain 2923, the Apulians.
Puillanie 2328, Apulia.
Puille 371, Apulia.

Rabel 3014, 3348, 3352, a French count.
Reiner 2208, Oliver's father.
Reins 173, 264, 2077, 2083, 2433, 3058, Rheims.
Rembalt 3073, the leader of the Flemings and Frisians.
Rencesvals 892 etc., **Rencesval** 2398, a place in the Pyrenees at the junction of two roads on the route between S. Jean-Pied-de-Port and Pampeluna, a halting place for pilgrims bound for Compostella, the legendary scene of the ambush of the rearguard in the Spanish Expedition of 778.
Richard li velz 171, 3050, **Richart le veill** 3470, a baron of Charlemagne, whose historical prototype was Richard I of Normandy (943-996); v. Bédier, *Lég. ép.* IV 3-18.
Rollant 104 etc., the hero of the poem, the legendary counterpart of the historical Hruodlandus, count of the Breton March, whom Einhard mentions as having been slain in the ambush in the Pyrenees during Charlemagne's retreat from Spain in 778.
Romain 2923, the inhabitants of Rome and the Romagna.
Romain (seint R.) 3693, St. Romain of Blaye; v. J,*n,*

Bédier, *Lég. ép.* III 349-54, C. Jullian, *Rom.* XXV 161-73.

Romaine 2326, the Romagna.

Romaine 3094, the name given to the oriflamme, here identified with the golden banner of the City of Rome and not (as is really the case) with the red banner of the Abbey of St. Denis, borne by French sovereigns from the time of Philip I onwards in their capacity of lords of the Vexin.

Rosne 1626, the Rhone.

Rume 639, 921, Rome 2998, Rome.

Runers (val de R.) 2209, the fief held by Reiner, the father of Oliver; v. J,*n*; B. *Comm.* 519.

Russillun 1896, 2189, 2409, Rossillon 797, not Roussillon, the region corresponding roughly to the modern Pyrénées-Orientales, but a hill (now Mont Lassois) near the abbey of Pothières in Burgundy; v. B. *Comm.* 519-20

Saisonie 2330, Saxony.

Salomon 1567, Solomon.

Saltperdut 1597, the name of a horse.

Samüel (la gent S.) 3244, prob. the Bulgarians who, under their tsar Samuel, harassed the Byzantine Empire at the end of the tenth century.

Sansun 105, 1275, 1574, 1580, 2188, 2408, Samson, one of the Twelve Peers, the companion of Anseïs.

sarazineis 994, *adj.* Saracen.

Sarraguce 6 etc., Saragossa.

sarraguzeis 996, *adj.* of or pertaining to Saragossa.

Sarrazin 253 etc., Sarrazins 147 etc., Saracen.

Sathanas 1268, Satan.

Sebre 2465, 2642, 2728, 2758, 2798, the Ebro.

Seinz 1428, Xanten in Westphalia (?), or Saintes (?), or Sens.

Seisne 2921, Saisnes 3700, 3793, Saxons.

Severin (seint S.) 3685, St. Seurin, bishop of Bordeaux at the beginning of the fifth century; v. *Lég. ép.* III 341.

Sezilie 200, a Spanish town (the form may well be a corruption of Sebilie = Seville).

Sibilie 955, Seville.

Siglorel 1390, a Saracen wizard.

Silvestre (seint S.) 3746, Pope Sylvester I (314-35); *la feste del baron seint S.* St. Sylvester's Day (Dec. 31st.).

Sirie 2939, Sizer 583, Sizer 719, the Col de Cize, the pass through the Pyrenees connecting S. Jean-Pied-de-Port and Pampeluna.

Soltras 3242, an unidentified pagan people.

Sorbres 3226, the Sorbs, a Slavonic people living between the Saale and the Elbe.

Sorel 1379, the name of Gerin's horse.

Sorence 3783, 3915, the name of Pinabel's fief.

Sorz 3226, a variant form of the name Sorbres.

Suatilie 90, an imaginary (?) Saracen country.

Sulians 3131, 3191, Syrian.

Tachebrun 347, the name of Ganelon's horse.

Tedbald de Reins 173, 3058, Tedbalt de R. 2433, Tedbalt 2970, one of Charlemagne's barons.

Tencendur 2993, 3622, Tencendor 3342, the name of Charlemagne's horse.

Tervagan 611 etc., Tervagant 2468, Tervagant or Termagant, one of the three gods

whose idols the Saracens are supposed to worship.
Tiedeis 3795, German.
Tierri 3806-939, Tierris 3818, 3924, 3934, the brother of Geoffrey of Anjou.
Tierris 3083, Tierri 3534, a French duke.
Timozel 1382, a Saracen.
Torleu, 3204, Torleus 3216, a Saracen king.
Trace 3042, Thrace (?) or, more probably, a purely imaginary place-name.
Tuele 200, Tudela in Navarre, on the Ebro above Saragossa; v. J, n, and Bédier, Lég. ép. III 371.
Tulette 1611, Toledo.
Turcs 3240, 3284, 3518, (Seljuk) Turks.
Turgis 916, 1282, a Saracen count.
Turgis 1358, a Saracen.
Turoldus 4002, the alleged author of the chronicle claimed by the Roland poet as his source; v. B. Comm. 31 ff. and, for another explanation of the name, Jenkins xliv-xli.
Turpin 170 etc., Turpins 1504, T. de Reins 264, 2077, 2083, the archbishop Turpin, whose historical prototype was archbishop of Rheims at the end of the eighth century.
Turteluse 916, 1282, a Spanish town, perh. Tortosa; v. Boissonnade 74.

Valdabruns 617, Valdabrun 1562, a Saracen baron.
Valence 1626, Valence: the MS. reads Valeri, which Bédier (Rom. LXIV 239) proposes to keep, while Jenkins suggests Valerie (= the district of la Valloire (Drôme)).
valentineis 998, adj. of Valence.
Val Feree 1370, Val Fronde 3260, Val Fuït 3239, Valfunde 23, Val Marchis 3208, Val Metas 1502, Val Penuse 3256, Val Severee 3313 are all imaginary Saracen places or countries.
Val Tenebrus 2461, a valley on the line of retreat of the Saracens from Roncesvaux towards Saragossa (the valley of the Irati?); v. J, n, and Boissonnade 143-4.
Valterne 199, 931, 1291, a Saracen town (Valterra near Tudela?).
Veillantif 1153, 2032, 2127, 2160, 2167, the name of Roland's horse.
vianeis 997, adj. of or pertaining to Vienne or Viana (Galicia).
Virgilie 2616, Virgil.
Vivien 3996, a Christian king, generally identified with Vivien, the nephew of Guilelaume d'Orange, although, in the epics of the Guillaumcycle, Vivien is never described as a king.

Willalme de Blaive 3938, a baron of Charlemagne.